Frieden 3.0

silent press

Die Deutsche Bibliothek - CIP Einheitsaufnahme

ISBN 978-3-00-050038-1

© 1. Auflage 2015 Verlag silent press

Warthestrasse 60, 12051 Berlin

Mobil: 0176 640 104 95

www.forum-werk.de

www.friedensgespraeche.com

Alle Rechte beim Verlag silent press

Reproduktion, Speicherung auf Datenträgern
oder in Datenverarbeitungsanlagen,
Wiedergabe auf elektronischen, fotomechanischen,
digitalen, fotografischen oder anderen Wegen über TV, Funk
oder als Vortrag - auch auszugsweise -
nur mit ausdrücklicher Genehmigung des Verlages

Konzept & Gestaltung: Romen Banerjee, Martin Rochell

Bildbearbeitung: Norbert Dietsche

Druck: Druckerei Conrad GmbH

Bindearbeiten: Stein + Lehmann GmbH

In Gedenken an die vielen Menschen, die uns durch ihren Einsatz Freiräume für spirituelle Entwicklung mitgeschaffen haben, der viel zu oft überstrapazierte Text von Eugène Pottier, entstanden unmittelbar nach der gewaltsamen Niederschlagung der Pariser Kommune um 1871. (Deutscher Text von Emil Luckhardt, 1910)
....

Wacht auf, Verdammte dieser Erde,
die stets man noch zum Hungern zwingt!
Das Recht wie Glut im Kraterherde
nun mit Macht zum Durchbruch dringt.
Reinen Tisch macht mit dem Bedränger!
Heer der Sklaven, wache auf!
Ein Nichts zu sein, tragt es nicht länger
Alles zu werden, strömt zuhauf!

> Völker, hört die Signale!
> Auf zum letzten Gefecht!
> Die Internationale
> erkämpft das Menschenrecht.

Es rettet uns kein höh'res Wesen,
kein Gott, kein Kaiser noch Tribun
Uns aus dem Elend zu erlösen
können wir nur selber tun!
Leeres Wort: des Armen Rechte,
Leeres Wort: des Reichen Pflicht!
Unmündig nennt man uns und Knechte,
duldet die Schmach nun länger nicht!

> Völker, hört die Signale! ...

In Stadt und Land, ihr Arbeitsleute,
wir sind die stärkste der Partei'n
Die Müßiggänger schiebt beiseite!
Diese Welt muss unser sein;
Unser Blut sei nicht mehr der Raben,
Nicht der mächt'gen Geier Fraß!
Erst wenn wir sie vertrieben haben
dann scheint die Sonn' ohn' Unterlass!

> Völker, hört die Signale! ...

Inhalt

Impressum 2

Wer bin ich schon, angesichts Gottes? .... Romen 7

Von der Friedenssuche über Leere in die Liebe
zum bedingungslosen Mitgefühl .... Uwe Lilienthal 11

Unsere neuste Droge heisst Kalaschnikow! ...... Samuel Widmer Nicolet 21

Warum wir gerne Recht haben
und warum es so schlimm ist,
wenn wir im Unrecht sind .... Richard Graf 33

Wenn wir aufhören, Frieden haben zu wollen .... OWK Edgar Hofer 49

Selbsttranszendierung ist die einzig
nachhaltige soziale Handlung .... Petra Gugler 69

Tätiger Frieden im Nichttun oder das Paradox,
dass um Nichts geht
und von daher alles möglich ist .... HO Gerhard Strauß 77

Wer Frieden will, muss streiten lernen .... Subhash 87

Innerer und äußerer Frieden .... Saajid Zandolini 95

Die Unfruchtbarkeit der spirituellen Welt oder
Im Namen von Jesus, kein Sex vor der Ehe! .... Ameen 109

Gedanken zum Frieden .... Marta Soreia 119

Bewusstes Handeln .... Isaac Shapiro 133

Handlung als Ausdruck persönlicher Relevanz .... Andre Jacomet 139

Anmerkungen zu den Friedensgesprächen .... Prem Buddha 155

Der stille, innere Frieden, die Gottverwirklichung .... Mari Nil 161

Potentiale und Grenzen der Handlung .... Romen 171

Kohärentes Sein .... Peter Herrmann 185

Frieden kann man nicht schaffen,
man kann ihn nur entdecken .... Sri Mooji 191

Gelebte Liebe, der Weg zum inneren Frieden .... Heiko Kroy 205

Vom inneren Wachstum zum Wirken in der Welt .... Dolores Richter 217

Eine Kraft, die stärker ist als Gewalt .... Sabine Lichtenfels 231

Die Rückkehr nach Hause
Der Weg zu individuellen und globalen
Frieden und Harmonie .... David Wagner 241

Frieden - innen und außen
Was die Politischen von den Spirituellen
lernen können und umgekehrt .... Torsten Brügge 255

Frieden 3.0 = Ami Go Home .... Michael Friedrich Vogt 273

Über pazifistisches Gedankengut
in der zeitgenössischen Spiritualität .... Gerard Kever 277

Die Sri Yantras .... Bernhard Wimmer 282

Die Mandalas .... Giovanni Orlando 287

Jeder Autorentext wird mit einem Sri Yantra von Bernhard Wimmer eingeleitet. Einige der Autoren haben sich gegenseitig kommentiert. Diese Kommentare werden je durch ein Mandala von Giovanni Orlando angekündigt.

Wer bin ich schon, angesichts Gottes?

Angesichts der Schöpfung,
über die ich urteile,
in der ich zurechtkommen muss,
wer bin ich?
Was kann ich mitteilen über Frieden,
solange ich mich erhebe über die Natur?
Was kann ich mitteilen über Frieden,
solange ich nicht gestehe,
mich zu erheben, wider die Natur?
Ich Sünder,
niederster Wurm Aller
- welch Erleichterung.
Einfach Grashalm sein.

Es ist die Liebe meiner Frau Anja, die mich rettet - ohne ihre Liebe kann ich nicht leben. Mein gesamtes Leben brauchte es, mir dies einzugestehen. Alle Einheits- und Gotteserfahrungen, Aufwachen und spirituelles Schauen führten mich nur zurück zu einer Akzeptanz meiner Abhängigkeit.

Gott hat mir meine Frau an meine Seite gegeben, an seiner statt. An seiner statt hat Gott mir Euch an meine Seite gegeben. Ohne Eure Liebe bin ich verloren. Dieses Buch ist ein Funke der Schönheit von Anmaßung und Scheitern.

Angesichts Gottes Größe könnten wir die Welt weder retten, noch könnten wir ihr schaden.

Einige der Pantoffeltierchen, die wir Menschen in der inkarnierten Form letztlich immer auch zu sein schei-

nen, tragen hier in diesem Buch in großem Respekt und Liebe schöne Einsichten zum Thema Frieden im Innen und Außen zusammen.

Einige der Autoren haben sich gegenseitig kommentiert. Dabei wird deutlich, dass jede Position allein durch die Veränderung ihres Kontextes dynamisch ist. Dem lesenden Pantoffeltierchen wird somit erleichtert, absolut erscheinende Thesen, als notwendigen Teil einer Gesamtbewegung zu nutzen. Dieses Buch veranschaulicht wunderschön, welche Kraft die Liebe Gottes als soziale Interaktion entfalten kann.

Ich bin das untrennbare Wesen multidimensionaler Erscheinungen und Informationen, genau wie Du - individuell und identisch mit Dir.

Romen Banerjee

Teure Geliebte, wo immer ich bin,
Du bist bereits da.

Mag Angst mein Auge trüben
Und meine Bequemlichkeit Spuren des unnötigen Schmerzes
In tiefen Furchen durch mein Herz pflügen
Es tut mir Leid um jede Minute, jeden Augenblick,
Da ich zufrieden war mit mir.

Und dennoch, treue Geliebte,
Ich möchte keine Minute, die da war, missen.
Und ich bin voller Aufregung, ob der tausend Augenblicke,
Die da kommen. Und manchmal bin ich voller Staunen,
Ob des einen Momentes, der da ist, Dir zu Ehren.

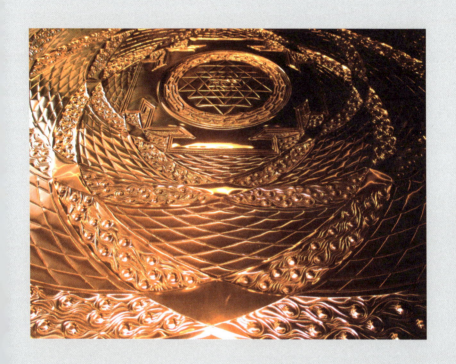

www.satsang-uwe.de
www.uwelilienthal.de
info@uwelilienthal.de

Uwe Lilienthal

Von der Friedenssuche über Leere in die Liebe zum bedingungslosen Mitgefühl

Ein paar Fragen über Frieden

Sind es nicht die Fragen des Satsanglehrers/in, die zum inneren Frieden führen sollen? Was ist es, das den Menschen Frieden finden lassen will?

Kommt dieser Wunsch aus dem Selbst oder aus dem Verstand? Will der Verstand Frieden finden, weil er rastlos umher streut, sich immer wieder in Sinneseindrücken verliert und aus allem ein Problem machen will?

Ist es diese Unruhe, aus der Tendenz mit den Sinnen im Außen nach Wohlbefinden zu suchen und vor unangenehmen Gefühlen zu flüchten, die sich Frieden wünscht? Ist es der Verstand, der Frieden sucht, weil er den Frieden und die Stille im Außen nicht wahrnehmen kann? Will er wieder etwas unternehmen, arrangieren und unterbinden, damit es scheinbar ruhiger im Außen wird? Oder will er Frieden, weil er sich erhofft, dass es dann nichts mehr zu tun gibt oder alle Bedrohungen gebannt sind?

Kommt dieses Gefühl von Unfrieden durch das permanente Nein zum jetzigen Moment in seiner Gesamtheit? Erzeugt dieses Nein das Gefühl von Abtrennung, in dem ein separiertes Ich gegen den Rest der Welt ankämpft?

Welche Bedingungen gibt es für Frieden? Ist es der naive Wunsch nach `alle haben sich lieb´? Ist es ein Trugschluss, dass man erst durch den äußeren Frieden in den inneren Frieden fallen kann? Sagten nicht alle großen Weisheitslehrer: „Und fange bei dir selber an"?

Hast du ein Problem damit, wenn es sich im Außen nicht friedlich anfühlt bzw. der Verstand es als Unfriede deklariert? Heißt es in der Katholischen Kirche nicht: „Friede sei mit dir und mit deinem Geiste"? Kannst du einen Geist befrieden oder ihn befreien? Ist Frieden nicht nur ein gedankliches Konzept, eine Vorstellung von „Friede, Freude und Eierkuchen"?

Bei jedem „Ja" ist tiefer Frieden für jeden im Moment spürbar. Fehlt es im Gefühl von Unfrieden an einem klaren Ja zu allem? Oder ist das Wort Frieden als Subjekt sinnlos, da jeder Moment ganz neu und frisch ist?

Wäre es besser das Adjektiv zu bemühen und zu sagen: ich empfinde diesen Moment als friedlich, ohne zu wissen, wie der nächste Moment sich anfühlen wird? Und wer ist es, der das bemerkt und das unterscheiden kann? Ist es wieder der Verstand, der sich einmischt und bewertet?
Lass den Verstand Verstand sein und da ist nur Sein. Im Sein ist alles vollkommen und aufgelöst. Und in der Leere gibt es nicht einmal Frieden.

Soziales (Friedens) Engagement

Ist es nicht absurd etwas wie Frieden haben zu wollen, da der Urgrund von allem eigentlich an sich friedlich ist? Wer will Frieden durch soziales Engagement erreichen? Ist soziales Engagement nicht nur ein Etikett des Verstandes, der nicht erkennen kann, dass das Leben sich selbst lebt und ausdrückt, wie es das gerade will? Ist es nicht besser, sich vom Ichdenken und Ichfühlen abzuwenden, im vollen Vertrauen sich dem großen Ganzen hinzugeben, ohne eine Erwartung, ohne eine Sinnfindung, ohne eine Person im Einklang als Einheit mit allem?

Sollte aus diesem Seinszustand z.B. eine politische Aktivität oder eine heilende Tätigkeit für Mensch oder Natur als Impuls entstehen, dann entsteht sie aus dem Sein heraus und nicht aus einer mentalen Ablehnung oder Verbesserung des jetzigen Momentes.

Bis es zu diesem inneren Impuls kommt, kann man sich zurücklehnen und die Tiefe des Augenblickes in seiner Soheit genießen. Ohne einen Stand- oder Referenzpunkt kann man über den göttlichen Witz, verkleidet als Leela, nur herzhaft lachen! Und ist Lachen nicht auch Ausdruck von momentanem Frieden?

Ist es nicht offensichtlich, dass Niemand etwas machen kann? Hat jemals irgendeiner irgendetwas getan? Halt an und bemerke die Stille in dir. Gibt es irgendetwas außerhalb von dieser Stille? Gibt es Unfrieden in dieser Stille? Gibt es da etwas zu tun oder tut „Es"?

Über das offene Herz

Was hat Erwachen mit einem offenen Herzen zu tun? Was ist ein offenes Herz? Wo gibt es so etwas und wie kann man es erreichen? Kann der medizinische Chirurg da behilflich sein? Ist die sogenannte Herzenergie nicht unmittelbar mit einer Person verbunden auf die sie projiziert wird?

Ist ein offenes Herz ein Konzept oder ein Fakt oder auch, wie alles, nur reine Illusion? Gibt es herzlose Menschen, die eigenständig entscheiden und handeln? Können sie sich selber ändern und warum sollten sie das tun? Lebt das interessante Schauspiel, genau wie Samsara, nicht von Dramatik, Tragödie, Lustspiel und Happy End?

Trägheit vs. Getriebensein

Lebt der Mensch im Spannungsbogen von Trägheit und Getriebensein? Ist der Vorwurf der Trägheit der letzte Versuch des Egos Macht durch ein schlechtes Gewissen auszuüben? Kann das ungetrübte Sein in der lebendigen Glückseligkeit des Momentes mit Trägheit gleichgesetzt werden, nur weil in diesem Moment keine Aktivität erscheint?

Ist das Getriebensein die Flucht vor dem Hier und Jetzt oder ist es auch nur so eine Interpretation? Steckt in dem Wortstamm von Getriebensein nicht der Begriff: Trieb? Und bezeichnet dieser nicht das animalische Unterbewusstsein, das zur Reflexion nicht im Stande ist? Oder sind Interpretationen wie diese, nicht auch nur ein kläglicher Versuch die Zeilen auf einem weißen Blatt Papier zu füllen? Oder füllen sie sich selbst, durch das Selbst? Das Sein hat keine Worte – ist wortlos. Und trotzdem tauchen scheinbar Worte auf.

Essenz

Wer ist es, der da unterscheidet zwischen Frieden und Unfrieden, offenem Herz und herzlos, Mitgefühl und ohne Gefühl, Trägheit und Getriebensein? Sind das alles nur Bewertungen? Oder ein mentales Kasperletheater auf intellektueller Ebene? Was passiert, wenn der letzte Vorhang im Kasperletheater fällt?

Ist das Sein im Sein nicht die Gegenwärtigkeit der Präsenz im Moment? Und ist es nicht egal, wie der Moment sich gerade in der Erscheinungswelt ausdrückt? Ist der Moment nicht in seiner Tiefe Ausdruck von Frag- und Ratlosigkeit? Wie lange dauert so ein Moment? Wer weiß das? Wer bist du? Was ist jetzt? Nichts??? Also doch: „Nichts ist wirklich wirklich!"

Dazu ein Friedens-Haiku

Der Verstand bildet sich ein
Frieden kann nicht sein
wenn Zwei schlagen sich die Köpfe ein

Suche an der Oberfläche, hoffen auf das Morgen
anstrengend sind die alltäglichen Sorgen
wo hat sich die Erlösung nur verborgen

Die Plattenspielernadel hängt fest in der Rille
wiederholt schmerzhaft das Leidensmantra stille
doch Frieden war auch sein letzter Wille

Wo kann ich diesen Frieden bloß finden
muss ich mich dafür schinden
oder für ewig mich an etwas binden

Nein, nein falscher Weg, halt ein
Frieden findest du nur im Sein
im Aufgeben von ich, du und mein

Doch Fülle und Leere beginnen zu ringen
wird die Fülle mir doch den Frieden bringen
nein, letztendlich wird dich alles in die Leere zwingen

Frieden ist
wenn du nicht bist
wieder eine Verstandes List?

Wenn dich im Außen nichts mehr verführt
und alles, wie vorm ersten Gedanken, ist unberührt
dann hat dich die Präsenz des Seins gekürt

Nach Wahrheit, Alleinheit, Mitgefühl kommt Leere
geb Acht! Stille heißt die Fähre
Aufwachen ist keine Ehre, doch versetzt mentale Berge

Aufwachen ist die wahre Natur
ohne Erkennen ist das Leben Tortur
brauchst einfach anhalten nur

Der Herr hat es gegeben
der Herr hat es genommen
die Unendlichkeit hat wie immer gewonnen

Der raumlose Raum des Seins beginnt
wenn alle Gedanklichkeit darin ertrinkt
und alles in die Stille sinkt

Da ist Nichts und Niemand da
wo niemals jemals etwas war
aufgelöst hat sich das Nirwana

Wahrer Frieden entsteht aus der reinen Liebe des Bodhisattvas

Nachdem Erwachen geschah, zog es mich vor 15 Jahren nach Indien zu Sri Ramana Maharshi in den Ramanaashram. Dort hörte und las ich in Büchern, dass Ramana trotz seiner großen Weisheit ein sehr umgänglicher Mann gewesen war. Er bewirtete seine Gäste und die Besucher des Ashrams, stand in der Küche und half beim Zubereiten der Mahlzeiten. Auf seinen täglichen Spaziergängen um den Berg Arunachala traf er viele Landwirte, die dort ihr Vieh hüteten und Einwohner aus der Stadt Tiruvannamalai. Er sprach mit den

Menschen und erkundigte sich nach dem Wohlergehen eines jeden einzelnen Familienmitgliedes. Er lauschte geduldig den Sorgen und Problemen der ländlichen Bevölkerung. Die Landwirte beschwerten sich über die schlechten Ernten und über entlaufendes oder vom Tiger gerissenes Vieh. Die Städter beschwerten sich über die Verteuerung der Preise, über die Korruption und Unfähigkeit der Politiker.

Ich war erstaunt und leicht wütend darüber, dass einer der größten erleuchteten Meister des letzten Jahrhunderts sich mit den Banalitäten des Lebens auseinandersetzte. Für mich war er einer der letzten großen Heiligen auf diesem Planeten und er hätte nur mit einem Wort diese Ungläubigen aus ihrem hypnotischen Tiefschlaf aufwecken können.

Es ärgerte mich, dass er den Problemen der Menschen seine Aufmerksamkeit gab und so tat, als wären sie real. Er wusste doch, dass alles nur Scheinrealität ist, ein Tanz der Phänomene von Formen, Farben und Energien, die erscheinen und wieder vergehen. Doch wieso war ich mit diesem Thema so im Unfrieden?

Mir war schon klar, dass die Grundvoraussetzung für Frieden in der Akzeptanz der Soheit des Momentes liegt und so versuchte ich mit diesem Thema in Frieden zu kommen. In diesem Prozess bin ich auf die älteste Erleuchtungsfibel der Welt gestoßen. Sie stammt aus Asien und die ersten Bilder wurden von dem chinesischen Chan-Meister Kuòan Shiyuan um 1150 illustriert. Im Laufe der Jahrhunderte wurden neben einem Vorwort und den Gedichten zu jedem Bild noch zwei weitere Bilder hinzugefügt. Das Werk umfasst also insgesamt 10 Bilder mit den jeweiligen Texten. Seit Jahrhunderten wird es als Lektüre für Zen-Mönche, die die Erleuchtung anstreben, verwendet. Das Werk ist unter dem Namen: „Die 10 Ochsen und der Hirte" bekannt geworden und stellt bildlich den spirituellen Weg von der Suche nach Freiheit bis zur Erleuchtung da. Das 8. Bild stellt einen leeren Kreis da. Im Text heißt es, dass durch die Erleuchtung sich alles aufgelöst hat und es kein ich, kein du, kein Gegenüber gibt und alles Eins im Wortlosen ist.

Und genauso empfand ich das damals auch. Nach ein paar Tagen beschlich mich das Gefühl, dass sich hinter meinen Widerstand bezüglich der Gespräche von Ramana mit der schlichten Bevölkerung eine weitere Tür zur Öffnung befand. Das Phänomen Erwachen besitzt schizophrene Züge. Auf der einen Seite zeigt sich das große Nichts, das aus spiritueller Sicht als Leere bezeichnet wird in der niemand nichts will. Auf der anderen Seite finden im alltäglichen Leben Erfahrungen, Gefühle, Begegnungen und Austausch statt, die aus spiritueller Sicht als Fülle in der Leere bezeichnet werden. Oftmals wird ein erwachtes Leben als Spagat zwischen unpersönlicher Glückseligkeit in der Leerheit und dem Gefordertsein in der Welt der Formen und Fülle wahrgenommen. Wer nicht still in einer Höhle im Himalaya lebt und sich ganz dem Sein hingibt, wird sich in der Welt der Formen wiederfinden und irgendwie funktionieren, während das ewige Bewusstsein als Urgrund bleibt.

In dieser Scheinrealität finden ja auch täglich Satsangs und Retreats statt, in denen Lehrer/innen von ihren Erfahrungen bezüglich Erwachen berichten und den Teilnehmern helfen aufzuwachen. Manche legen ihre heilenden Hände auf, geben Ratschläge und Tipps zur Lebensverbesserung, beantworten Fragen und führen in die Stille. In der Bildserie: „Die 10 Ochsen und der Hirte", heißt das letzte Bild: „Mit helfender Hand in der Welt." Im Text heißt es, dass der erwachte Buddha seine Stärken und Schwächen integriert hat und das Potenzial des Erwachens auch in allen anderen sieht.

Nachdem Erwachen geschah, wusste ich nicht ob ich meinen Beruf als Heilpraktiker und Therapeut weiter ausüben kann. Es erschien mir, dass alle persönlichen Probleme und Krankheiten in Anbetracht des absoluten Bewusstseins in vollkommener Einheit unwichtig und selbst inszeniert waren. Wie sollte ich Krankheit heilen, wenn da die Erkenntnis war: „Da ist doch niemand"? Das Leben kreiert sich und Menschen kamen weiterhin zu mir. Einige mit der Sehnsucht nach Freiheit und einige mit dem Wunsch nach Heilung und Linderung körperlicher Beschwerden.

Die Heilbehandlungen veränderten sich. Sie wurden zu individuellen Begegnungen, weg von den Standardbehandlungen, hin zum Sein mit dem mich spiegelnden Selbst im Gegenüber. Momente von Frieden, Stille und Wahrheit entstanden. Es öffnete sich das Herz und Mitgefühl breitete sich aus. Der Satz von Jesus: „Liebe deinen Nächsten wie dich selbst" bekam einen Sinn, da alles nur mein eigenes Selbst ist. Ich wusste: „Ohne die Herzöffnung nach dem Erwachen wirst du nicht in das tiefste Potential von Bewusstheit und Lebendigkeit vordringen."

Ein Zitat von Ramana Maharshi beflügelte mich zudem. Er sagte zu diesem Thema: „Die Erfahrung des Selbst ist Liebe, denn das heißt: nur Liebe sehen, nur Liebe hören, nur Liebe fühlen, nur Liebe schmecken und nur Liebe riechen — das ist Seligkeit."

In der Historie des Buddhismus gibt es für den Erwachten mit helfender Hand einen Bezeichnung: „Bodhisattva." Der Bodhisattva ist ein Erwachter, der gelobt jedes Wesen im Universum zu erwecken. Kern der Bodhisattva-Philosophie ist der Gedanke, nicht nur selbst und allein für sich Erleuchtung zu erlangen und damit ins Nirwana einzugehen, sondern stattdessen allen anderen Wesenheiten zu helfen, sich ebenfalls aus dem endlosen Kreislauf von Leiden und Wiedergeburt, der als Samsara bezeichnet wird, zu befreien.

Aus dem Sanskrit übersetzt, bedeutet Bodhisattva wörtlich: „Vom Göttlichen betrunken, um den nach Wahrheit dürstenden zu helfen von ihrer Göttlichkeit zu trinken." Dabei fällt auf, dass bei einem Bodhisattva genauso wie bei einem Jesus, die grundlegende Wahrheit im Herzen angekommen ist. Das sogenannte Herzerwachen geschieht nach dem Erwachen. Das erwachte Herz beruht aus der tiefen Erkenntnis, dass alles eins ist und alles ich selbst bin. Durch die Herzöffnung entsteht die bedingungslose Liebe zu allem.

Es ist die unpersönliche Liebesaffäre des Lebens mit sich selbst. Dabei geschieht die totale Herzausschüttung mit Liebe in jedem Moment. Das tiefe Mitgefühl entsteht nicht mit Problemen und Sorgen der Menschen, sondern aus dem mitfühlenden Sein, wie die Menschen an ihren Verstrickungen und Einbildungen leiden. Herzerwachen ist Liebe in Aktion, denn wahre Liebe liebt bedingungslos alles!

Es hat einige Zeit gedauert zu verstehen, warum Ramana der Ramana war. In seiner Schlichtheit und Großartigkeit ist er jedem Menschen in Liebe und in Dem, was jetzt ist, begegnet. Ohne ein Wollen, ohne eine Technik oder unbedingt die Wahrheit vermitteln zu wollen; einfach nur in Liebe. Und dieses in Liebe sein bringt den tiefsten Frieden in die Welt. OM SHANTI

www.samuel-widmer.ch
www.kirschbaumbluete.ch
www.aerztegesellschaft-avanti.org
www.worldwidemagicmovement.org
www.kongress-echte-psychotherapie.org
www.maps.org

Samuel Widmer Nicolet

Unsere neueste Droge heisst Kalaschnikow!

Unter vorgehaltener Hand und mit verschwörerischer Mine raunt einer dem anderen Psychonauten zu: „Unsere neueste Droge heisst Kalaschnikow!" „Schluss mit den Friedensgesprächen", finden die bis anhin so passiv ergebenen Pazifisten, all die Friedensvertreter und Ekstatiker plötzlich, „greifen wir zu den Waffen! Wo Friedensgespräche nötig sind, da herrscht Krieg."

Zum Glück, vielleicht, vermittle ich hier keine Tatsache. Dass die gesamten, friedlich vor sich hin meditierenden Konsumenten schamanistischer Heilmittel plötzlich aufstehen und die Unterjochung unter eine lebens- und liebesfeindliche Zwangsmoral abschütteln könnten, entspricht lediglich meiner hoffnungsschwangeren (oder hoffnungslosen?) Fantasie.

Zum Glück? Oder ist es eher ein Pech? Eine Tragik?
Wäre es wirklich an der Zeit, dass alle friedliebenden Menschen militant würden, für eine bessere Welt aufstünden, gar zu den Waffen greifen würden? Wäre es Zeit für eine allgemeine Verweigerung der stillen Einsichtigen, für passiven Widerstand? Wäre es gar Zeit für einen Kampf?

Arjuna wird in der Bhagavad-Gita des indischen Mahabharata-Epos vom Gott Krishna aufgefordert, seine resignative und depressive Haltung abzuschütteln und sich dem vom Schicksal herbeigeführten Kampf mit seinen Blutsverwandten wie ein echter Herzenskrieger zu stellen. „Wenn ein Kampf schicksalhaft notwendig wird, ist er zu führen", ist seine Haltung, der sich Arjuna schliesslich anschliesst und die ihn sich in der Folge siegreich durchsetzen lässt.

Muss das Gute, das Richtige, das Stimmige durchgesetzt werden? Muss die Liebe es sich anmaßen, die Führung zu übernehmen? Muss man sich die Liebe überhaupt anmaßen? Hat deshalb die Dummheit, die Ignoranz, die Ungerechtigkeit und Gewalt überall in der Welt die Macht, weil die Weisen in ihrer versöhnlich-nachsichtigen Haltung des meditativen Abwartens und des gottgleichen allem still Zuschauens tatsächlich feige, schwach, nachlässig und faul sind? Oder würde ihr Aufstehen nur weitere, niemals endende Konflikte erzeugen, was sie in ihrer Weitsicht erkennen und darum durch stilles Ertragen zu minimieren versuchen?

Wann ist Handlung angesagt und wann abwarten und still sein? Eine der am schwierigsten zu beantwortenden Fragen, sowohl im Grossen als auch im Kleinen für uns Menschen, stellte bereits Krishnamurti seinerzeit fest. Ein ewiges Dilemma für den reifen Menschen, den freien Geist.

Sicher gibt es keine generelle Lösung für ein solches Dilemma. Eine solche würde Freiheit und Alleinstehen, die Grundbedingungen für jedes hilfreiche Handeln, ausschliessen. Jeder Einzelne ist mit dieser Auseinandersetzung allein.

„Liebe und tue, was du willst!", soll bereits Augustinus uns Menschen empfohlen haben. „Nur die Liebe kann tun, was sie will, und es wird immer das Gute daraus kommen", hat Krishnamurti präzisiert.

Liegt darin die Lösung? Hat jeder Einzelne zuerst die Liebe in seinem Innern zu finden, bevor er überhaupt nutzbringend handeln kann? Ist es deshalb tatsächlich hilfreich, zumindest zuerst die Stille zu suchen und alles äussere Tun zu vermeiden, bevor dieses Allerinnerste nicht gefunden ist? Führt uns das Erlernen von Nicht-Tun zum richtigen Tun? Und kommt danach, nach dem langen Stillsein, wie ein Zen-Gleichnis es schön beschreibt, der Gang auf den Marktplatz, um sich in dieser Haltung der Liebe zu zeigen, diese zu vertreten? Und wird diese freie, emergente, selbstorganisatorische Energie sich aus sich heraus richtig und stimmig äussern, sobald sie in uns die Führung übernehmen darf? Auch im Kollektiv, als Group of all Leaders? Kann man sich darauf verlassen, dass sie in jedem Moment herausfinden und entdecken wird, was zu tun ist? Allenfalls sogar zuzuschlagen, zur Kalaschnikow zu greifen, wenn es unumgänglich wird? Kann man kein Rezept daraus machen, sondern braucht es genau diese mutige Haltung der Herzensenergie, eine Zivilcourage, die ganz allein stehen kann, um in jeder Situation das Richtige zu vollbringen? Braucht es den Mut, sich der Liebe ganz zu ergeben, den Willen, die Angst und Feigheit, die diese in uns nicht zulassen wollen, zu überwinden?

Entsteht das Dilemma und die Verwirrung um diese Fragen vielleicht lediglich, weil wir nicht differenzieren, wann denn Stillsein, wann passives Widerstehen und wann allenfalls militantes Durchgreifen notwendig sind? Weil wir in unserer Blindheit nicht sehen, dass jede Herausforderung ihre eigene Antwort braucht? Wird uns die Liebe sehend machen? Geht es gar nicht darum zu entscheiden, ob Stillsein, Tun oder Verweigerung das Richtige, sondern wann sie das Richtige sind? Entsteht das Dilemma, weil wir ängstlich und feige sind, uns gar nicht zugestehen würden, in dieser Macht der Entscheidung, der Macht der Liebe und des allein Verantwortlichseins über allen Gesetzen zu stehen?

Finden wir die Liebe in uns, die sich vor falscher Autorität nicht beugen wird, vor Machtgefügen, die das Falsche, die Nicht-Liebe, vertreten? Finden wir die Liebe in uns, die allenfalls Verfolgung und Ächtung, vielleicht gar den Tod, das Kreuz, in Kauf nehmen wird, weil sie dem Falschen widerstehen muss? Finden wir diese Kraft in uns, die letztlich stärker ist als alle Macht, weil sie dem höchsten Prinzip, dem obersten Gesetz im Universum untersteht? Sind wir bereit, ihr zu folgen, das Schicksal, das sie uns zuordnet, zu tragen, auch wenn es ein herausforderndes oder schwieriges sein wird? Sind wir bereit, den Platz, den diese über allem stehende Kraft der Evolution, der Absicht des Universums, uns zuordnet, einzunehmen?

Fragen, lauter Fragen!

Gibt es vielleicht gar keine Antworten auf solche essenziellen Fragen der Existenz? Sind es die Fragen, von genau denen wir uns leiten lassen sollen, die uns schliesslich zum Guten und Hilfreichen führen? Sind wir bereit, alles zu hinterfragen, jedes Tabu zu durchbrechen? Stehen wir in diesem Fragen, diesem ernsthaften Forschen, diesem ewigen Untersuchen schliesslich genau in derjenigen Unabhängigkeit, die in uns begründet sein muss, damit die Kraft der Liebe, die immer das Gute bewirkt, uns definitiv erfüllen kann?

Jede Lebenssituation beinhaltet ihre eigene Wahrheit. Eine generelle Wahrheit, welcher der ängstliche, auf Führung angewiesene Geist, der ausserhalb der Liebe steht, sich anschliessen könnte, gibt es nicht. Das wird immer zu Despotismus, zu Entgleisungen, zu Diktatur führen. Wahrheit ergibt sich aus dem Moment. Der Liebende kann sie in jedem Augenblick erkennen. Die Liebe in ihm kann sie erkennen.

Ist in der einen Situation Stillhalten gefordert, braucht es in einer anderen das beherzte Hinstehen. Ist die Liebe auch endlos geduldig, wartet sie auch endlos ab und zögert vor jedem gewaltsamen Vorgehen, ist sie doch auch eine im positiven Sinne destruktive Kraft, die schliesslich alles Hinderliche, alles Festgefahrene, alles, was nicht Liebe ist, zerschlägt. Die Zeitqualität des ewigen Augenblicks offenbart ihr ohne jeden Zweifel, wann es Zeit ist für eine Tempelreinigung, für einen Umsturz, für eine Revolution.

Die Kraft der Liebe ist eine revolutionäre Kraft. Sie erneuert alles in Gewohnheit Erstarrte immer wieder in ewiges Jungsein hinein. Dies vollbringt sie zuerst und immer wieder im Innern des Einzelnen, der sich ihrer Wahrheit öffnet und stellt. Sie macht unseren Geist für immer wieder neu und unschuldig. Aber aus einem solchen Geist entlädt sie sich auch in die Welt, wenn es Zeit wird. Sie weiss, wann es Zeit wird, auch alle äusseren Strukturen der Verlogenheit zu zerstören. Sie schreckt nicht zurück davor, die Revolution des Innern auch nach aussen zu tragen. Liebe ist Revolution, darum ist sie unerwünscht in der Welt der Mächtigen und der Respektabilität.

Was in der einen Situation das Richtige ist, das, was unabdingbar zu tun ist, ist in einer anderen das Falsche. Nur die Unschuld der Liebe wird die Flexibilität haben, dies zu erkennen. Ein in Mustern erstarrter Geist wird der Wirklichkeit immer seine Konzepte überstülpen wollen und sie damit erneut vergewaltigen. Er bewegt sich von Irrtum zu Irrtum.

„Unsere neuste Droge heisst Kalaschnikow!" Vielleicht wäre es wirklich an der Zeit, dass der Geist der Liebe, der über lange Zeit im Stillen herangereift ist, sich erhebt und den Wahnsinn, die emotionale Pest, wie Wilhelm Reich diesen genannt hat, der die Erde und die Menschheit beherrscht und beutelt, endlich hinwegfegt. Vielleicht ist es Zeit für die Herzensrevolution. Vielleicht hat die Kraft der Liebe in den stillen Psychonauten und anderen Friedensvertretern bald das kritische Maß erreicht, das notwendig ist, damit sie sich durchsetzen kann. Wir werden es wissen. Wir werden es fühlen, nicht wahr, wenn es soweit sein wird? Vielleicht wird die Liebe, wenn es soweit ist, zu den Waffen greifen müssen wie Arjuna. Vielleicht, vielleicht auch nicht. Vielleicht bedeutet wahrhaftiger Pazifismus nicht Frieden um jeden Preis, sondern ein Friedvollsein im Stimmigen zur richtigen Zeit: Ein friedvolles Herz im Stillhalten, wenn dieses angesagt ist, ein friedvolles Sein im gewaltlosen Widerstand, wenn dieser gefordert ist, eine friedvolle Kraft, die wie Arjuna auch das Schwert zu führen vermag, wenn Krieg ansteht. Wir werden es wissen. Wir werden es fühlen, nicht wahr?

Vielleicht leben wir in einer anderen Zeit als Arjuna, einer anderen Zeitqualität. Vielleicht ist es Zeit, dass sich Liebe, Gerechtigkeit, Wahrheit und Schönheit einfach zeigen und mühelos durchsetzen, dass ihr Strahlen allein alles Ungute aus der Welt schaffen wird. Was wissen wir schon? Lassen wir es uns von der Liebe zeigen! Der Liebe, die in jedem einzelnen Moment sieht, was zu tun ist, wenn wir sie in uns zuzulassen verstehen.

Vielleicht werden wir kämpfen müssen. Krieg führen müssen mit friedlichen Herzen. Vielleicht ist es Zeit dafür.

Alle Zeichen in der Welt deuten auf Gewalt hin, die kommen wird, die kommen muss. Wahrscheinlich wird der gesellschaftliche, politische Umbruch, der überall ansteht, nicht anders kommen können. Vielerorts hat es ja auch schon begonnen. Die Ausmarchung* zwischen Arm und Reich, zwischen Macht und Ohnmacht, zwischen Dumm und Gescheit, zwischen Enge und Weite, zwischen Bewusstheit und Unbewusstheit. Wenn es so sein wird, werden wir die Entschlossenheit Arjunas brauchen, eine Beharrlichkeit, dunkle Zeiten mit reinem Herzen durchstehen zu können. Aber es wäre falsch, sich darin sicher zu sein. Es gibt auch das Wunder. Den plötzlichen, unerwarteten Umschwung. Vielleicht türmen sich lediglich gewaltige Wolken auf, die ein heftiges Gewitter als unausweichlich erscheinen lassen, das am Ende doch vorüberziehen wird. Was wissen wir schon?

Sind wir auch bereit für ein Wunder? Für das Wunder? Sind wir bereit zu schauen? In fragender Haltung zu verweilen, ohne uns in irgendeinem si-

---
* Ausmarchung ist ein Schweizer Ausdruck für Auseinandersetzung

cherheitgebenden Glauben zu versteifen? Sind wir bereit, auf alle Sicherheiten zu verzichten und mit der Vision der Liebe zu gehen? Ihr ihre eigene Entfaltung zu lassen?

Wird uns die Liebe in „the war on consciousness" schicken oder einspannen für eine unmittelbare Entfaltung ihrer Vision? Wird die Endschlacht im Krieg um die Entfaltung des Bewusstseins, wird Armageddon unausweichlich sein oder wird sich die grundlegende Absicht im Universum, die eine Intelligenz, auf andere Weise offenbaren wollen? Sind wir bereit, der Liebe willenlos zu folgen, uns von ihr an die Speerspitze der Evolution berufen zu lassen? Sind wir bereit?

Wenn man „nicht-tut", was keineswegs bedeutet, nichts zu tun, entfaltet sich das Schicksal ungehindert. Wenn es ungestört „geschehen" kann, wenn man auch selbst etwas ist, was im Nicht-Tun einfach geschieht, faltet es sich in Schönheit und Harmonie auf. Sobald man im Sinne von Widerstand gegen das, was geschieht, oder im Sinne von Wollen, was nicht geschehen will, zu „tun" beginnt, stört man das natürliche Geschehen des Schicksalhaften. Dadurch wird es hässlich, kompliziert und konflikthaft. Verharrt man aber in Nicht-tun, geschieht alles von selbst wie ein Wunder. Man selbst geschieht wie ein Wunder. Wird nicht das Wunder in dieser Welt in allem spürbar sein, wie immer alles sich gestalten will? Ist nicht die Liebe, die unser Fragen schliesslich am Urgrund im eigenen Innern aufspürt, selbst das Wunder? Ist es nicht Zeit, dieses Wunder zu würdigen, das Wunder unserer Existenz, mit oder ohne Kalaschnikow, so wie immer sie, die Liebe, es befiehlt? Wir sind doch gekommen, um die Welt zu verändern, geschickt worden, um sie zu erneuern. Zum Frieden hin zu erneuern. Wir wollten doch, bevor wir hier inkarnierten, der Vision der Evolution zum Durchbruch verhelfen, eine Erde, eine Menschheit, erblüht in Liebe, Frieden und Schönheit hervorbringen.

Es scheint unmöglich zu sein. Wird der Liebe für immer lediglich die Möglichkeit bleiben, sich in einem ewigen Tanz um die Verrücktheiten und Neurosen anderer zu drehen, so dass sie sich wenigstens nicht darin verwickelt? Wir erschlaffen, resignieren wie Arjuna vor dem Kampf, der die Erneuerung erwirken soll. Aber wir sollen ihn führen. Wir sollen dem Wunder zum Durchbruch verhelfen. Wir sollen wollen müssen dürfen es tun. Wir sollen leuchten. Wir sollen die Liebe sein. Wir werden es vollbringen.

„Die vereinigten Psychonauten, welche die Erde bevölkern, verzichten nun doch darauf, die Kalaschnikow zu ihrer neuesten Droge zu erklären", höre ich in den Abendnachrichten. „Abgewendet wurde diese Bedrohung durch den Umstand, dass sie von einem Wunder überwältigt und besänftigt wurden, so dass sie ihre ursprünglichen Pläne vergaßen und fallen liessen. Die unsinnige Zuordnung ihrer schamanistischen Sakramente zu den verbotenen Betäubungsmitteln wurde nämlich unerwartet weltweit korrigiert, ihre Unschädlichkeit im Vergleich zu den bürgerlichen Drogen Alkohol und Nikotin endlich anerkannt und der Zugang zum Heilpotenzial der vieltausendjährigen Tradition des Schamanismus, der durch unstimmige Gesetzesvorschriften für fünfzig Jahre vorübergehend unterbrochen wurde, für alle Menschen wieder zugänglich gemacht."

Auch dies ein Wunder, das leider nur meiner hoffnungsschwangeren, hoffnungslosen Fantasie entsprungen ist!

Hmmm.... dieser Text stellt viele Fragen und gibt (sich) einige Antworten. Ich kann den Autor in vielen Gedankengängen verstehen. Es ist ein sehr politischer Text. Dezent, manchmal auch offensiv, ein Aufruf zur Revolution. Manchmal fast ein Ruf zu den Waffen. Kalaschnikow!

Ein engagierter Text, aber bei allem Respekt, ich kann dem so nicht zustimmen.

Es ist das alte ewig gleiche Spiel .... Veränderung... Politik... Revolution... „im Namen der Guten" ... „dort sind die Bösen" ... „die Mächtigen" ... „die Dummen" .... „die Unbewussten". Gut gegen Böse - der ewige Krieg. Der hört auf diese Weise auch ganz sicherlich nie auf.

Auch wenn er „im Namen der Liebe" geführt wird. Was für mich eher Verführung ist. Das Wort Liebe kommt mir da zu oft vor. Davorgestellt. Und auch das Wort „wir", wo es oft vielleicht besser „ich" hätte heissen sollen. Letztlich spiegelt sich hier doch der Krieg des Autors mit der Welt wieder. Mit „den Mächtigen". Die aus der Einheit und aus der Liebe ausgeschlossen werden. Die gehören nicht dazu. Also sind das die „Gegner".

Der Ruf zu den Waffen ist also für die hehren Ideale eines Revolutionärs. Ohne diese herabzuwürdigen, aber es sind seine Hoffnungen. Seine Träume. Für die „wir" in den Krieg ziehen sollen. Das ist jenes alte Spiel dessen wir so müde geworden sind. Es kann ja sein, dass noch „eine Runde Gewalt" nötig ist, oder geschehen wird. Aber wenn das notwendig ist und geschieht, dann nicht aus Liebe, sondern letztlich aus Unreife. Arjuna ist schon Jahrtausende tot, es wird Zeit für neue Wege.

Bis dahin wird auf diesem Planeten noch sehr viel persönlicher „Djihad" nötig sein. Ein schönes oft missverstandenes Wort aus dem Arabischen: Der heilige (persönliche!) Krieg des Ichs; auf dem Weg zur Einheit, Erleuchtung, Erwachen. Vereinigung mit Gott. Aufgehen im Nirvana. Die persönliche Niederlage, das sich-ergeben-vor-dem-Ganzen. Das hat nichts mit äußeren Kriegen zu tun. Sondern mit Hingabe. Und dann wird Gott überall erkannt. Ohne Trennung. Gegen wen sollte man dann Krieg führen ?
Amüsiert hat mich dann doch das überraschende Ende des Textes: Es ging also nur um den Kampf für die Freigabe von psychedelischen Drogen. Nun

ja. Ohne diese Sache selbst bewerten zu wollen ist das also ein eher lokaler „begrenzter Krieg". Für diesen seinen Djihad wünsche ich Herrn Widmer aber von Herzen alles Gute.

Edgar Hofer

Den allerletzten Krieg zu führen um endlich Frieden zu erringen: Was für eine seltsame Vorstellung! Wie oft wurde schon versucht mit aller Überzeugung das allerletzte Mal für das Richtige zu kämpfen, töten, morden? Vergeblich. Und wie sehr muss man sich belügen, um zu meinen, mit Liebe dreinzuhauen?

Wie sollen denn Konflikte in dieser Welt der Dualität überhaupt ein Ende finden können? Notwendigerweise ist jede Haltung, jede Form unvollkommen und widersprüchlich. Allen fehlt etwas: Das, was sie nicht sind. Dieses Gegenteil wird in Erscheinung treten um sie zu ergänzen, um die Sache wieder rund zu machen. Daher ist es absurd, Krieg Krieg entgegen zu setzen, sofern man ihn beenden will.

Hat nicht einer vorgeführt, wie man den Kreislauf des Rechthabenmüssens, der Vergeltung und der Vergeltung der Vergeltung durchbricht? Hat nicht einer gezeigt, dass bedingungslose Annahme eigenen Leides ein Weg ist? Ein Weg, der nach über 2.000 Jahren noch immer erschüttert, wenn er einem in aller Drastik vor Augen geführt wird.1) Hat nicht einer die Geschäftemacher aus dem Gotteshaus gejagt, sich aber dem Todesurteil nicht entzogen, ja, es geradezu herausgefordert, wenn man der Erzählung trauen darf? War dieser ein kraftloser Idiot, ein unterwürfiger Feigling? Für mich sieht das nicht so aus. Mich überwältigt seine ungeheure Liebe, sein freiwilliges Leiden.

Subhash

1) Der Film „Die Passion Christi" von Mel Gibson (2003) wäre beispielsweise so ein drastisches Voraugenführen absoluter Sanftmut und Liebe.

Richard Graf

Warum wir gerne Recht haben und warum es so schlimm ist, wenn wir im Unrecht sind

Der Mensch ist ein aggressives Wesen

Jeder Krieg, der geführt wurde, wurde im Recht geführt. Die Aggressoren fühlten sich im Recht. Sie fühlten sich vorher bedroht, sahen sich als Opfer und waren gezwungen zu handeln. Sie hatten keine andere Wahl.

Recht haben ist somit eine wesentliche Zutat von Gewalt. So wird die emotionale Struktur schon erkennbar. Zuerst die Angst aus der Bedrohung, dann der Ekel aus der Verachtung und dann der Ärger aus dem Zwang handeln zu müssen.

Gleichzeitig betrachtet der Mensch sich als die Krönung der Schöpfung, als soziales und zum Frieden fähiges Wesen. Gandhi und unzählige Beispiele zeigten den Menschen als soziales und friedliches Wesen. Jedoch wurden alleine 2012 laut UN 437.000 Menschen vorsätzlich getötet. Grob geschätzt kamen im 20. Jahrhundert alleine 200 Mio. Menschen durch Kriege ums Leben. 10.000 Jahre Krieg seit der Jungsteinzeit.

Die Zahl der durch Gewalt getöteten Menschen wird entsetzlich hoch, wenn man weitere Formen von Gewalt hinzunimmt. Ist es Gewalt, wenn die Zigarettenindustrie den Tod billigend in Kauf nimmt? Die aktuellen Kriege zeichnen kein Bild des friedlichen Menschen. Tagtäglich ist jeder einzelne Mensch direkt und indirekt Aggressionen durch Menschen ausgesetzt: am Arbeitsplatz, auf der Straße, auf dem Sportplatz, in den Beziehungen und allgegenwärtig in den Medien.

Der Mensch ist ein aggressives Wesen. Es liegt in seinem Wesen. Wie lässt sich dies vereinbaren, der gewaltsame und der soziale und friedliche Mensch?

Im Unrecht sein, fühlt sich unangenehm an

Haben Sie sich schon mal gefragt, wie viel Zeit Menschen damit verbringen, sich zu rechtfertigen? Sie waren sich ganz sicher, dass Leonardo DiCaprio die Rolle des Will in Good Will Hunting spielte. Sie haben mit voller Überzeugung im Kreise Ihrer Freunde Ihrem Gegenüber klargemacht, es war nicht Matt Damon, sondern DiCaprio. Selbst die Beschreibung in Wikipedia erscheint Ihnen danach nicht real und sie fühlt sich unangenehm an. Sie geben es ungern zu und weisen darauf hin, dass er Matt Damon schon sehr ähnlich sei und die beiden auch in Departed zusammengespielt hätten. Die Rechtfertigung wird abgemildert in eine Begründung. Irgendwie ist das Gefühl, unrecht zu haben, ein sehr unangenehmes. So mindern wir den eigenen Schmerz.

Abschwächen des unangenehmen Gefühls

Manchmal kränkt oder verletzt man den eigenen Partner mit einer unachtsamen Bemerkung. Sofort ist der Impuls da und man erklärt, warum man das nicht so meinte und man beginnt sich zu rechtfertigen. Ja, selbst den Begriff rechtfertigen schwächt man gern ab und erklärt nur. Der Begriff „wir Alte" kränkt so manche Frau. Ein Mann sieht das vielleicht ehrenhaft und erklärt sofort, der Begriff wäre wertschätzend gebraucht. Er habe diesen gewählt, eben gerade um nicht zu verletzen, um die Reife auszudrücken. Man erklärt dem Partner, warum dieser, bei den ausgebreiteten Hintergründen, dieses Gefühl gar nicht haben kann. So versuchen wir, den Schmerz des anderen zu reduzieren, damit unsere Schuld nicht so groß ist. Beide Versuche, den eigenen Schmerz zu mindern und den Schmerz des anderen herunterzuspielen, sind letztendlich der Hinweis, dass es unangenehm ist und wir dies reduzieren wollen.

Unangenehm und Impuls

Allen Situationen ist gemeinsam, dass Unrecht haben sich unangenehm anfühlt und eine impulshafte Reaktion auslöst. Auch wenn viele Menschen wissen, aus Fehlern können wir lernen, so fühlt es sich trotzdem unangenehm an. Obwohl unser Gegenüber schon „OK, es ist gut" signalisiert, fühlt es sich trotzdem unangenehm an, und wir wiederholen uns zuweilen in langen, zuweilen ermüdenden und nervenden Schleifen. Diese Prozedur gilt offensichtlich nur dem Täter, dem, der Unrecht hatte und nicht dem Opfer, dem was geschah. Manchmal ringen wir dem anderen das Versprechen ab, dass es jetzt gut sei, damit wir zur Ruhe kommen. So unangenehm ist das Gefühl.

Die Psychologie führt nicht ins Ziel

„Unrecht zu haben, verletzt unser Ego. Es bedeutet, unser eigenes Konstrukt der Welt ändern zu müssen. Die notwendige Energie und Kraft wollen wir dafür nicht investieren", so die Psychologie. Diese Erklärung enthält viel: Ein Ego ist verletzbar. Es hat ein Konstrukt der Wirklichkeit. Es gibt etwas, das einen Abgleich macht zwischen dem Konstrukt und der Wirklichkeit. Es gibt etwas, das die Notwendigkeit anhand von Unrecht erkennt, das Konstrukt zu ändern. Neben diesen Annahmen wirft diese Metapher sogleich viele Fragen auf.

Wie geschieht die Verletzung? Wie drückt sich die Verletzung aus? Wo sind die Konstrukte gespeichert? Ist das Verletzen des Egos gleichzusetzen mit einer Abweichung des Konstruktes von der Wirklichkeit? Wer steuert all diese Prozesse von Wahrnehmen, Vergleichen, die Abweichung feststellen, die Abweichung bewerten, Verletzung auslösen und dann empfinden? Macht dies das Ego selbst? Blutet das Ego, wenn es verletzt ist? Wird die Blutung durch ein Trostpflaster gestillt? Diese Metaphern fühlen sich schon irgendwie stimmig an, aber so recht weiter führen sie nicht.

Fühlen ist bewusst

Eines ist jedoch offensichtlich, es fühlt sich unangenehm an und man empfindet einen Impuls zum Handeln. Fühlen ist bewusst. Ja, auch wenn viele Experten meinen und noch mehr Menschen glauben, Gefühle wären unbewusst. Das, was den Gefühlen vorausgeht, ist dem Bewussten nicht zugänglich. Das Gefühl jedoch ist bewusst, sonst würden wir es ja nicht fühlen. Es gibt viele Verarbeitungsprozesse, die dem Bewussten nicht zugänglich sind. Wenn der CO_2-Gehalt der Luft in der Lunge über eine gewisse Schwelle steigt, steuert ein Gehirnsystem das Atmungssystem und Sie beginnen unwillkürlich einzuatmen. Zuweilen spüren Sie dies, jedoch geschieht dies meist, ohne dass Sie etwas merken oder spüren, also ohne ein Gefühl. Auch wenn Sie die Atmung bewusst steuern können, so geschieht dies meist und im Schlafe garantiert ohne Ihr bewusstes Zutun.

Es gibt ein Bewertungssystem, das uns das Ergebnis fühlen lässt

„Zwei Seelen wohnen, ach! in meiner Brust!" Das berühmte Goethe-Zitat beschreibt ein Phänomen, mit dem jeder vertraut ist. Der Widerstreit von Vernunft und Bauchgefühl. Es begegnet uns in fast jedem Entscheidungsprozess. Der Grund dafür ist das diffizile Zusammenspiel von Kognition, Intuition und Emotion: In der Regel wird eine Situation zunächst intuitiv wahrgenommen. Dabei entsteht sofort ein erster Handlungsimpuls, der zur Klärung der Situation in der Regel ausreicht. Bei wichtigen Entscheidungen aber – in rund zehn Prozent der Situationen – verifizieren wir diesen Impuls im zweiten Schritt durch das Einschalten des Verstandes, so die Erkenntnisse neurowissenschaftlicher Forschungen. Dann erst werden Handlungsalternativen abgewogen. Und nur wenn dann der Impuls aus der Intuition mit dieser intellektuellen Sichtweise in Einklang gebracht wird, erhalten wir eine stimmige Entscheidung für unser Handeln. Nur dann können wir das großartige Gefühl bekommen, das Richtige getan zu haben.

Wir haben zwei unterschiedliche Entscheidungssysteme, das Kognitions- und das Emotionssystem, dessen Ergebnis als Impuls oder als Bauchgefühl erscheint. Diese beiden Gedächtnissysteme arbeiten autonom und kommen dadurch zu unterschiedlichen Zeitpunkten auf Basis unterschiedlicher Gedächtnissysteme zu unterschiedlichen Entscheidungen. Gleichzeitig interagieren die beiden Systeme intensiv miteinander, wodurch sie eher wie ein monolithisches System erscheinen.

Warum fühlt es sich unangenehm an, Unrecht zu haben?

Das Emotionssystem ist lebens- und überlebensorientiert. Es war evolutionsbiologisch schon da, bevor der Mensch den Neocortex für bewusstes Denken entwickelte. Das Emotionssystem ist dem Bewussten nicht zugänglich, es ist sehr schnell und arbeitet automatisch, ohne dass wir es auffordern oder aktivieren müssen. Es arbeitet wie die Atmung und viele andere Systeme ohne unser bewusstes Zutun und steuert uns automatisch durch das Leben. Autofahren ist eine komplexe Tätigkeit, die Sie als Anfänger bewusst ausführen, aber mit dem Emotionssystem verbunden. Als Experte gehen Sie mit mehr und mehr Erfahrung dazu über, dies dem Emotionssystem immer umfassender zu überlassen. Mit genügend Erfahrung benutzt der eine oder andere parallel das Kognitionssystem, um zu telefonieren, während das Emotionssystem Auto fährt.

Wird es gefährlich und schafft das Emotionssystem es nicht mehr alleine, aktiviert das Emotionssystem das Kognitionssystem. Man wird „wach" und übernimmt bewusst die Steuerung, im wahrsten Sinne des Wortes.

Das Gefühl, das man in dieser Situation bekommt, fühlt sich unangenehm an. Es muss sich unangenehm anfühlen, sonst würden wir nicht „aufwachen", sonst würden wir nicht überleben.

Die Handlungsmuster, die diese Steuerungsaufgaben im Emotionssystem übernehmen, sind robuste neurologische Strukturen, die uns automatisch ohne unser Zutun durchs Leben bringen. Kommen diese nicht ins Ziel, so muss das Kognitionssystem aktiviert werden. Das geschieht mittels der Emotionen, die im Handlungsmuster kodiert sind und das Gefühl - das zugehörige Emotionsgefühl - auslösen.

Beim Autofahren ist es wahrscheinlich die Angst, bzw. das Angstgefühl, das man spürt, wenn es gefährlich wird oder das Ärgergefühl, wenn man sich bedroht fühlt. Genauso verhält es sich mit dem Recht haben.

Eine Situation oder Aussage wird vom Emotionssystem bewertet und in einem Impuls vom Emotionssystem beantwortet, der vom Kognitionssystem wiederum mit „stimmig" oder „nicht stimmig" quittiert wird. Danach erfolgt die kognitive Erklärung, wie Aristoteles schon sagte: „Wir benutzen unseren Intellekt nur dafür, um unsere bereits getroffenen Entscheidungen im Nachhinein zu erklären." Beim Rechthaben sollten wir vielleicht weiter gehen und präzisieren „... um unsere bereits getroffenen Entscheidungen im Nachhinein zu rechtfertigen".

Es ist ganz einfach. Ein Handlungsmuster aus dem Emotionssystem liefert die Aussage, und dann behauptet man eine Aussage und nimmt eine Position ein. Danach erfährt man, man hat Unrecht. Das Handlungsmuster, das vorher ins Ziel kam, kommt nun nicht mehr ins Ziel. Der archaische, alte Teil unseres Gehirns, das Emotionssystem, scheitert, schafft es nicht und aktiviert das Kognitionssystem mit einem unangenehmen Emotionsgefühl.

Das Gefühl muss unangenehm sein, sonst würde das Kognitionssystem nicht aktiviert. Würde das Kognitionssystem allein arbeiten, wäre es einfach. Es würde zum Schluss kommen, OK, nun habe ich was dazugelernt, Danke. Zuweilen machen wir das auch, nachdem das Drama des Unrechthabens und im Unrechtsein abgeklungen ist. Da aber das Emotionssystem beteiligt war, fühlt es sich zwangsläufig unangenehm an, und das tut es auch.

Warum fühlt sich Unrecht haben zuweilen so extrem an
und warum manchmal so unterschiedlich?

Das Emotionssystem ist dem Bewussten nicht zugänglich, und so weiß man nicht, welche Handlungsmuster für das „Recht haben" aktiviert wurden. Das aktivierte Handlungsmuster scheitert, nachdem wir wissen, dass wir „Unrecht hatten". Handlungsmuster sind aus Emotionen zusammengesetzt und die dominierende Emotion beim Scheitern drückt sich dem Kognitionssystem mit einem Emotionsgefühl beim „Unrecht haben" aus. Das ist der Grund, warum das Emotionssystem einmal Scham, Ärger oder Schuld und alle anderen Mixturen von Emotionsgefühlen auslöst und wir das „Unrecht haben" so unterschiedlich erleben.

Das Emotionsgefühl muss unangenehm sein, weil es nur so bewusst wird und das Kognitionssystem aktiviert. Die Stärke des unangenehmen Gefühls hängt von vielen Faktoren ab. Zum einem vom neurologischem Handlungsmuster selbst. Die Bedeutung der zu bewältigenden Lebenssituation, die im „Recht haben" versteckt war, beeinflusst die Stärke. Das Emotionssystem bewertet immer die Gesamtsituation.

So macht es einen Unterschied, ob ich vor einer großen Gruppe, vor meinem Chef oder nur in einer Situation mit einem engen wohlwollenden Vertrauten Unrecht habe. Das Emotionssystem nimmt immer den ganzen Kontext in den Blick und muss dies tun, da es überlebensorientiert ist. Dann feuert die emotionale Disposition das unangenehme Gefühl zusätzlich an. Wenn ich schon ärgerlich bin, wird das Unrechthaben dies befeuern. Und wenn mein Selbstwert schon am Boden ist, wird eher die Scham aktiviert. So erklärt sich, warum das Unrechthaben so unterschiedlich erscheint und zuweilen so extrem unangenehm ist.

Warum wir so gerne Recht haben

Beim Rechthaben kommt das neurologische Handlungsmuster im Emotionssystem ins Ziel und das fühlt sich angenehm an. Immer dann, wenn ein

Handlungsmuster ins Ziel kommt und wir dies bewusst wahrnehmen, fühlt es sich angenehm an. Die Stärke hängt von den oben beschriebenen Faktoren ab.

Manchmal fühlt sich aber auch Rechthaben unangenehm an. Stimmen nun die ganzen Ausführungen nicht? Nein, das Emotionssystem nimmt die gesamte Situation in den Blick. Wenn Sie Rechthaben und damit Ihren Liebsten beschämen, wird sich das nicht angenehm anfühlen. Das Emotionsgefühl, das durch die Beschämung ausgelöst wird, ist stärker als das stimmige Gefühl des Rechthabens.

Genauso wird sich Unrechthaben weniger unangenehm, vielleicht angenehm anfühlen, wenn dadurch das Emotionssystem die Gesamtsituation aus Sicht des Lebens stimmig bewertet.

Unser Überlebenssystem, das Emotionssystem, ist mehr auf Gefahrenvermeidung als auf Chancensuche ausgerichtet. Auch wenn der Einzelne unterschiedlich ist, so vermeidet nach aktueller Forschung das Emotionssystem zu 2/3 die Gefahr und sucht nur zu 1/3 die Chance.

Durch diese asymmetrische Ausrichtung und der Aktivierung des Emotionssystems in Gefahrensituationen erklärt sich, warum das Unrechthaben zuweilen so viel stärker und auch unangenehmer ist, als das Rechthaben angenehm ist. So gesehen sind Unrechthaben und Rechthaben nicht so ganz zwei Seiten einer Medaille. Es ist ein komplexer neurologischer Prozess, der vielfältige Erscheinungen produzieren kann.

Warum wollen wir nicht Unrecht haben?

Ganz einfach, weil es sich unangenehm anspürt. Manchmal so unangenehm, dass man es vorzieht, aggressiv zu werden, statt einfach dazuzulernen. Das unangenehme Gefühl wird vom Emotionssystem produziert und dies fühlt sich so an, als wäre es nicht von uns selbst. Wir verwechseln einfach, dass dieses Gefühl aus uns und von uns produziert wird. Es ist nicht das Gegenüber, es ist unser Emotionssystem, und es ist die Gesamtsituation, die es bewältigen will. Da der Impuls und das verbundene Emotionsgefühl nicht als uns zugehörig empfunden werden, fühlt sich „Unrecht haben" auch ungerecht an, wodurch die Aggression erst richtig verstärkt wird.

Wir wollen nicht Unrecht haben. Das ist die vordergründige und stärkere Bewegung im Leben. Recht zu haben ist eher die Vermeidung des Unrechthabens, auch wenn Rechthaben zu den angenehmen Gefühlen führt. Es ist die Vermeidung von etwas, das in uns ist, sich aber so anfühlt, als käme es von außen.

Das Fatale: Wenn einer Recht hat, so hat jemand anderes Unrecht

Sobald wir Rechthaben, gibt es jemand oder mehrere, die Unrecht haben. Wir führen mit dem Rechthaben die unangenehmen Gefühle ein, ob wir das nun wollen oder nicht. So gesehen, ist Rechthaben immer die Einführung unangenehmer Emotionen.

Sind die Emotionen negativ?

Nein, sie sind einfach ein Überlebensmechanismus. Nur die zugehörigen Emotionsgefühle fühlen sich unangenehm, zuweilen sehr unangenehm und manchmal unerträglich unangenehm an. Sie müssen sich unangenehm anfühlen, weil sie unser Überleben sichern. Damit aktiviert das Emotionssystem das Kognitionssystem. Würden sie sich nicht unangenehm anfühlen, würden wir nicht bewusst reagieren und könnten ggf. innerhalb kürzester Zeit sterben. Leider sind sie kein präziser Steuerungsmechanismus für die komplexen Situationen des Lebens. Es gibt immer ein Zuviel oder ein Zuwenig und einen funktionalen Bereich.

Die Angst macht uns achtsam. Ein Zuwenig an Angst, der Leichtsinn, führt zum Tod. Beim leichtsinnigen Überqueren der Straße werden wir früher oder später überfahren. Ein Zuviel an Angst führt zur Panik oder Starre. Die Starre hindert uns, die Straße zu überqueren und die Panik führt früher oder später zum Tod. Ein funktionales Maß der Angst und damit aktivierter Achtsamkeit lässt uns die Straße sicher überqueren.

Wenn Emotionen dem Bewussten zugänglich werden, fühlen sie sich überwiegend unangenehm an. Das müssen sie auch, damit wir uns bewegen. Wären sie angenehm, würden wir dies nicht tun. Das Emotionssystem ist ein archaischer Steuerungsmechanismus, der unser Überleben sichert. Dieser aktiviert automatisch und situationsgerecht und dereguliert, nachdem eine Situation gemeistert ist. Dies geschieht unaufgefordert und automatisch, ohne dass dies dem Bewussten zugänglich ist.

Wie kann die Welt friedlich werden?

Ganz einfach, wenn wir die Grundstruktur der Emotionen erkennen und kognitiv überformen, dann werden wir zu sozialen und friedlichen Wesen. So lässt es sich erklären und auch vereinbaren, dass der Mensch gewaltsam und gleichzeitig ein soziales und friedliches Wesen ist.

Die Trilogie der Emotionen: Angst, Ekel und Ärger führt zu Kriegen. Es ist nicht so, dass unsere Gehirnstruktur der Struktur der Kriege entspricht. Es ist eher umgekehrt, Kriege werden begünstigt, weil sie der Gehirnstruktur des Menschen folgen. Die „Macher" aggressiver Auseinandersetzungen verfügen nicht zwangsläufig über dieses Wissen. Jedoch werden aggressive Auseinandersetzungen nach dieser Struktur inszeniert, weil „es funktioniert". Es funktioniert, weil es der Gehirnstruktur des Menschen entspricht.

Diese Emotionen haben sich archaisch entwickelt und sind lebensorientiert. So sorgt diese Trilogie der Emotionen auch fürs Überleben. Die Angst aktiviert die Achtsamkeit und strebt zur Sicherheit: Der Ekel verhindert archaisch Vergiftungen und aktiviert Distanz und sorgt so für Schutz. Der Ärger macht kraftvoll, um Einfluss zu nehmen.

Frieden beginnt, wenn Menschen beginnen, diesem Wissen über unsere innere Struktur zu folgen. Frieden beginnt damit, die eigenen Gefühle zuzulassen, ohne dem Impuls zur Handlung zu folgen. Wenn Du nicht akzeptierst, was Du fühlst, kannst Du anschließend keine friedliche Handlung planen.

Die Menschen und die Menschheit werden friedlich, wenn wir als Wesen, als Einzelner friedlich werden. Es ist nicht nur so, dass Menschen so schrittweise friedlich werden. Vielmehr kann ein Prozess beginnen, in dem sich Menschen gegenseitig unterstützen, friedlich zu werden und all die Konflikte, Probleme und Themen anpacken, die dem Frieden im Wege stehen. Weit mehr noch: Wir können beginnen, eine friedliche Welt zu kreieren, die weit über das hinausgeht, was wir momentan erahnen.

Menschen werden friedlich, wenn sie sich ihrer inneren Prozesse gewahr werden und nicht ihrem Emotionssystem blind folgen. Das heißt nicht, dem Kognitionssystem blind zu folgen. Das ist auch nicht möglich, da das Emotionssystem vorher schon entschieden hat.

Menschen werden friedlich, wenn sie ihr Emotionssystem achten und dieses als ihr eigenes wahrnehmen, als eigenständige Instanz, da es immer und bereits entschieden hat, bevor sie das Ergebnis in einem unangenehmen Emotionsgefühl wahrnehmen.

Frieden entsteht, wenn man aufhört, die anderen für seine Gefühle verantwortlich zu machen und sie als die eigenen erkennt. Das eigene Emotionssystem gehört Ihnen und das unangenehme Gefühl wird von Ihren neurologischen Handlungsmustern produziert. Dafür sind Sie selbst verantwortlich. Der oder die anderen sind nur ein Bestandteil einer Gesamtsituation, die durch das Emotionssystem bewertet wird. Der Einfluss der eigenen neurologischen Handlungsmuster ist weitaus größer als das, was außerhalb von uns geschieht.

Menschen werden friedlich, wenn sie beginnen, das unangenehme Gefühl aus dem Emotionssystem anzunehmen, wie es ist. Das ist notwendig, um das Kognitionssystem zu aktivieren. Es ist eine neurologische Notwendigkeit, um zu überleben. Das ist wahre Demut, dem zuzustimmen, was bereits geschehen ist.

Menschen werden friedlich, wenn wir anfangen, das unangenehme Gefühl als das zu sehen, was es ist, ein Impuls zu handeln und dies nicht zu negieren, abzuwerten und als unerwünscht zu verteufeln, als Ego, Schatten, Dämon oder welche Metapher auch immer gewählt wird. Jede Abwertung des Impulses aus dem Emotionssystem führt zwangsläufig zu einer Wirkung, die dem Frieden nicht dient und nicht fördert.

Es ist ein und bleibt ein Impuls zum Handeln, der ins Ziel will und was wäre schöner, als diesen mit einer friedlichen Wirkung ins Ziel zu führen. Das ist wahrhaftiges Handeln und Leben.

Menschen werden friedlich, wenn sie beginnen das Unangenehme in Handlung zu übersetzen und dafür eine soziale und friedliche Übersetzung wählen. Das wird uns erst gelingen, wenn wir jeweils die wahre Bedeutung unseres eigenen unangenehmen Impulses aus dem Emotionssystem erkennen.

Die folgenden Hinweise als Antwort auf den Beitrag von Richard Graf verstehen sich als Ergänzung und Vertiefung.

Aus Steinen baut man das Haus
die Leere zwischen den Steinen
macht das Wesen des Hauses.   Laotse

Das Wesen des Menschen ist sowohl „einzigartig" in seiner irdisch-menschlichen Erscheinung in Zeit und Raum, sowie „all-eins" in seinem Ursprung, dem allen Wesen gemeinsamen Wesensgrund.

Den Menschen sehe ich nicht als aggressives Wesen. Unsere irdische Ausrüstung ist jedoch auf Überlebenssicherung eingestellt und unser Verhalten wird hauptsächlich durch Projektionen und Angst bestimmt.

Richard Grafs Ausführungen empfinde ich hinsichtlich des archaischen Emotionssystems als sehr erhellend und treffend. Selbsterforschung wie sie durch den vorliegenden Artikel gefordert wird ist sehr hilfreich und sicherlich ein großer Schritt in Richtung Frieden auf dieser Welt. Unsere Projektionen zu uns selbst zurück zu nehmen und nicht mehr nach „außen" und auf die „Anderen" zu werfen, ist ein ganz wesentlicher Ansatz, welcher schon seit ein paar Jahrzehnten aus spirituell-therapeutischen Kreisen vehement als Basis für eine erfolgreiche Heilung unserer Emotional-Körper gefordert wird. Schön, dass die Wissenschaft auf ihre Weise diese Dringlichkeit bestätigt.

Dass das archaische Emotionssystem für unsere Wahrnehmung hauptsächlich unbewusst operiert bedeutet nicht, dass es willkürlich, oder ausschließlich konditioniert arbeitet. Unser physischer Körper hat seine ihm eigene Intelligenz, ebenso unser psychischer und emotionaler Körper, unser geistiger und mentaler Körper, sowie unser seelischer und energetischer Körper. Das menschliche Wesen ist sehr vielschichtig und komplex ausgerüstet. Konditionierungen werden durch gewaltige Mengen an Erfahrungs- und Wahrnehmungsimpulsen, sowie deren individuelle Verarbeitung erzeugt und gespiegelt.

Diese Rückspiegelungen unseres Selbst-, Welt- und Existenz-Verständnisses wirken sehr differenziert und unterschiedlich auf die Funktionsfähigkeit und Bewusstheit unserer unfassbar genialen menschlichen Ausrüstung.

Die Wissenschaft neigt durch die große Popularität und den enormen Fortschritten in der Gehirnforschung öfters dazu, alles Wesentliche des Menschen ausschließlich im menschlichen Gehirn anzusiedeln und über dessen Funktionssysteme zu definieren.

Das Gewahrsein selbst, das jeder Forschung, egal auf welchem Gebiet, zu Grunde liegt und Wahrnehmung überhaupt erst ermöglicht, blieb für die Wissenschaft bisher weitgehend im Dunkeln. Denn die Erfahrbarkeit des menschlichen Wesensgrundes wurde fast ausschließlich im Bereich der Religionen angesiedelt. Selbstversenkung oder Meditation versteht sich jedoch unabhängig von religiösen und wissenschaftlichen Dogmen. Denn Meditation sucht die direkte, lebendige und uneingeschränkt offene Erfahrung unseres existenziellen Ursprungs.

Wenn wir Menschen uns nicht als „eine" Menschheit verstehen und erleben lernen, welche mit und aus derselben Gewahrseinsnatur lebt, wird sich unser Leben nicht zu einem gemeinsamen Tanz formen können. Doch dazu benötigen wir Selbsterkenntnis und Selbstliebe, sowie das Erwachen zu unserer gemeinsamen existenziellen Wesensnatur als Lebensgrundlage. Was für unterschiedliche Namen unsere Kulturen diesem ganzheitlichen, raum-zeit-unabhängigen Wesensgrund geben, sollte für uns weniger eine Rolle spielen, als die lebendige Erfahrung dessen und die Bereitschaft aus und mit diesen Einsichten zu leben.

Saajid

kontakt@owk.eu
www.owk-satsang.de

Einzelsitzungen:
www.owk-satsang.de/satsang/webcam

Begegnungen auf La Gomera:
www.owk-satsang.de/satsang/gomera

Kostenloser Satsang Livestream (Live-Videochat):
www.owk-satsang.de/satsang/tv

OWK Edgar Hofer

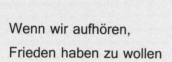

Wenn wir aufhören, Frieden haben zu wollen

Prolog

Vor einiger Zeit hatte ich mit Romen, dem Initiator dieses Buches, ein Skypegespräch in welchem er mich einlud, ebenfalls zu diesem Werk beizutragen. Ich sagte zu. Wenige Wochen später erhielt ich dann einen genaueren Einladungstext, mit dem Betreff „Friedensbuch", unter anderem mit folgenden Worten:

„ ... Die Identität von Leerheit und Fülle zeigt uns, dass Stillsein nicht mit Nichthandeln gleichgesetzt werden kann. Vielmehr bedeutet jenes Stillsein ein Nichtbefolgen der musterhaften Impulse (Angriff, Flucht, Daraufzugehen und Freeze, in Form von Bewertungen, Identifikationen, etc.), insbesondere Getriebensein und Trägheit. So erleben wir Stillsein auf der Verhaltensebene als angemessene Handlung. ...

Welche Aspekte diese angemessene Handlung in unseren sozialen, kulturellen, politischen etc. Strukturen haben kann, soll Inhalt dieses Buches sein ..."

Daraufhin beschloss ich (erst mal), nicht am Buch teilhaben zu wollen. Diese Beschreibung sprang mich einfach nicht an, im Gegenteil, war für mich insofern ein „Abturner", da sie nicht mit meiner „Sicht auf die Dinge" konform ging. Also sagte ich Romen ab. Die nachfolgenden Worte die ich an ihn schrieb, bilden nun gleich den Einstieg zu meinem Beitrag. Der, als „persönlicher Prozess" zufälligerweise und welch Wunder genau, das spiegelt, worum es in diesem Buch offenbar ursprünglich gehen soll.

Aber so ist das mit unsereins... wir erklären nicht... wir demonstrieren es ... wir leben es... - oft, ohne das selbst überhaupt zu wissen. Es offenbart sich meist erst im zweiten Schritt, nachdem wir den ersten, den wir vermeintlich auch gleich für den letzten hielten, schon längst gegangen sind. Die Absage war also der Beginn. Der erste Akt also:

Betreff: Friedensb(r)uch

Lieber Romen,

wie zuletzt per Skype find ich so eine abermalige Buchidee vor allem auch durch die Einbeziehung direkter Feedbacks und Kommunikation zwischen den Autoren recht gut. Ich muss dir heute aber aus mehreren, teils auch unterschiedlichen Gründen absagen.

Der erste ist ganz profan: Ich habe derzeit zu viele Projekte am Laufen, von denen ich ebenfalls bei weitem nicht alle bis zum Sommer „schaffen" werde, und möchte mir da jetzt nicht noch eine weitere und noch dazu termingebundene Verpflichtung aufhalsen. Der Zweite ist eher inhaltlicher und prinzipieller Natur. Der es mir dann aber doch erlaubte, meine Terminschwierigkeiten, die ich ja ohnehin gehabt hätte, zu würdigen und berücksichtigen. Natürlich könnte ich es mir auch leicht machen, und den zweiten - inhaltlichen - Grund einfach weglassen und nix dazu sagen. Das wäre einfacher. Dann hätt ich halt keine Zeit, und es wäre halt „einfach nur schade" (und feige).

Aber ich merke, wie ich dennoch da etwas dazu sagen möchte. Vielleicht kannst du diesen nun folgenden kurzen Text ja auch verwenden, für was auch immer, ich weiß es nicht:

Nach unserem Skype-Gespräch hatte ich bemerkt, dass ich weder ein klares ‚ja' noch ein klares ‚nein' zu einer (wie besprochen eher passiven) Teilnahme am Friedenskongress im Sommer habe. Aber die Idee mit dem Buch gefiel mir. Für eine Kongressteilnahme selbst wollte ich mit meiner Entscheidung noch zuwarten, ohne viel darüber nachzudenken. Langsam tendierte die aber dann doch mehr und mehr in Richtung „eher nicht". Ich muss auch zugeben, dass ich die dort vertretenen Lehrer, von denen du schwärmst, nicht (mehr) unbedingt als „mein Feld" sehe. Heilung, Energiearbeit... das waren alles Dinge mit denen ich mich vor langer Zeit, in den 90er-Jahren, intensiv und jahrelang beschäftigt habe. Zu einem sehr sehr großen Teil war das also *vor* meiner „Gottes-Einheits-Keinheits-Erfahrung". Teils natürlich auch danach, klar, die ersten Jahre waren auch sehr energetisch, im Gottesbewusstsein selbst, mit vielen „persönlichen" Prozessen der Auflösung und des Umbaus. Also körperlich-geistig-energetisch-personales „Fegefeuer".

...aber auch das ist nun schon wieder sehr lange her und ich bin da einfach weitergegangen und hab meine „Sicht auf die Dinge" nicht nur einmal um 180 Grad gedreht. Eigentlich mehrmals um 360... - und vielleicht auch spiralmässig um gefühlte 36000 Grad *g*.

Ein erstes Drehen geschah ca. ein Jahr nach meiner „Verleuchtung" durch die Annahme des Bodhisattva-Zustandes. Die Herzöffnung, das, was viele in unserem Feld auch schon erfahren haben oder im Feld selbst immer wieder erfahren. Bis dahin war ich voll unidentifiziert (bzw. subtil identifiziert mit dem Nicht-Identifizierten), in der „Advaita-Falle" also. Und habe das Leid der Menschen nicht mehr erfahren können, nicht mehr sehen können. Fühlte mich eher wie von Gott „verarscht" (nicht böse, eher mit einem Zwinkern). Konnte keine Geschichten mehr ernst nehmen. Und schon gar nicht mehr Leid oder Identifikation. Habe darüber gelacht. Offen oder zumindest still in mir.

Dann geschah diese Explosion im Herzen, in der Brust, und ich habe Gott selbst „angeklagt", weil er das Leid der Menschen nicht kennt und nicht sieht. Er diesen Aspekt des (individuellen) Wesenseins in seiner Absolutheit nicht kennt, bzw. habe auch mich angeklagt für das Wegschauen. Oder zumindest die tiefe Einsicht gewonnen „Ja, da ist jemand der leidet" (was ich vorher im reinen Advaita-Zustand lange verneinte). „Ja, ich verstehe nun die Menschen". Und „ja, ich entscheide mich für das menschliche und wenn es nötig ist auch gegen die absolute Sicht". „Ich entscheide mich für die Liebe, auch wenn es Lüge ist". Das war mein „Bodhisattva-Schwur". Und mein erster Schritt wieder hin zum Mensch-Sein. Mein Schritt zur abermaligen „Mensch-Werdung". Mein „Erwachen aus der Erleuchtung".

Ein nächstes Drehen war das Sterben des Beobachters: Auch der und der nichtwertende Zeuge wollten losgelassen werden und sich auflösen, sterben.

Der, der alle Impulse und automatisch ablaufende Muster bis dahin lange Zeit einfach nur beobachtet hat und beim Verbrennen zuschaute. Es verbrennen ließ und dabei atmete und atmete und atmete. Und letztlich selbst dabei verbrannt ist. Irgendwann hat er endgültig ausgeatmet und auch der Beobachter durfte gehen. Das war regelrecht eine zweite Todeserfahrung.

Ein weiteres „Drehen" war das Loslassen eines jeden scheinbar persönlichen „Schöpferzustandes". Auch diese subtile Identifikation mit dem Feld selbst. Diese Idee selbst etwas „besser" machen zu können. Diese Idee etwas zu „be-wirken". Zu verändern. Und an die Stelle eines „ich mache alles besser" oder eines gutklingenden „wir machen alles besser" oder eines meinetwegen noch besser klingenden „das Feld macht nun alles besser" ... an diese Stelle rückte (wieder) etwas gänzlich Anderes, etwas Ursprüngliches:

Das abermalige (vertiefte) Vertrauen das jetzt schon alles „gut" ist. (!)
Vor allem - aber nicht nur - was den unpersönlichen Bereich betrifft. Ich nenne das gerne auch „die Integration des Persönlichen". Des ‚Egos' wenn man so möchte. Es folgte auf die ‚Integration des Unpersönlichen ins Persönliche' also die ‚Integration des Persönlichen ins Unpersönliche". Oder andersrum: es verschmolz, untrennbar. Aber noch viel mehr als zuvor manifestierte sich der tiefe Friede mit dem, was ist. Sowohl im Absoluten also auch im Relativen. Im Unpersönlichem wie im Persönlichem.

Also ne, ich will keinen Planeten mehr heilen, ich will auch keinen Planeten mehr befrieden, und ich will auch nicht teilhaben an einer Blasphemie, die Gott (das lebendige Universum) „besser machen möchte". Oder dem Feld-an-sich irgendwelche Ideen aufbürdet, wie „Friede" zu geschehen habe. Ich halte das alles ehrlich gesagt letztlich für Mindfuck der feinsten Sorte. :-) (lieb gemeint). Weniger lieb aber ist es tatsächlich so, dass genau diese Art „erleuchtetes Ich" dann die letzte Ich-Schale ist, die man abwirft, und dann sieht man tatsächlich dieser Fratze ins Auge, die man ist ... - dem spirituellen Ego. Das ist dann eine ‚umgekehrte Gotteserfahrung': die pure Satans-Erfahrung könnte man sagen - und fühlt sich auch so an.

Zur Erklärung: in der christlichen Mystik ist ja Luzifer, der Lichtbringer, derjenige höchste Engel der meint, besser als Gott zu wissen, was für das Ganze nun gut sei und was man tun solle, um die Welt schöner zu machen. Der hat dann die anderen Engel angestiftet, eine Revolution zu machen; alles besser zu machen; hielt nix von „Hingabe" sozusagen *g* ;-)

Und klar, auch dieser scheinbare Widersacher ist nur ‚Gott in Verkleidung'; aber darum geht's bei dieser Erfahrung eben nicht; sondern um das Erkennen dualer Aspekte Gottes, wenn man so will und die Annahme, Integration und Transformation dieses Aspektes.

Ich habe dann tatsächlich sowas wie eine „Satans- Erfahrung" gemacht... lange nach der Gotteserfahrung. Die andere Seite der Medaille, auch im Sinne von Gut & Böse, auch im Sinne von Licht & Dunkelheit; für Sciencefiction Fans könnte ich sagen: ja, „die dunkle Seite der Macht". Habe mich also selbst als dieser „oberste Engel" erfahren; und durfte hernach in den Schoss des hingegebenen Menschseins zurückkehren. Die Person und auch den Menschen „Edgar" voll annehmen; das Geschenk des Mensch-Seins. Jenseits des spirituellen, gottgleichen Egos demütig das ganz normale ‚Ich' und die Identifikation eines Menschen.
Und JA, erst das, lieber Romen, war „Erlösung". Und Vergebung zugleich. Danach begann dann eine jahrelange sehr magische Phase, hingegeben an einen engelsgleichen Zustand des Helfens. Vollkommen „verbündet mit Gott". Mich benutzen lassend als Werkzeug Gottes in reinster Hingabe. Je nach Bedarf. Als helfend einspringender Joker sozusagen. Kleine Dinge. Das ging dann jahrelang. Und, natürlich, auch die Hingabe mochte dann irgendwann hingegeben werden. Soweit möchte ich nun aber gar nicht fortschreiten in der Beschreibung.

Es macht letztlich nicht viel Sinn viel darüber zu sprechen und zu berichten. Es ist einerseits zu „jenseitig und fern" und andererseits auch nicht wirklich notwendig zu wissen und zu vermitteln, da all diese Dinge von selbst geschehen in einem selbstablaufendem Prozess. Im Gegenteil, zu viel sich mit solchen Dingen zu beschäftigen, die im eigenen Prozess nicht „jetzt" sind, ist sogar zu sehr Ablenkung und wieder Gefahr von Trips und dem Folgen von Karotten und Konzepten. Der Mind macht sich einfach alles zu eigen und kann all das sehr gut simulieren. Man sollte sich letztlich immer darauf konzentrieren, was bei einem selbst *gerade jetzt* ist. Das reicht völlig und sollte auch jede dieser Phasen in voller Totalität erfahren werden, so, als gäbe es keine andere Wahrheit.

(Vieles aus diesen Phasen findet man übrigens auch recht gut im tibetischen Totenbuch beschrieben. Als ich es Jahre später las, war es, als hätte ich meinen eigenen Prozess darin beschrieben gefunden. Wie eine Art „After-Enlightenment-Guide" , oder eben besser „Past-Life-Guide"; was es ja ist).

Drum, ja, sehe speziell dich, Romen, da tatsächlich in einer ziemlichen, aber dennoch auch recht üblichen und verbreiteten „Falle" - obwohl es natürlich keine Fallen gibt; letztlich ist alles halt einfach nur eine Phase. Ich sage das, weil ich diese Falle/Phase eben selbst kenne. Jeder tappt da irgendwann mal rein. Aber aus dieser Grube bin ich nicht nur raus gekrabbelt ... sie existiert für mich einfach nicht mehr in dieser Form ... drum kann ich da auch nicht so mitspielen und diese Wahrheiten (weder die Wahrheit des absoluten Nichtseins noch die Wahrheit des absoluten Herzens) als „Weisheit letzter Schluss" anerkennen. Auch wenn ich immer beide Seiten verstehen kann.

(Ich hab aber sicher dafür andere Fallen-Phasen; die Phallusphase apropos ist aber auch schon lang vorbei.... - man wird auch als Tantriker alt, pragmatisch und abgebrüht... - beschäftige mich eher mit so profanen Dingen wie Gesundheit; Politik; Wirken-im-Unsichtbaren; Multidimensionale Reisen in die Vergangenheit, Zukunft und andere Welten und andere Leben (meiner Selbst); Abhandlungen über die Post-transpersonale Phase, also das „re-personale" wenn man so will, „Trans der Transe" sozusagen... ;-) - Beschäftigung mit Prozessen, wo u.a. Jesus mal vorausging, also Auferstehung und Menschwerdungen Gottes .... und die Erforschung dieses Mensch-Seins. Zum Beispiel Auswirkungen des Bauchgehirns (Shakti/Kundalini ;-)) - Gähn-Yoga (Tiefenentspannung auf Zellebene durch Gähnen); also ich hab da schon genug eigene Fucks zu fucken mit meinem Mind ... ;-) - und ist ja nicht so, dass das nicht Spaß machen würde ... ;-)

Jedenfalls bitte sei mir nicht böse ... und ob der vielleicht bisschen groben Wortwahl. Manchmal sind klare Worte der Abgrenzung wichtig. Zumindest für mich.

Das „Feld" ist doch schon längst da... und jede „Idee", dass man was „persönliches" noch auflösen müsste, damit das Feld wirken kann: Lieber Romen, wenn man solche Ideen hat, dann tut man ja so, als hätte man das „wirkliche

Feld" noch gar nie gesehen (!) - in dem erscheint doch ungetrennt auch all das, was man „persönlich" oder abwertend „Muster" nennen mag.

Und ja, klar, gehört genau auch das zur Auflösung selbst dazu. All diese Trips zu durchleben. Sie wollen durchlebt werden und genau das ist das Fegefeuer, welches eben brennt.... solange es brennt. Aber Das wirkliche Feld ist immer schon gänzlich ungetrennt. Und der göttlichen Intelligenz ist auch vollkommen zu vertrauen, selbst wenn man sie sich nicht zu-eigen (!) macht. Die benutzt dich ohnehin. Ob du willst oder nicht. Da kannst du nicht nur nichts dafür tun, sondern vor allem kannst du nichts dagegen tun (!)

Zum Persönlichen zwischen uns: Ich tu mich tatsächlich schwer, dir das zu schreiben, weil ich dich einfach so sehr mag. Trotzdem ist es zu einem gewissen Grad auch befreiend. Es ist halt immer der Spagat zwischen Wahrheit und Liebe. Die letztlich ohnehin eins sind. Aber ich meine hier halt auch die persönliche Liebe. Denn das ist noch so ein Punkt: Ich verurteile das Persönliche nicht. Auch verurteile ich keine Muster. Ich verurteile auch keine Impulse. Keine Flucht. Keinen Angriff. Keine Bewertungen.
Keine Identifikationen (!). Kein Getrieben sein und keine Trägheit.

Mit einem Wort: Ich verurteile das Menschsein NICHT. Deshalb bekommst du mich diesmal nicht mit ans Boot. Ich will keine angemessenen Handlungen. Ich möchte dem Menschen die Freiheit des Unangemessenen gönnen. Ich möchte den Menschen lieben und nicht verteufeln. Weder den Menschen, noch den Mind, noch das Ego. Du hast hier keinen Kampfgefährten. Denn dieser Kampf ist nichts anderes als nach wie vor der alte langweilige Kampf... gegen einen selbst letztlich. (Und letztlich sogar gegen Gott, genaugenommen) (und ganz genau genommen ist natürlich auch der Kampf und der Kämpfer nicht getrennt von *dem*, klar; trotzdem, im relativen individuellen Prozess ist es wichtig, das zu erkennen; wer man da ist; wer da kämpft; und wogegen ...)

Tut mir also leid!

Auf relativer Ebene bin ich aber völlig d'accord mit dir. Man darf ruhig etwas tun, um die Situation hier auf diesem Planeten gesellschaftpolitisch, sozialpolitisch, wirtschaftspolitisch und was auch immer zu verbessern. Das ist klar.

Aber das ist relative Ebene. Da darf man sich auch äußern, da darf man auch mittun, und das tue ich auch, in dem mir gegebenen Rahmen. Und aufgrund meiner Erfahrungen und Überzeugungen. Für die kann ich einstehen. Aber nicht für die Deinen. Die (m)einen sind mir gegeben und so werde ich benutzt. Und die deinen sind dir gegeben, und so wirst du benutzt. Manchmal gibt es Schnittmengen und manchmal eben nicht.

Der von dir aufgesteckte Rahmen ist mir jedenfalls zu eng, speziell auch fürs Buch. Ist für mich viel zu viel „wollen". Und mit den von dir erwähnten zugrundeliegenden Grundannahmen bin ich halt einfach nicht d'accord. Siehe oben. Diese Revolution im Himmel findet also ohne mich statt... ;-) Ansonsten, was das Weltliche betrifft: Ja, schräge Zeiten und das wird sich noch zuspitzen. Vor kurzem schrieb ich in einem politischen Facebookforum:

„Alles geschieht wie es geschieht. Wenn das System destruktiv ist, geht es zugrunde. Geht es nicht zugrunde, ist es nicht destruktiv."

So sehe ich unser heutiges System - vielleicht - zugrunde gehen. Dann ist das gut so. Oder es geht nicht zugrunde. Dann ist das gut so.

Alles Liebe (!)
Namaste
Edgar

Zwischenspiel

Soweit so gut. Als ich obigen Brief anfangs schrieb, hatte ich noch so ein unbestimmtes, nein, sogar fast richtig bestimmtes Gefühl, das könnte auch schon der Text sein oder es werden. Also der gewünschte Text für das Buch. Aber dann, als ich mich regelrecht in Rage schrieb, nicht voll Wut, nein, voll Inbrunst und Leidenschaft mit Herz und mit Bauch ... meine Wahrheit ... meine Feelings ... - da hab ich mich dann langsam, während des Schreibens, von der Idee wirklich und endgültig verabschiedet, Teil des Buches zu werden.
Zu offensiv, zu angriffslustig, zu end-gültig schien mein „Friedensbruch". Die Hoffnung, die zuletzt stirbt, starb also dann mitten während des Schreibens. Hinderte mich aber nicht daran, den Text abzusenden.

Deshalb war ich dann doch sehr überrascht, als Romen mir sehr positiv und wohlwollend zurückschrieb, u.a: „Lieber Edgar, nach meinem Verständnis bin ich da mit Dir in allen Punkten in Übereinstimmung" ... und „dass mein Text ein wenig ausformuliert ja fast schon der gewünschte Artikel wäre".

Wir tauschten uns dann noch aus, in welche Richtung ich z.b. ausformulieren könnte, ich dachte da vor allem an eine „allgemeinere Formulierung" (also weniger angriffslustig und weniger persönlich). Romen wiederum dachte, ich könnte oder sollte am Besten direkt Teile aus meinem Lebens- und Entwicklungsweg berichten. Naja, und Kurzgeschichten wollte ich ja ohnehin irgendwann mal schreiben. Nur würden selbst wenige kurze Geschichten wohl mindestens einen eigenen Buchband füllen - hab ich ja irgendwann auch vor. Doch nein, hier kann ich das nicht „bringen".

Der Text war energetisch, ich kann da kaum rum-basteln. Seit einem Monat warte ich nun auf einen Impuls für „Schwanks aus meinem Leben". Oder Impulse den Text überarbeiten zu wollen. Das werde ich wohl auch noch tun, also wenigstens einmal noch durchlesen und hie und da korrigieren und vielleicht umformulieren, aber ... große Änderungen, ausformulieren ... das ist nicht mein Stil. Thats not me. (Anmerkung: Kam dann doch noch der ein oder andere Absatz ergänzend hinzu ...).
Ich lass ihn also so stehen ... und schließe noch eine etwas relativierte und mit Abstand geschriebene Betrachtung an, völlig neu und frisch, nochmal Romens Einladung zuvor lesend ...

Zweiter Akt - Yin gegen Yang und der letzte Schritt Gottes

Schnitt !
Ich mag nicht mehr über spirituelle Zustände und Wahrheiten quatschen. Dazu ist alles gesagt. Immer wieder sieht man bei den Videos vom „Forum Erleuchtung", und auch live auf den Kongressen (ich war ja zweimal dabei) den ewigen Tanz zwischen Nichts und Alles. Zwischen Sein und Nicht-Sein. Zwischen Shiva und Shakti. Leerheit und Fülle. Geist und Energie. Form und Formlosigkeit. (Scheinbar) Absolutem und (scheinbar) Relativem.
Yin und Yang. Und immer wieder meint eine Seite der Medaille, die ganze Medaille zu sein.... und die andere Seite wäre dann „falsch" oder „Illusion". Und selber wäre man natürlich „richtig". Das Spiel geht schon seit Jahren... und letztlich seit Äonen... und pflanzt sich im Kongress einfach nur fort.

Dann gibt es immer wieder jene, die „weitergehen" und auch „persönliche Entwicklungen haben" und „Herzöffnungen" und „Menschlichkeiten" ... und die werfen den Vertretern des blanken Absoluten dann ein „Feststecken" vor.... ein subtiles identifiziert sein mit dem Unpersönlichen. Ein kaltes Verharren im Absoluten. Ein Festkleben. Ja ein Trip sogar. Unmenschlichkeit. Abgehobenheit. Kälte eben. Verdrängung. Advaita-Zombiehaftigkeit oder einfach nur Advaita-Falle.

Und umgekehrt sehen diejenigen, die sich im Absoluten verankert haben, die jahrelang an sich gearbeitet haben und dann ins Nichts & Alles gefallen sind, die sehen und kritisieren dann wie sehr die anderen noch „an sich arbeiten" und „verändern" wollen. Sich und die Welt. Verbessern. Genau das Gegenteil dessen also, was man „in der Wahrheit sieht und erkennt". Und loslässt. Nein, da wird weiter an einer Persönlichkeit geschraubt, wird weiter an persönliche Entwicklung geglaubt. Und ein schönes spirituelles Ego aufgebaut.

Schön dass sich das reimt, obwohl es letztlich schleimt und nix drin keimt. Will sagen: Solcher Gespräche und Geplänkel bin ich unendlich müde. Die hab ich alle in und mit mir selbst erlebt. Das ist das übliche entweder-oder Spiel, das übliche „wer ist weiter" spiel, der übliche Schwanzvergleich (!) Es haben einfach beide „Recht", ein ewiges sowohl-als-auch. Und gleichzeitig ein weder-noch. Und selbst hier teilt es sich in eine subtile Dualität von Vertretern der „sowohl-als-auch-Fraktion" (tantrisch/Alles/Fülle) zu jenen der „weder-noch-Fraktion" (neti-neti, Verneinung, Nichts, Leere).

Und doch sind beide EINS. Oder eben Nicht-Zwei. Pures A-Dvaita. Drum heißt es ja „nicht zwei" und nicht „eins", weil eben das, was ist, als zwei erscheint, auch wenns nur eins ist. Zeigt ja schon das Yin-Yang-Symbol. Als Symbol für das ewige Tao, Nondualität die beides in sich enthält. Die beides letztlich IST. Als Quelle allen Seins.

Und doch erscheint die Quelle als Zwei. Als zwei sich widersprechende und reibende. Als Spiel und Tanz. Und in beiden wirkt das andere unwirklich.
Die Wahrheit aus meiner Sicht: Sich ewig hochtanzende Spiralen. Linker Schritt und rechter Schritt. Beide Beine für das Leben. Sein und Nicht-Sein wie Leben und Tod, die sich bedingen. Gegenseitig. Wie Licht und Dunkelheit. Nach jedem Links folgt ein Rechts, das weiter scheint wie das Links.

Und darauf folgt wieder ein Links, welches weiter scheint wie das davorige Rechts. Und so ist es auch... und nennt sich Evolution. Keiner hat Recht. Und jeder hat Recht. Und beide haben Recht. Aber kein Recht auf Recht-haben. Und die andere Seite runtermachen. Jeder schaue auf sich selbst.

(Lange Anmerkung - oder ‚der letzte Schritt Gottes':
Ich nannte das auch mal gern „god in action" und „god at rest". Zwei Zustände des Seins. Aktiv und passiv. Und so gibt es auch ein „an sich arbeiten" auf aktive Weise, wie es aber meist eher *vor* der spirituellen Einheitserfahrung geschieht. Und ein weiteres „an sich arbeiten" auf passive Weise, ein geschehen lassen. Welches *danach* geschieht. Von (und vom) Selbst. „Leider Gottes" wird zu oft in der spirituellen Szene das eine mit dem anderen verwechselt oder gleichgestellt. Und das ist ‚leider natürlich', weil letztlich das, was mit „geschehen lassen" wirklich gemeint ist, gar nicht begriffen und verstanden werden kann, solange es nicht selbst erfahren wurde. Man kennt es nicht und wenn man davon hört, glaubt man automatisch an ein aktives Tun. Weil man „es" auch gar nicht anders kennt. Und auch gar keine Vorstellung davon hat. Es ist letztlich sogar müßig davon zu sprechen, da es ohnehin verwechselt wird. Vor allem auch von solchen, die sich selbst dann in diesen Worten zu finden glauben und sie sich zu eigen machen. Aber es ist einfach ein bestimmter unterschiedlicher Geschmack in den Worten, von außen kaum erkennbar. Doch auch der Mind frisst Kreide und klingt dann wie ein Lämmchen. Das ist seine Natur.

Ob also jemand wirklich ganz, ganz oben war am höchsten Berg, das erkannt man daran, ob er selbst rauf oder runter geht. Und selbst das bedeutet nichts... - für viele Gipfel braucht man auch gute Führer und Begleiter auf dem Weg. Der letzte Schritt wird ohnehin immer von und vom Selbst gegangen. Und ab da übernimmt eben dieses Selbst selbst, im Innen wie auch im Außen.)

Deshalb, dritter und letzter Akt: F.R.I.E.D.E.
Friede ist eine witzige Angelegenheit. Im Absoluten ist ja immer Friede.
Friede ist der Urgrund allen Seins.
Und in diesen zwei vorher erwähnten sich widerstreitenden ewigen Elementen des Gleichen gibt es einen interessanten Punkt: Beide Seiten repräsentieren völlig entgegen gewandte Wahrheiten. Für beide Seiten sieht die

andere Seite wie die totale Lüge aus. Deshalb scheinbar Krieg im Universum. Selbst zwischen (relativen) Wahrheiten um Sein und Nicht-Sein. Um Licht und Schatten.

Hat eine Seite z.B. die Toleranz als oberste Tugend... sogar Toleranz den Intoleranten gegenüber, dann kennt die andere Seite nur das Absolute ohne jede Toleranz für Lüge. Das Herz lügt, wenn es die Liebe befielt. Der reine Geist stellt die Wahrheit aber über die Liebe.

Wir haben es hier also mit zwei Realitäten zu tun, die jede für sich rein und wahr ist... - die sich aber durchmischen im ewigen tantrischen Spiel, wie Shiva und Shakti. Jede Kriegspartei auf diesem Planeten ist immer schon davon ausgegangen, selbst „richtig" und „gut" zu handeln. Die andere Seite war immer „falsch" und „böse". Die Wahrheit: Beide sind richtig und gut.

Wie das zu vereinen ?? Hier liegt das inhärente und fast unlösbare Problem: Für eine dieser beiden Seiten ist genau die gerade beschriebene Einsicht möglich. Eben die Einsicht, dass beide Seiten „richtig und gut" sind. Diese Einsicht ist aber eben nur für EINE der beiden Seiten möglich. Für jene Seite der Einsicht eben. Für die andere Seite ist nämlich genau diese Einsicht „falsch". (!) - ergo kann es diese Einsicht auch nie haben. Und nie vertreten. Sie bleibt intolerant. Weil das ihre Natur ist.

Man könnte nun meinen „der Klügere gibt nach". Und wohl genauso ist es oft. Was aber dann bedeutet, dass wir immer nur in der zweitbesten Lösung leben würden. Und auch hier: genauso ist es oft. Das Beste ist der Feind des Guten (!) Tatsächlich funktioniert aber Evolution genau aus diesem Wechselspiel und der Reibung dieser beiden Urkräfte. Auch politisch sieht man das ja recht schön. Auf linken Schritt folgt rechter Schritt. Geht gar nicht anders. Man hüpft ja auch nicht auf einem Bein durchs Leben. Beide Kräfte durchziehen jeden Organismus.

Deshalb haben wir auch zwei Augen, Ohren, Arme, Beine, Hände, Füße, Hoden, Eierstöcke, Brüste, Nasenlöcher, Gehirnhälften. Wir sind absolut dual veranlagt, beide Kräfte sind in uns gleichsam wirkend. Und doch sind diese beiden scheinbar konkurrierenden Kräfte aus derselben Quelle. Sind nicht Zwei. Nicht-Zwei. A-Dvai. Advaita ist die Nichtzweiheit dessen, was als zwei erscheint.

Und genau dieses „sind nicht Zwei" gibt Frieden (!). Zumindest auf einer individuellen persönlichen Ebene erfahrbar. Unpersönlich ohnehin ewiglich. Da passiert ja überhaupt nie was. Also nie was Wesentliches. Dieser Frieden ist erfahrbar. Und dieser Frieden ist „die wahre Revolution". Der Frieden mit sich und der Welt. Und nein, da will man die Welt dann nicht mehr verändern. Gerade das ist ja dann der Frieden (!) Und dieser Frieden erzeugt ein Feld und ist ansteckend. Dieser Frieden ist für einen selbst sowohl innen als auch außen gleichzeitig.

Und wenn dann weiterhin Ent-Wicklung geschieht, dann geschieht sie von selbst. Und VOM Selbst. Und nicht vom spirituellen Ego, das diesen Frieden für sich „haben" möchte und erreichen möchte oder gar kreieren oder sich an die Schulter heften möchte. Dieser Friede ist dann einfach da. Und auch Ent-Wicklung ist dann einfach da. Eben die Aus-Wicklung dessen, was wir sind, Schicht für Schicht, Schale für Schale. Mit einem Nichts als innersten Kern. Und um diesen Frieden zu erreichen, muss man auch bereit sein, in den Unfrieden zu gehen und den Unfrieden zuzulassen. Dieser Friede muss auch in Frieden sein mit Unfrieden. Ein Friede, der nur mit Friede in Frieden ist, ist kein wirklicher Friede. Kein ewiger Friede. Er ist nur ein Friede, der kommt und geht (!) Erst dann entsteht wirklicher Friede.

Muster müssen ausgelebt werden und nicht unterdrückt. Deshalb ist auch Friede mit Mustern nötig. Friede mit „musterhaften Impulsen". Drum hat mich dieser Anspruch, diese Buchvorgabe so sehr sauer aufgestoßen... es trägt den Unfrieden in sich und ist bewertend bis zum geht nicht mehr, einfach spirituell idealisierend.... - nur vom Kopf gemacht.... nicht aus wirklicher Erfahrung und Hindurchgehen geboren. Das ist kein Friede.... so ein Anspruch nach „Nichtbefolgen musterhafter Impulse" ist letztlich nichts anderes als moralinsaure Moralpredigt wie Religionen es immer schon machten - nur in neuem Gewand. Letztlich Entmenschlichung pur. Oft sogar zeigt es sich als krasse Ablehnung des Menschlichen. Des Menschen an sich. Religionen, die Menschen und das Menschsein aber ablehnen, sind genau das Gegenteil dessen, was sie vorgeben zu sein.

Nein... der Weg ins Licht führt mitten durch die Dunkelheit !! Alle Schatten wollen angenommen und gelebt werden und umarmt werden. Das ist Mensch-Sein. Und nicht irgendein Ideal einer Superman-artigen Comic-haf-

ten Lichtfigur. Daran sind schon jahrtausendelang die Religionen und auch alle idealistisch politischen Systeme gescheitert. Keine Verdrängung... keine Unterdrückung ... sondern ein mutiges Ja zur Unvollkommenheit !!
DAS ist Mensch-Sein und DAS ist Friede mit dem Mensch-Sein. Das ist Erlaubnis zu wachsen, Entfaltung, Ent-Wicklung, persönliche Evolution. Und ja, das beinhaltet auch Friede mit dem Mind, dem Verstand, mit dem Ego. Dem eigenen und dem der Anderen. Und auch vor allem Friede mit dem, was manche „Unterbewusstsein" nennen. Denn für mich ist das einfach nur GOTT. Und der Wunsch der Eisberg-Spitze namens „Bewusstsein" über die unter dem Wasser liegende wahre Eisbergmasse namens „Unterbewusstsein" herrschen zu wollen, ist letztlich das wahre „Ego" und Ursache für das Desaster, welches wir hier teils erleben und für sehr viel Leid, auch für persönliches. Friede findet man letztlich nicht im Wunsch nach Veränderung, sondern in der Annahme dessen, was ist. Alles andere ist letztlich Blasphemie.

Und doch will auch der Wunsch nach Veränderung in seinem so-da-sein angenommen und gelebt werden. Solange er eben da ist (!) - da ist nichts falsch daran. Man sollte sich einfach nur keinen dauerhaften Frieden von diesem ewigen „Verändern-wollen" erhoffen. Der kommt einfach nie. Und so kann auch das „Verändern wollen" angenommen werden als das, was es ist: Letztlich im dauerhaften Krieg zu sein mit dem, was ist. Vielleicht ergibt sich bei dem ein oder anderen dann ja irgendwann aus dieser Erkenntnis persönlicher Friede ;-)

Ein möglicher Zusammenhang zwischen innerem und äußerem Frieden ist also letztlich eine Illusion. Innerer Frieden ist etwas, was eine Person hat. Oder nicht hat. Äußerer Frieden ist etwas, was (in Gott) geschieht. Hier will sich also meist einfach ein Ego über Gott erheben und vorschreiben, was im Außen geschehen soll. Ist doch albern. Jeder tue alles, um sich um inneren Frieden zu bemühen. Dann geschieht äußerer Frieden von selbst. Oder auch nicht. Aber letztlich ist der nicht unser Business. Bzw. jede Einmischung letztlich sogar wieder Grund für Konflikt. Bzw. ist gerade das ja der Zusammenhang: Durch inneren Frieden breitet sich äußerer Frieden (vielleicht) von Selbst aus. Aber einen Anspruch darüber zu erheben, ist eben schon per se kein Frieden mehr. Man ist dann eben nicht mehr in Frieden damit, WAS IST. Wenn man das, was ist, anders haben möchte. Äußerer Frieden kann einfach nur geschehen. Von Selbst. Wenn wir aufhören, Frieden haben zu wollen.

Sondern einfach für uns selbst in Frieden sind. Auch mit dem scheinbaren Unfrieden. Das ist der erste wichtige Schritt hin zu Frieden.

Epilog

Vielleicht war das jetzt alles recht philosophisch. Ist aber meine Überzeugung und wer bin ich, um der Welt vorzuschreiben, wie sie Frieden leben soll? Alles geschieht wie es geschieht ... Und entweder kennt man Gott, dann ist man im Vertrauen. Oder man glaubt an Gott, dann ist man - vielleicht - auch im Vertrauen. Oder man glaubt eben nicht an Gott, dann soll man machen was man will, da wäre ich ohnehin der falsche Ratgeber oder Gesprächspartner. Diese Menschen und Meinungen interessieren mich dann nicht so sehr, denen habe ich auch nichts zu geben, der Austausch hat dort keinen Sinn. Sie sollen und können machen wie sie wollen und ich weiß, auch das ist Gott. Und dann gibt es auch die, die sich selbst als Gott erfahren haben. Diese Erfahrung dann als Mensch aber allzu persönlich nehmen und sich als Einzelperson erst recht wieder über das Ganze stellen, über andere Menschen, über das (unpersönliche) Feld-an-sich, über das Leben, das lebendige Universum.

Ja auch das ist Gott. Auch das ist eine Phase durch die man hindurchgeht und die kaum vermeidbar ist. Aber mir ist die mittlerweile oft recht unsympathisch, sodass ich mich meist davon abwende ohne viel zu sagen, außer ich werde explizit gefragt. Aus solchen Positionen sind allzu oft in der Vergangenheit Strömungen entstanden, die mehr Unfrieden als Frieden brachten und mehr Trennung als Einheit. Ein erster Schritt in diese Richtung ist da oft schon die Unterscheidung von Menschen in „erwacht" und „nicht erwacht". Davor zu warnen war und ist mir wichtig. Erleuchtung unterscheidet aber nicht zwischen Erwachten und Nicht-Erwachten, ja nicht mal zwischen Erleuchtung und Erwachen (das tun nur „Erwachte" in ihrem Missverstehen über Erleuchtung). In Erleuchtung ist alles Gott. Und nur Gott, das lebendige Universum, ist erleuchtet. Erwacht oder Nicht-Erwacht nur individuelle Seinszustände ohne Unterschied in der Essenz dessen, was ich bin, was du bist, was wir alle sind. Das eine Ewige. Jene, die kennen, und jene die glauben, und jene die auch Demut kennen und Vertrauen ... denen schenke ich diesen Text.

Namaste.
the E(n)d

Lieber Edgar,

ich wurde gebeten Deinen Dialog mit Romen zu kommentieren. Der Psychologe in mir stolperte beim Lesen über die vielen (scheinbaren) Projektionen. Ich wünschte den Menschen hinter den Worten zu kennen. Zu spüren wer dieser Mensch ist, der in pointiert, provokantem Duktus zumindest in den ersten Teilen seines Textes Urteile ausspricht und sich im gleichen Atemzug als geklärt darstellt.

Umso mehr habe ich mich über den letzten Abschnitt Deines Dialoges in drei Akten gefreut, in dem sich mir, in den geschriebenen Worten, ein wenig leichter der Mensch Edgar erschließt. Für mich Authentizität spürbar wurde - damit meine ich einen, für den Moment, „wahren" oder „stimmigen" Ausdruck Deines Selbst. Ein Edgar mit seinem gelebten Leben, mit all den Facetten, mit seinem stetigen Hin und Her zwischen demütiger Annahme des Seins und begeisterter Leidenschaft für das Leben.

Dort lese ich nichts mehr von der Resignation und der Arroganz gegenüber dem Leben, wie in den ersten Abschnitten, sondern es zeigt sich Dein menschliches Ringen um die Kunst des Daseins als Mensch. Da empfand ich Nähe, Verbundenheit und Klarheit jenseits von Konzepten. Und so glaube ich fast, dass sich unser menschliches Dasein am meisten zeigt, wenn wir uns einander zumuten in diesem eben nur für den Moment stimmigen Ausdruck unseres Selbst. Wenn wir einander respektvoll begegnen - von Mensch zu Mensch. Respektvoll meint für mich gleichwürdig (respectare - zurückschauen). Dann wird der Moment der Begegnung ein Moment in dem wir All-eins-Sein erfahren und der Augenblick zur Allzeit wird.

Grüße Heiko

***

Danke lieber Heiko für das Lesen meines doch recht langen Textes. Da wir uns nicht persönlich kennen kann ich gut nachvollziehen, dass die Suche nach „dem Menschen" hinter einem Text - oder die Analyse seiner Psyche - nicht ganz einfach ist. Fleisch ist Berührung, Auge ist Begegnung, eine Umarmung ist Energie & Liebe. Worte sind nur Geist. Und Zeiger. Und auf was sie zeigen sind immer nur Inhalte und Ideen. Für mich ein bisschen schade, daß du dich nur mit dem (möglichen) Sender beschäftigt hast. Aber ich schätze, das ist dann wohl eine Berufskrankheit *zwinker*

OWK

***

„Was ist Erleuchtung?", fragten sich vor der Ära der Kalaschnikow die fatalistisch ergebenen Psychonauten. Ist Erleuchtung, genauso wie die Kalaschnikow eine Droge, die wie jede Droge wirkt? Gute Drogen langweilen nicht! Erleuchtung langweilt nicht! Wirklichkeit langweilt nicht!

Vom „Gestank der Erleuchtung" erzählt Romen später im Buch in seinem Beitrag. Was für ein treffendes Bild! Noch nie gehört, verstehe ich es unmittelbar. Eine verdorbene Droge. Wann wird Erleuchtung zur verdorbenen Droge? Ist Erleuchtung das Ende aller Besserwisserei und letztere das, was offenbar als Gestank der Erleuchtung, als kalte Erleuchtung, bezeichnet wurde? Das Verlöschen des Verstehen-Wollens. Erleuchtung als Zustand der Demut, des Nicht-Wissens, der Unschuld. Des Noch-nicht-Wissens. Der Geist im Zustand des Staunens. Ein grosses Fragezeichen.

„Oder sollen wir sogar mal die Bodhisattva-Droge einwerfen?", wogen die friedliebenden Glücksucher damals, bevor sie zur Kalaschnikow griffen, ab. Von Nächstenliebe getraut sich Romen später im Buch ganz altmodisch gar zu reden. Vom Christus-Bewusstsein. Hast du ein Herz? Blüht in dir die Liebe? Wenn du sie nicht hast, wenn sie nicht in dir wohnt, kannst du sagen und tun, was du willst, es wird keine Bedeutung haben, nicht wahr? Hast du sie aber, oder vielmehr, hat sie dich, kannst du tun und sagen, was du willst, es wird auch mich erleuchten, oder nicht?

„Jeder schaue auf sich selbst!", so drückt es Edgar, dem ich (noch) nie begegnet bin, in seinem Schreiben aus.

Samuel Widmer Nicolet

***

Danke Samuel für das Lesen meines Textes und deinen Kommentar. Ja, wir kennen uns nicht, doch kann ich spüren worauf du deutest. Letztlich ist alles eine Droge, auch Erleuchtung („ich bin auf Kundalini" *lol*). Auch aus dieser gibt es ein „erwachen". Von Kalaschnikows halte ich aber nichts... die sind so final und noch altmodischer als Nächstenliebe, riechen nach Kain und Abel. Und doch blüht die Liebe am höchsten, wenn man beide lieben kann und beide in sich findet. Und den Feind nicht mehr im außen sucht. Und dann? Hat das Wort Bedeutung keine Bedeutung mehr. Die Sonne scheint absichtslos.

OWK

www.petragugler.com

Petra Gugler

Selbsttranszendierung ist die einzig nachhaltige soziale Handlung

In Momenten des von Herzen willkommenen Alleinseins, oftmals wenn die finstere Nacht die vielgestaltigen Ablenkungen verschluckt hat, zieht die Gravitation des innersten Kerns das Bewusstsein langsam in sich zurück.

Wenn ich dann nicht sofort im Tiefschlaf versinke und bewusst über meinen eigenen Ereignishorizont hinüber sehe, der ja gar nicht wirklich existiert sondern nur eine gedachte Grenze ist - die Illusion der Zeiterfahrung, dann breitet sich sofort eine tiefe Zuversicht aus, die in das gesamte Sein ausstrahlt geartet wie eine wohlige Wärme. Alsdann umkreist mich das Seinsgefühl zurückgedrängt als äusserster Ring, der mich vor der letztendlichen Auflösung in die Singularität zu bewahren scheint. Es ist die allerletzte bewusste Momentaufnahme des ewigen Jetzt. Hier ist jegliches Gefühl, das scheinbar aus der Vergangenheit nachhallt, ausgeschlossen, wie auch eine Vorstellung, die von der Zukunft herrührt. Die Selbstaufgabe ist total.

Ich bin der sich im Raum bewegende Raum. Ich bin die Leere, hinter der wahrgenommenen Leere, welche alles durchdringt. Hier existiert alles, was es gibt als Potential und gleichzeitig als bereits existente Konfiguration des Universums. Alles, was existiert ist bereits, ist allgegenwärtig, immer verfügbar innerhalb des Ewigen. Mangel ist ausgeschlossen. Die Vorstellung, dass Mangel überhaupt existieren könnte, ist eine einzige List, welche das menschliche Bewusstsein in Atem hält. Sie ist ein kosmischer Witz.

Frieden ist alles, was existiert. Umfassende, allesverschlingende Leere, welche die einzig mögliche Wahrnehmung der Existenz ist, bevor er sich als

Einssein ausdehnt, in Schwingungen auf unzähligen Ebenen des Seins, um gleichzeitig zurück zu fallen, wohin jegliche Wahrnehmung endet.

Ich bin hier und jetzt. Ich existiere ohne Anstrengung. Ich bin Gegenwart. Ich bin Bewusstsein. Ich bin unveränderlich. Ich bin reines Sein. ICH BIN.

Im Alltag versucht mich aber mechanisches Handeln immer wieder gefangen zu nehmen, das von Angst und Furcht angestachelt wird. Solches will sich als Sicherheit tarnen. Mangeldenken nährt den Mind, der unser Hamsterrad am Laufen hält, das wir als Welt und Menschheit bezeichnen. Wo mich eine kristallisierte Gefühlsstruktur noch zu beeindruckend vermag, sehe ich Begrenzung in der Welt, die niemals von mir getrennt existieren kann. Nicht in jedem Fall kann ich Projektion erkennen. Ich habe gelernt mir zu vergeben und mir gegenüber keine Erwartungen mehr zu hegen. Kann ich mich noch nicht vergessen, dann begegne ich mir zunehmend mit Mitgefühl. Was für mich nun gilt, gilt auch für meine Mitmenschen! Wir dürfen unsere Menschlichkeit nun zeigen auch in ihrer Zwiespältigkeit, in ihrer Imperfektion, in ihrer Ambivalenz, in ihrer unsäglichen Dummheit – gerade wegen ihrer unvorstellbaren Unschuld. Das Göttliche, welches diese Existenz als Präsenz erleuchtet, ist mit mir in Frieden. Weil wir nicht zwei sind. Wie kann ich dann so arrogant sein, es nicht zu sein?

Umkehr in die immerwährende Ausdehnung

Immer öfters sehe ich alles als ein Geschenk. Dankbarkeit habe ich als höchstes aller Gefühle erkannt. Meine individualisierte Formung des Absoluten ist eine katalytische Kraft. Ich trage eine Schwingung in die Welt, um Disharmonie zu aktivieren und aufzulösen. Sie ist stark konfrontativ. Darum bekomme ich Abgründe der Daseinsangst unmittelbarer und häufiger zu sehen, als es vielleicht bei anderen der Fall ist. Ich kann nicht mehr wegschauen, wenn mir das vielgestaltige Leid begegnet. Vor allem den Schmerz, den wir Mutter Erde und allen ihren Kindern zufügen, durch unsere unsagbare Ignoranz gegenüber allen kosmischen Gesetzen, den fühle ich als Brennen in der Seele. Und ich fühle es genauso deutlich: dieses Universum erwacht!

Starke, evolutionäre Kräfte werden in die Disharmonie unserer erfahrbaren Dimension gezogen. Sie setzen Urgewalten des Bewusstseins frei, welche eine Neuausrichtung der Energien ermöglichen und ausbeuterische Energien unserer Vergangenheit auflösen. Das sind Energiewellen, welche die Tendenz des Bewusstseins zur Selbstzentriertheit umkehren in immerwährende Ausdehnung.

Ich fühle und beobachte, dass jeder Aspekt des Lebens auf diesem Planeten drastisch und rasant verändert wird: Unsere politischen, sozialen und wirtschaftlichen Strukturen, die Umwelt, Institutionen, wie wir unsere Beziehungen sehen, unsere Arbeit. Unser Zeitgefühl wird verändert, es fällt in sich zusammen; verändert wird sogar unsere DNS, die Vernetzung unseres physischen und emotionalen Körpers, unsere Überzeugungen, unsere Auffassung von gut und schlecht, richtig und falsch. In anderen Worten bedeutet das, die Dichte zu entwirren aus Glaubenssätzen, Selbstbildern, vermeintlichem Wissen, aber auch die Hoffnung auf eine bestimmt geartete Wirklichkeit aufzugeben. Erkenne, dass die Hoffnung auf Erfolg identisch ist mit der Überzeugung.

Im Fluss des Universums zentriert

So feindselig und übermächtig das alles zunächst noch scheinen mag, lass in dieser Erkenntnis deine Anhaftung an das, was du zu sein glaubst einfach los. Denn der einzige Weg durch die große Umgestaltung hindurch ist, sich selbst zu transzendieren. In diesem Zusammenhang ist das der einzige, wahre „soziale" Akt, der nachhaltig ist. Das bedeutet, die eigene Niederlage des Persönlichen total einzugestehen, damit der Drang nach Kompensation restlos aufhört. Nur dann kehren die widerstrebenden Bewusstseinsaspekte zur Quelle zurück und werden auf einer neuen Ebene auftauchen, die wirklich im natürlichen Fluss des Universums zentriert sind.

Selbsttranszendenz ist zur Notwendigkeit geworden. Ich verneine weder die Unwissenheit, die zur Leugnung unserer Göttlichkeit führt, noch die Kraft, die aus der Nondualität stammt. Beides anzuerkennen, ist das universelle Heilmittel, welches uns vor der Selbstvernichtung bewahrt, die sich als großes Unheil bereits am Horizont abzeichnet. Im sozialen Miteinander bringe ich diese Erkenntnis aktiv ein. Ich kann gar nicht mehr anders. Nach vielen Jahren des Leidens, als auch des Transformierens in die Selbstrealisation, bin ich zum Werkzeug geworden für das Absolute. Ohne persönlichen Willen, jedoch konsequent ausgerichtet in jedem Moment auf meine höchste Freude.

So unterstütze ich meine Mitmenschen mit Zuversicht, Kraft und halte den stillen Raum, der meine ursprüngliche Natur ist.

Daraus entsteht ein viel kraftvolleres, spontanes soziales Handeln aus der unmittelbaren, unverstellten Erfahrung von Welt und Menschheit. Der Dienst am Selbst wird zum Dienst am Anderen. Du dienst dir selbst, doch du selbst bist die ganze Welt.

Auf diese Art und Weise zeichnet sich mein Mitschwingen mit der totalen Neuausrichtung aus. Das ist nicht die Erfahrung eines Bewusstseins, das ausschließlich auf die Leerheit allen Seins fokussiert ist. Es ist gleichzeitig die totale Einswerdung mit jeglichen Prozessen des Lebens also der fundamentalen Energie, einem unbegrenzten, hochelektrischen und lichtvollen Segenstrom. Für mich bedeutet das eine bedingungslose Bereitschaft für das Leben selbst, wohin es mich auch immer führen mag.

Liebe Petra, Wow! „Dieses Universum erwacht". Mit diesem Satz hast du mich voll. Ich stimme dir in vielem zu, sehe dies und das ähnlich und so weiter und so fort - ABER: „Dieses Universum erwacht".

Diesen Satz und auch diesen Gedanken habe ich SO noch nirgendwo ausgedrückt gefunden. Danke dafür! Das bringt das, was hier gerade geschieht für mich tatsächlich auf den Punkt! Da war sofort ein klares „Ja" - obwohl ich diesen Gedanken selbst so noch nie hatte(!) Das Universum erwacht ja immer wieder, mit jedem einzelnen Menschen der „erwacht". Das wissen wir. Es ist immer das Ganze selbst das Erwacht. „Erwachst du, erwacht die ganze Welt".

Aber dann wirklich zu sagen „dieses Universum erwacht" - ist so brillant, es ist genau dieses Bild... eines Körpers ... der sich regt und streckt und langsam erwacht... einige Gehirnzellen schon früher, dann ein Zeh, ein Finger.... - und irgendwann der ganze Körper. Das ist der Prozess. Der kosmische Prozess.

Noch niemals so klar geworden wie nach dem Lesen deiner Zeilen. Vor Jahrtausenden begonnen, noch ganz leise. Nun immer lauter.

Danke dafür!! Hat mich sehr berührt!

Und es kann gar nicht anders sein. Es ist das, was wir erfahren. Und weshalb wir das überhaupt erfahren. Und weshalb wir bleiben und nicht gehen. Es macht Sinn. Ich glaubte nie an ein kollektives Erwachen - doch deine Worte haben das nun verändert. Dieses Universum erwacht!

Ich sah schon lange das Universum als eine Art bewusstes, lebendiges, intelligentes Wesen. Und nenne es seit meiner „Ver-Nichtung" deshalb auch gern „Gott" (ich könnt auch „Göttin" dazu sagen). Und ja, es erwacht. Durch uns. Immer wieder. Wie du sagst: Immer mehr. Als evolutionärer Prozess oder Quantensprung.

Ich bin auch voll bei dir, dass dies auch wichtig ist für „Mutter Erde". Wichtig für unser weiteres Sein auf Mutter Erde. Wir brauchen sie. Sie braucht uns nicht. Das ist der eigentliche Friede, den wir erreichen müssen - mit ihr! Der Friede unter Menschen allein ist viel viel zu wenig und bestenfalls ein Beginn. Angesichts der Zerstörung des Planeten sogar relativ bedeutungslos.

Mögen also noch viele die „Niederlage des Persönlichen eingestehen". Nur so! Haben.wir.eine.Chance.

Es ist erwacht. Und nun übernimmt es (uns).

Das Mantra kann nur lauten: „Ich ergebe mich". Dein Wille geschehe.

Namaste, Edgar

www.stille.at
www.jetzt-tv.net

HO Gerhard Strauß

Tätiger Frieden im Nichttun
oder das Paradox,
dass es um Nichts geht
und von daher
alles möglich ist ...

Wohin sollte ich gehen? Ich bin hier.
(Sri Ramana Maharshi, „Ramana" bedeutet „Herz")

Frieden ist kein Zustand. Frieden ist das, was alles trägt. Alles! Immer hier gebiert es sich selbst. Der Weise, der Jnani verkörpert DAS. DAS was Alles ist - Seinsausdruck der offenen Weite ohne projizierte Bedingtheit, Erklärung, Beanstandung eines „Ich".

Jenseits von gedachten, vorgestellten, konzeptualisierten Ideenwelten tritt das Vorbild des Nicht-Geistes in Erscheinung d.h. DAS zeigt sich, drückt sich aus, entfaltet seine Strahlkraft als die Sannidhi, die Raum-Zeit-Energetik klaren, präsenten, losgelösten Hier-Seins Selbst. Heilung geschieht, weil niemand es beabsichtigt, der offene Seinsraum selbst lädt zum Verweilen, Ausdrücken, Wirken, Erkennen, Erforschen und Erleben ein.

Das Leben selbst, die Stille selbst - unbewegt, bewegt, gebiert und erfährt ES sich ständig neu. Diese Strahlkraft- einmal und immer neu - immer zum Ersten und einzig mal - blitzt auf, verwandelt und bezeugt sich in vibrierender Erschmeckung in allen Erscheinungsformen. Alle Facetten des Spiels werden genutzt, weil nichts als ein „Ding-Objekt" für irgendeinen gedachten „Jemand" - ein „Subjekt-Objekt" herhalten muss.

Frei von der Idee der Unzulänglichkeit und der damit verbundenen Hoffnungskarotte auf die Erfüllung erwarteter Ziele/Perspektiven in einer vorgestellten Zukunft, handelt ES frei vom „Tohuwabohu-Tun" der Gedankenspiele, frei vom Spinnennetz der Mindfäden karmischer, kausaler Verflechtung immer hier, jenseits der Zeit-Raum-Energetik im Spiel von Raum-Zeit-Energetik-Erscheinung (als nutzbare Maya weil es DAS im Gewande des Universums ist).

Die Kompensationsbewegungen von Säen und Ernten, Fürchten und Hoffen, Wollen und Vermeiden fallen zusammen in absorbierte, fokussierte Seinsnutzung des ewigen Momentes. Es fließt in Schärfe und Klarheit!

Was ist dann mit dem sozialen Handeln in der Welt?

Weil es frei ist von den Einschränkungen der Identifikation mit Gedankenformen (sollen, wollen, müssen, dürfen, nichtwollen, mein ...) drückt ES sich aus, als pragmatische Wirkkraft, lebendiges Engagement, das nicht aufgesetzt ist. Es kann Zeugnis ablegen für DAS ohne eine Gedankenpositionierung und Gedankenbindung dh. pures geradliniges, aber niemals lineares Nicht-Tun (Wuwei) eines Geistes in griffiger, schöpferischer Ausdrucksbewegung, im „Laotseschen Ur-sinn" von „Wirken ohne zu werken".

Die Illusion von mind incl. Meinungsbildung eines getrennten Leidens-Ichs, das Missverständnis über einen konzeptualisierten, identifizierten und anschließend möglicherweise zu verteidigenden „Handelnden" bzw. „Nichthandelnden" kann sich im Lichte des Selbst zeigen und entlarven. Das Nicht-Wissen-(Müssen) weiß den Weg , weil es nicht von den Einflüsterungen der Erwartungsbilder/karotten tangiert wird.

Überall, an allen Schauplätzen der Weltbühnen kann der Weise auftauchen. In der grundlosen Liebe verankert, erscheint er in allen Berufs- und Ausdrucksspielen des Menschseins, in sozialen und in kulturellen Einrichtungen, im Bildungs-und Gesundheitswesen, in Bürgerinitiativen, auf Demonstrationen, bei Versammlungen, Vorträgen, Workshops etc., in ökologisch-humanistisch orientiertem Unternehmertum, als Seminarleiter, Lehrer, Seelsorger, Künstler, Wissenschaftler, Landwirt, Therapeut etc. etc. Als Schwester, Bruder, Vater, Mutter, Freund, Kollege usw ...

Da er wirklich weiß um die Natur des Selbst, drängt er sich nicht auf. Niemals getrieben weist er den Weg des Friedens. Weil er nichts erwartet, weil er die Begrenztheit des „persönlichen Willens" durchschaut, weil angebundene, in der vorkonfessionalen Religio verankerte Autorität auf Kompensationskarotten und Hoffnungen auf eine bessere Welt in einer vorgestellten Zukunft verzichtet im direkten Einfachen Sehen, vibriert er als Resonanz-Pool des Lebens selbst. Von innen heraus transformiert er die Welt, weil er niemals zwingt, weil er losgelöst jetzt hier die Schmackhaftigkeit und den Urwert des Lebens in Freiheit repräsentiert. Weil er nichts gibt, öffnet er den Raum für viele Menschen, die Chance das Leben selbst als fühlendes Seinswesen autonom und dennoch verbunden im All-Einen - zu erschmecken.

Anstelle des erhobenen Zeigefingers des Maßregelns, Belehrens und Bekehrens, weist sein Finger auf den niemals gedachten, undenkbaren, unmittelbaren Geschmack des Lebens selbst - dahin woher die Lilien auf dem Felde und alle Geschöpfe ihr Erlebnisdasein beziehen.

Wisse wer ich bin, erkenne wer ich bin, erkenne und erschmecke DAS - Dich selbst, wirke ohne zu werken und vergiss augenblicklich, was gesprochen und geschrieben ist, denn keine konzeptualisierte Verstandeskarotte ist wirklich schmackhaft, hierho!

Danke dass DAS geworden ist, dass ES sich ereignet in der Geburt des Menschseins im göttlichen Gemälde, in der göttlichen Sinfonie des vernetzten Gestaltungsausdrucks der Allnatur, mit freien Händen in frischer Anbindung im Feuer des Lebensausdrucks als der Friede in Action, im Nichttun der „Gedankelerei", wirkend als der Wille Selbst (Eins mit dem „Vater", Brahman als Atman).
Arjuna blickt durch das Einfältige Auge des Buddha, des Krishna, des Christus, des einfachen entschlackten, unsektiererischen Seins selbst. Ohne Abschweifungen fokussiert sich dann die zerstreute Energetik eines verwirrten Wagenlenkers, eines Getriebenen, Besessenen, fanatisierten, in der Leidenshölle des Lebens hin und her geschüttelten getrennten Ichs in die Heimat, die nicht von dieser Welt ist, in das spirituelle Herz, wo es grundlos, zeit- und raumlos absorbiert ist.

Alle Erfahrungen, Stimmungen, Regungen, Gefühle und Energieformen sind DAS, erscheinen und vergehen in DEM, denn nichts ist außerhalb des einen Bewusstseins selbst.

Weil es nichts zu tun gibt und nichts zu erreichen und nichts auszuschließen und nichts zu vermeiden gibt, bezeugt der ewige Frieden sich selbst als organismischer Reifungs- und Entfaltungsprozess.

Sodann kann die trennende, leidende Pervertierung getrennter Ichs sich wandeln zum saftigen Quell, zum nutzbaren Biss des Lebens, weil das Leben im Vorbild seiner selbst gewahr ist, dh. in der primären Intelligenz vor allen Gedanken/Emotionalisierungen weilt und die kompensatorischen Leidens-Übergriffe der Gewaltausübung nicht bis in alle Ewigkeit weiter ausreizen muss, als getrenntes Ego für und gegen die „Anderen".

Es sieht und erlebt sich Selbst von Angesicht zu Angesicht; durch Augen, Ohren, in der Berührung von Geschöpf zu Geschöpf fühlend, zitternd, sich regend, sich erspürend, ermunternd und vom Leben überrascht, die Empathie einfachen Hierseins.

Im Erkennen des Trennungswahnsinns als vermeintliche „Krone der Schöpfung" wird es der Last der „Dornenkrone", der vielen verschiedenen Spielarten „innerer Schweinehunde" gewahr und erlaubt sich im Atem gegenwärtiger Bhakti die Schwere der Last erhobenen Hauptes diese zu den „heiligen Füßen" ablegen/hingeben/loslassen zu dürfen im Mitgefühl mit sich selbst.

Aus cerebraler Arroganz-Akrobatik eines „wissenden Ichs" wird der freie Diener, der Liebende im Umgang mit sich selbst. Schäfchenzüchtervereine und von äußeren Leid/Leitbildern angetriebene Communities erleben die Verwandlung der inneren Anbindung, die einzig freie Loyalität, nämlich die des SELBST als alleinige Autorität, die Stille selbst.

ES labt sich als die Natur am Geschenk der Organismik in Selbstorganisation, als die Leere am Geschenk der Freiheit, als der Spirit im Geschenk des Lebensfeuers, als Körper im Geschenk der Manifestation, als Geist im Geschenk der Erfahrung als ..., als Liebe im Geschenk der Tiefe der Berührung, als Herz im Geschenk universeller Empathie, als Wille im Geschenk des Wirkens (ohne zu werken), als Gott im Geschenk des Schöpferischen an sich selbst in allen Kreaturen, als Welt/Universum als Geschenk des Hier-Jetzt-Diesseits=Jenseits, als das Nichts im Geschenk des Bewusstseins-Gewahrseins (wissendes Nichtwissen) ...

„Der Gestalter lenkt die Geschicke der Wesen entsprechend ihrem Prarabdha-Karma. Was auch immer nicht zu geschehen hat, wird nicht geschehen, wie auch immer du dich darum bemühst. Was auch immer zu geschehen hat, wird geschehen, so sehr du auch versuchst, es zu verhindern. Daher ist das Beste STILL GEWAHR zu verweilen."

(Sri Ramana Maharshi)

Was soll man zu oder über HO überhaupt sagen können? HO ist einmalig, ich liebe ihn. Er könnte schreiben was er wollte, es wäre mir völlig egal. Und gleichzeitig liebe ich auch seine Wortakrobatik, diese hohe Kunst das Unmögliche auszudrücken in einer Perfektion die wohl nur versteh- und nachvollziehbar ist, wenn man das, worauf er zeigt, selbst kennt.

Und das ist gut so! Der Verstand wird gehoben in Sphären wo die Luft dünn wird. Er will dorthin folgen, glaubt er könnte das.... - und irgendwann macht es unerwartet *plopp*. Ein Genuss dabei zuzusehen. Schon oft erlebt. Danke dafür!

Zu obigem Text: Da ist nichts hinzuzufügen.... sehe das genauso. Dieses Wirken des Einen in Allem und mit und in und durch sich selbst. Der Weise einfach benutzt im Spiel - hingeschickt, aufgestellt, laut, leise, still. Ernst, unernst, sinnvoll, absurd.

Er könnte das Telefonbuch vorlesen und es hätte Wirkung wenn es Wirkung haben soll. Er könnte Shakespeare vortragen und keiner würde es hören wenn kein Apfel reif ist. Shakti wirkt durch ihn. Wirkt in ihm. Hingabe pur. Die eine Shakti in allen und allem. Wo immer Friede ist. Wo nichts dazukommt. Nichts wegfällt. Wo nichts geschieht. Und doch alles geschieht. Und immer geschieht. Und nie geschieht. Manifestiert in ihm und durch ihn - um sich selbst im Anderen zu erreichen. In Resonanz.

Friede als das, was ist. Schon immer ist. Das Aufhören des Tuns. Aktion ohne Absicht. Und nichts bleibt ungetan. Denn das Nichts bleibt immer ungetan. Unberührt. Unberührt von Krieg. Berührt von sich selbst. Im Kern aller immer *das*. Vibration. Bewegung. Dynamik. Stille. Finger zum Mond. HO !

Edgar Hofer

***

Danke Edgar ! Die Freude der gefalteten Hände als einfacher klarer Ausdruck des Seins selbst ! I Love the Taste of OWK in allen Pfefferkörnern! Stilles Feuer Hughughugowkowkowkjichi.....!

Gerhard

***

Durch den Herausgeber erhielt ich die Herausforderung diese Abhandlung als ein Ausdruck authentischen Engagements gegenüber dem Thema „innerer und äußerer Frieden" als Gegenüberstellung zu kommentieren. Die folgenden Hinweise verstehen sich als Ergänzung oder Vertiefung und nicht als Beurteilung.

Ja, Frieden ist kein Zustand, es ist Das was alles trägt. Dies ist der absolute Frieden unserer Wesensnatur. Dieser Frieden findet in dieser Welt seinen Ausdruck und spiegelt unser Verhältnis zu uns selbst in den stets gegenwärtigen Geschehnissen. Das was üblicherweise als Frieden bezeichnet wird ist oft nicht viel mehr als eine Waffenpause in dieser Welt. Diese Spiegelung spiegelt unsere Abspaltungen und Trennungen, unsere Konflikte und Wiederstände mit und gegen uns selbst.

Sri Ramana Maharshi wurde in den letzten 20 Jahren zunehmend oft in der (Advaita Vedanta) Satsang Szene hier im Westen zitiert. Besonders beliebt ist diese am Schluss der vorliegenden Abhandlung zitierte Ausspruch von HO:

„Der Gestalter lenkt die Geschicke der Wesen entsprechend ihrem Prarabdha-Karma. Was auch immer nicht zu geschehen hat, wird nicht geschehen, wie auch immer du dich darum bemühst. Was auch immer zu geschehen hat, wird geschehen, so sehr du auch versuchst, es zu verhindern. Daher ist das Beste STILL GEWAHR zu verweilen."
Sri Ramana Maharshi

Sehr oft wurde dieser Ausspruch als Rechtfertigung und Aufforderung zur Passivität gegenüber Geschehnissen missverstanden. Außerdem schlich sich zunehmend das Dogma in die Satsang-Philosophie, dass eine Ent-Identifikation mit dem handelnden Ich bedeute, dass aus der Sicht des Erwachten kein Handelnder mehr auffindbar sei. Beides ist falsch.

„Still gewahr zu verweilen" ist ein Hinweis auf das Gewahr-Sein, die Essenz unseres Wesen. Gewahrsein ist das was Es ist. Es verhindert, fordert oder unterstützt in keiner Weise seine Ausformungen und Geschehnisse in dieser Welt. Handlungsfreiheit und Verantwortung des Handelns bleibt im „Still-gewahr-verweilen" bestehen.

Die Ent-Identifikation als Handelnder hebt lediglich die Trennung zwischen dem Handelnden, der Handlung und dem Behandelten auf, sie lässt in keiner Weise den Handelnden verschwinden oder sich auflösen. Was wie drei getrennte Teile erscheint wird als Eines wahrgenommen. „Es" alleine ist. Es ist das Eine. Alles ist Es.

Wahrheit ist ausschließlich und zutiefst subjektiv. Es gibt keine objektive Wahrheit. Die ganze Existenz erscheint in jedem einzigartigen Menschenleben als umfassendes Gewahrsein im Gewahrsein. Mir scheint es außerordentlich wichtig wieder zu unserer Individualität als Handelnde zu finden. Das Göttliche hat nur unsere Hände zum handeln. Es gibt keine anderen Möglichkeiten hier auf dieser Erde die Dinge geschehen zu lassen, welche geschehen, oder nicht geschehen sollen.

Wir sollten wieder den Mut finden aktiv in das Weltgeschehen einzugreifen und herzhaft zu leben, mit und im „Still-gewahr-verweilen".

Saajid

***

Ja, lieber Saajid, danke - es ist wirklich Zeit, dass Menschen damit aufhören Ramana verstehen zu wollen ... Welch ein Geschenk eröffnet sich wenn Ramana nicht mehr verstanden/missverstanden werden muss durch die „Meinung" eines „Jemand/Niemand" zu einem „Etwas/Nichts" und urplötzlich in Berührung durch und an der Restsatz gedankenspieliger Projektionsmoralsbetrachtung -und -erwartung an sog. Andere zurückfällt und die gesamte Lebens-Energie als das eine Selbst für pragmatisches herzhaftes Liebeswirken im aktiven Ausdruck des Weltgeschehens verfügbar ist und im Herzblut des ewigen Momentes verwendet wird - grundlos freiwillig(!) einfach so ohne sollen, müssen, brauchen und ohne nicht müssen, nicht sollen, nicht brauchen etc.... Seit Jahren gebärde ich mich wie ein „Irrer" und es scheint niemals krass genug zu sein um ganz erkannt zu sein ... (Ramakrisna Paramahamsa wurde von Sri Vivekananda auch vorübergehend für verrückt gehalten ...) Es reicht einfach nicht, dass die Schrauben locker sind und die Geistfäden gesehen werden ... alles darf fallen damit jedes Verstehen/Nichtverstehen augenblicklich ausgelöscht ist (erscheint wie ein Prozess in der Zeit)

Gruß von Herz zu Herz, Tatkräftiges Wirken ohne Umschweife hiHO

http://fineart-fotografie.at
http://satsang.subhash.at

Subhash

Wer Frieden will, muss streiten lernen

Eines der Stadien fortschreitender Ich-Auflösung wird als „Frieden" bezeichnet. Es ist durch vollständige Hingabe gekennzeichnet und sollte verstanden werden als jenseits von Krieg und Frieden. Nichts Wollen außer „ja" zu sagen, ist seine Bedingung. Von diesem Frieden, dem Großen Frieden möchte ich nicht schreiben, denn es gibt dazu nichts zu sagen: Er kann durch nichts gestört werden und kennt kein Gegenteil.

Was aber landläufig mit dem Begriff „Frieden" gemeint ist, nämlich der Kleine Frieden, hat einen Haken, denn er hat sein Gegenteil, das untrennbar mit ihm verbunden ist, wie das in der dualen Welt eben so ist: den Krieg. Friede ohne Krieg ist nicht zu haben; Frieden ist nur eine Seite der Medaille.

Heißt das, dass Respektlosigkeit, Gewalt und Grausamkeit sein müssen in dieser Welt? - Ich glaube nicht. Ich glaube, sie sind Zeichen dafür, dass die andere Seite des Friedens, der Krieg, nicht genügend beachtet wurde. Aus Ignoranz, Harmoniesucht, aus Feigheit oder Arroganz. Wer dem Wunsch nach Harmonie zu viel Gewicht gibt, findet im Extremfall nicht Frieden, sondern den Tod, denn Wahrnehmung braucht Abgrenzung und Kontrast, Leben braucht Gegensätze. Gegensätze aber erzeugen Konflikte.

Das muss nichts Schlimmes sein, und es wäre auch nichts Schlimmes, würden wir Jesus' Empfehlung „Liebe deinen Nächsten wie dich selbst" folgen. Denn Liebe, Respekt, Achtung würden eigene Bedürfnisse nicht über die anderer Menschen stellen - aber auch nicht darunter. Erinnern wir uns: Wir sind in der Welt der Gegensätze, wenn wir den Wunsch nach Frieden verspüren. In dieser Welt gibt es Bedürfnisse, Wünsche, Verlangen. Diese sind nach Buddha die Ursache des Leidens. Das Aufeinanderprallen verschiedener Verlangen und Bedürfnisse führt zum Krieg. Dem geht aber schon eine Zeit des nicht so deutlich sichtbaren Konfliktes voraus. Er wird niedergehalten durch Unterdrückung der jeweiligen Herrschaft: der Regierung, des Diktators.

Selbst in Demokratien herrscht trotz aller Minderheitenrechte die Tendenz manche Konflikte zu unterdrücken, so lange es nur geht. Dieses Niederhalten wird ebenfalls fälschlich „Frieden" genannt, und ist doch nichts als Zwischenkriegszeit. (Es könnte sein, dass ein General Befriedung meint, wenn er von Frieden spricht.) Fällt die Herrschaft, kommt es zu einem von Herrschaften so genannten „Machtvakuum", dann flammen die niedergehaltenen Konflikte auf und Unterdrückung durch den nächsten Herrscher, die nächste Herrscherin, erscheint als das kleinere Übel. „Befriedung" wird dieses Unterdrücken dann euphemistisch genannt, ist aber nur für Ignorant*innen mit der Harmonie zu verwechseln, die echter Frieden bringt. Unterdrückung, Negieren, Arroganz helfen nicht im Umgang mit Konflikten. Auch das in der spirituellen Szene so beliebte Flüchten in „andere Wirklichkeiten" hilft nicht und bringt ähnliche Folgen wie ein Kampf von Ideologien.

In gewissem Sinne leben wir allerdings alle in einer jeweils eigenen Wirklichkeit: Wir haben unsere eigene persönliche Geschichte, eigene Fähigkeiten und eigenen Mangel, und vor allem eigene Lebensumstände. Da gibt es Ähnlichkeiten und Überschneidungen, aber letztlich wird der Begriff „Wir" viel zu oft angewandt. Es gibt noch weniger ein „Wir", als es ein „Ich" gibt. „Wir" missachtet die Verschiedenheit, schert über einen Kamm, hält Abweichungen nieder. Und schon haben „wir" einen Konflikt.

Was also tun, wenn man dem nicht entkommt in dieser Welt? Wie Frieden finden, Ruhe, Gelassenheit? − „Das Verlangen beenden", ist Buddhas Antwort, denn ihm geht's um den Großen Frieden. Ich denke, die möglichst baldige Wahrnehmung, Beachtung von und Auseinandersetzung mit Konflikten in einem frühen Stadium kann zum Kleinen Frieden helfen. Es ist nicht nötig, zu „gefühllosem Tofu" oder „wunschlosem Gemüse" zu werden, um den Kleinen Frieden in der Welt der Gegensätze immer wieder zu erreichen. Immer wieder − denn ein für alle Mal ist das nicht getan: Die Balance zwischen Harmonie und Konflikt ist es, was sich hier erreichen lässt.

Der Harmoniesüchtige ist ebenso wie der Kämpfer auf dem Holzweg, sofern es ihnen um Frieden geht. Der (oder die) Harmoniesüchtige wird vielleicht vorübergehende Betäubung erreichen können, so wie der Kämpfer, die Kämpferin, vorübergehende Dominanz, aber Frieden werden sie mit ihrem Verhalten nie erreichen. Nicht den kleinen und auch nicht den großen.

Dazu darf man sich nicht auf eine Seite schlagen, weder auf die der Harmonie, noch auf die des Kampfes, man muss beiden ihr Recht zugestehen: Man muss streiten lernen. Streiten in gegenseitiger Achtung, in Respekt, in Liebe. Die Kunst des Annehmens des Schmerzes der Gegner*innen, des Nachempfindens, des Verstehens, des Erlebens ausüben. Dann, wenn ihre Bedürfnisse meine geworden sind und meine ihre, dann kann sich eine Lösung entwickeln, ein friedliches Miteinanderleben, Harmonie. Bis auf weiteres.

Wer Frieden will, darf den Konflikt, also den Krieg in Kinderschuhen, nicht scheuen, darf sich der Dualität nicht zu verweigern suchen um in Einheit zu leben und gerade dadurch die Dualität Einheit/Dualität erzeugen. Einheit kennt kein Zweites und ist daher auch nicht definiert, nicht begrenzt.

Mit anderen Worten: Ein Frieden, der sich als Gegensatz zu Krieg versteht, ist schon der Vater neuer Kriege. Der Friedensforscher Wolfgang Sternstein („der deutsche Gandhi") spricht von der „Pflicht zum Widerstand" und einem „Menschenrecht auf Ungehorsam". Er zeigt mit seinen Beispielen gewaltfreier Aktion eindrucksvoll, dass dem zu folgen nicht immer einfach ist.

Wenn es stimmt, dass jede Person in ihrer eigenen Welt lebt, die sich aber mit anderen Welten überschneidet, dann ist es wichtig, einander von diesen Welten aufrichtig zu erzählen, damit wir verstanden und unsere Bedürfnisse gegenseitig nachvollziehbar werden.

Offene Kommunikation ist ein Schlüssel zum Umgang mit Konflikten. Habe ich ein einziges Mal diesen Weg des Konfliktlösens begangen, wird jeder weitere Konflikt mit den selben Menschen wesentlich leichter auszutragen sein, denn Vertrauen ist entstanden, Respekt, Wissen, dass es mir ernst ist mit dem Ernstnehmen meiner Gegenüber. Marshall Rosenberg hat mich durch seine „Gewaltfreie Kommunikation" sehr beeindruckt, als ich ihm ein paar Tage lang beggnen durfte. Wenn ich auch viel zu lernen habe, bis ich zur Gewaltfreien Kommunikation tauge, ohne meine Bedürfnisse zu unterdrücken, ist sie doch ein Weg, der schwerste Verletzungen heilen und die schrecklichsten Auseinandersetzungen mildern oder gar bereinigen kann.

Ansonsten bleibt so oder so der Große Frieden. Er ist immer hier. Möge er dich finden, jetzt, ob du nun streiten kannst oder nicht.

Recht hat Subash: Konflikte unter den Tisch zu kehren, bringt keinen Frieden, nur eine höfliche Tünche von Nettigkeit über einer wachsenden Wut, die irgendwann explodieren wird.

Und ja: gerade für eine Friedenskultur gilt die „Pflicht zum Widerstand" und das „Menschenrecht auf Ungehorsam". Doch wie wir in fast 40 Jahren Gemeinschaftserfahrung von Tamera und seinen Vorläuferprojekten erfahren haben, will Konfliktfähigkeit gelernt werden. Konfliktfähigkeit heißt nicht, dass man über jede Idee bis zum Abwinken diskutiert, so dass jeder, der einen neuen Impuls hatte, immer wieder überstimmt und ausgebremst wird. Es bedeutet vor allem, gemeinschaftliche Kommunikationsformen zu entwickeln, die auch den so genannten Untergrund sichtbar machen: all die Gedanken und Emotionen, die so oft hinter den leidenschaftlichen Diskussionsbeiträgen liegen und zu hitzigen Debatten führen.

Das ist manchmal die attraktive Frau, die gerade in den Raum kam und die man beeindrucken wollte. Das ist manchmal das Gefühl, jetzt endlich mal gesehen und gehört werden zu wollen. All das ist wunderbares Material für das „Forum", wie wir es in Tamera nennen: die Möglichkeit, die Schattenseiten, die heimlichen Untergrundströmungen einer Gemeinschaft mit viel Spaß und Humor und Lust zur Selbstveränderung sichtbar zu machen. Hat eine Gemeinschaft diese Ebene untereinander erreicht, ist jeder Konflikt ein Geschenk zur Weiterentwicklung.

Sabine Lichtenfels

***

„Was ist Frieden?", wunderten sich die Psychonauten in der Zeit, als sie mit der Kalaschnikow unterwegs waren. „Ist das auch eine Droge, gar die „bessere" Droge?" „Ich stehe zu mir!", sagt die Kalaschnikow beziehungsweise ihr Träger. Und das kommt wohl wirklich zuerst. Konfliktfähigkeit geht der Konfliktlosigkeit voraus, ist Voraussetzung für einen Zustand konfliktlosen Gemeinsamseins, ist Subhash, den ich auch (noch) nicht kennen gelernt habe, überzeugt, wenn ich ihn richtig verstanden habe.

Aber im Zu-mir-Stehen, stehe ich offensichtlich noch neben mir. Darum kommt wohl noch etwas danach, etwas Weiterführendes. Konfliktfreiheit? Ich stehe zu mir, wird zum: Ich stehe. Oder besser noch: Ich geschehe. Ich geschehe zusammen mit dem Schicksal. In Harmonie. Was geschieht, geschieht. Es geschehe, was geschieht! Einssein mit dem Gang der Dinge. Frieden. Es geschieht.

Das, was geschieht, geschieht sowieso. Das, was geschehen will, wird eh abgehalten. Warum sollte ich mich also gegen das Schicksal sträuben? Das wäre ja pure Unintelligenz. Wehre ich mich gegen das Schicksalhafte, das Unvermeidliche, kommt es mir als Schlag, als Schicksalsschlag entgegen. Ergebe ich mich ihm, geschehe ich mit ihm zusammen in Harmonie und Gleichklang. Dann bin ich selbst Schicksal, führe die Schicksalskräfte an, gehöre zur Speerspitze der Evolution.

„Aber man kann das Schicksal doch auch wenden, das Rad des Schicksals drehen?", muckst ein letzter Psychonaut, der sich der Wirkung der neuesten Hoffnungsträgerinnen unter den Drogen mit dem schönen Namen „Frieden" noch nicht ganz ergeben hat.

Hören wir, was Romen, mit dem ich doch schon mal geskypt habe, in seinem Artikel dazu beitragen will.

Samuel Widmer Nicolet

***

1.) Tritt scheinbar Konfliktlosigkeit auf, ist sie bloß der vorläufige Ruhezustand des demnächst sich erhebenden Konfliktzustandes. Ohne Konflikt kein Leben; „Konfliktlosigkeit" könnte man allerdings den Raum nennen, in dem alles Leben und alle Zustände stattfinden.

2.) Ein Ich, das sich gegen ein Schicksal wehren könnte, gibt es nicht. Ich ist nur ein Gedanke, eine Einbildung. Findet Widerstand statt, ist auch er Schicksal oder anders gesagt, ein Ausdruck des Einen. Ich kann weder zur Speerspitze einer vermuteten Evolution gehören, noch ihr fern bleiben.

Subhash

ww.herzundstille.ch
www.zandolini.ch

Saajid Zandolini

Innerer und äußerer Frieden

Romen: Die Identität von Leerheit und Fülle zeigt uns, dass Stillsein nicht mit Nichthandeln gleichgesetzt werden kann. Vielmehr bedeutet jenes Stillsein ein Nichtbefolgen der musterhaften Impulse (Angriff, Flucht, Draufzugehen und Freeze, in Form von Bewertungen, Identifikationen, etc.), insbesondere Getriebensein und Trägheit. So erleben wir Stillsein auf der Verhaltensebene als angemessene Handlung.

Saajid: Lebendige, existentielle Stille ist immer und alles was ist. Stille ist unsere Wesensnatur. Durch regelmäßige Meditationspraxis lernen wir die lebendige Stille zu erfahren und uns als „diese" zu verwurzeln. Ein Nichtbefolgen der musterhaften Impulse scheint mir nur möglich, wenn wir uns entweder über spirituell einseitige Erweckung emotional abspalten, oder aber, wenn wir unsere Emotionalkörper durch Selbstannahme, Selbsterforschung und Selbsterfüllung heilen. Konditionierungen und Muster lassen sich nicht einfach abkoppeln, wegmeditieren, oder durch Erwachen auflösen. Es braucht lange Wege um auf der Verhaltensebene wirklich glückliche und entspannte Veränderungen zu erzielen. Diese stehen nach meinem Erachten nicht wirklich so sehr mit unserem spirituellen Fortschritt in Verbindung, wie wir oft gerne glauben, ganz zu schweigen davon, inneren Frieden in unsere angebliche Zivilisation hinein zu tragen.

Durch Stillsein auf der Verhaltensebene eine angemessene Handlung erzeugen zu wollen, betrachte ich als unnatürlichen, überhöhten Anspruch und als eine idealisierte Haltung. Unsere Religionen und Philosophien sind voll von gutgemeinten Dogmen. Idealisierte Haltungen können zwar moralisch, erzieherisch wertvoll sein, entsprechen jedoch keinem erwachten Bewusstsein. Das Verhalten eines erwachten Wesens ist weder moralisch noch amoralisch, sondern einfach frei. Diese existentielle, unerschaffene Freiheit entbindet uns Menschen nicht von der Notwendigkeit in jedem Augenblick hier und jetzt eine menschenwürdige, angemessene Haltung zum Ausdruck zu bringen. Angemessene Handlungen werden nicht durch geistiges Erwachen automatisiert!

Es mag sein, dass sich geistiges Erwachen auch ohne tägliche Meditationspraxis offenbaren kann, jedoch sind Vertiefung und Verwurzelung unseres Gewahrseins nur durch tägliche Meditationspraxis, Selbsterforschung und Selbsterfüllung realisierbar.

„Wenn du auch viel Zeit in Vertiefung verbringst, aber ohne genügendes Verständnis, so wirst du die Finsternis nicht durchbrechen. Wenn du nur wenig Zeit der Vertiefung widmest, aber dem Verstehen voll die Zügel schiessen lässt, so wirst du nur deine ketzerischen Ansichten verstärken.
Deshalb wird eine gleichmässige Verbindung zwischen Vertiefung und Verstehen Befreiung genannt." Huang Po

Romen: Was bedeutet bspw. Zivilcourage, wenn wir offenen Herzens Mitgefühl mit unserem Mitmenschen empfinden? Welche Handlung erwächst aus jenem Mitgefühl in unserem sozialen und politischen Miteinander angesichts von Brutalität, Ungerechtigkeit und Ignoranz? Kann sich die Herzensenergie nicht erst auf der überindividuellen Ebene in der sozialen und politischen Interaktion vollständig entfalten?

Saajid: Dieses Thema hat mich in den letzten Jahren sehr beschäftigt und auch sehr geplagt, da unsere Philosophien und Religionen bisher nicht wirklich einen großen Einfluss auf unser Verhalten gegenüber allen fühlenden Wesen und unsere Mutter Erde zu haben scheinen und ich mich diesbezüglich immer wieder fassungslos ob der Gräueltaten in unserer sogenannt aufgeklärten Welt erlebe.

Obschon wir in der spirituellen Literatur und den Überlieferungen der Meister und Mystiker aller Religionen mehr als genug hilfreiche Ansätze und Ratschläge entdecken können um ein friedvolles, freundschaftliches Leben in

Harmonie und gegenseitiger Unterstützung zu führen, wählen wir doch meistens diejenigen Wege, welche uns tiefer in Illusionen und Verblendungen und somit in leidvolle Lebensumstände hinein führen.

Was können wir für uns selbst und andere Wesen diesbezüglich tun? Sollte das Mitgefühl eines offenen Herzens uns stets auch zum Handeln bewegen? Sollten wir uns aktiv in die Handlungsebene verblendeter Kräfte einmischen? Dies sind Fragen welche ein tiefes Einsinken in unsere Herzen und ein Sich-Einlassen auf das Leben bedarf. Doch ich glaube nicht, dass wir darauf eine allgemein gültige Antwort finden können. Da jedes menschliche Bewusstsein die ganze Erlebniswelt mit allen lebenden Wesen in sich trägt, kann die Menschheit nur innerhalb jedes individuellen Bewusstseins Erlösung finden. Irrtümlicherweise wird oft das geistige Erwachen als diese Erlösung angesehen. In unserer Zeit bezeugen viele Menschen ihr geistiges Erwachen und bieten uns dadurch viel Anschauungsmaterial. Ihr Verhalten und ihre Lebensweise zeigen uns oft, dass das Erwachen keine Charakterfixierungen auflöst. Doch wo sollten wir nach Lösungen auf der Verhaltensebene suchen, wenn nicht im geistigen Erwachen?

Die Lösungen liegen auch nicht in den dunklen Abgründen unseres Daseins, denn diese sind nur Ausdruck unserer Verblendung. Gewalt, Brutalität, Geiz, Gier, Ausbeutung, Misshandlung und vieles mehr sind die Zweige, jedoch nicht die Wurzeln des Baumes unseres Leidens, welcher uns zu umfassender Selbst-Erkenntnis führen soll. Nur in der Hinwendung an unser ursprüngliches Wesen, welches unabhängig von Geburt und Sterben, sowie allen Gegensätzen unseres Erdenlebens existiert, können wir die zugrundeliegenden Trennungen und Abspaltungen erkennen und uns in Richtung Ganzheit bewegen. Diese jedoch nicht nur in der Einbildung, als geistige Erkenntnis zu überwinden, ist ein meist langer Integrationsweg, welcher nur in der vollumfänglichen Auseinandersetzung mit unserer ganzen menschlichen Ausrüstung erfolgreich sein kann.

Ein ganzheitliches Erwachen umfasst alle Ebenen unseres Wesens. Die Identität von Form und Leere zwingt unser Gewahrsein, die Weisheit unseres physischen Körpers und unseres Emotionalkörpers mit den komplexen und vielschichtigen Räumen unserer Psyche, sowie unseres Energiekörpers in sein Erwachen mit einzubeziehen.

Da wir das ganze Leben in dieser Welt „sind" und nicht nur diese Welt als etwas außerhalb von uns erleben, ist es auch notwendig uns mit einzubeziehen.

Alle Menschen dieser Welt benötigen genügend gesundes Essen, sauberes Trinkwasser, Geborgenheit und Liebe, das bestmögliche Bildungssystem, umfassende und vielschichtige Ausbildungen und eine menschenwürdige Begleitung ins Erwachsenenleben. Unsere westliche von „Zuvielisation" geplagte Menschheit täte gut daran, ihre Güter weltweit ausgewogener zu verteilen und Entwicklungshilfe wirklich als Hilfe zum Aufbau und zur Förderung der den Völkern eigenen und selbstständigen Lebensgrundlagen zu verstehen. Wir sind „eine" Menschheit und wir teilen unsere Wesensnatur mit allen lebenden Wesen. Natürlich sollten wir aus diesem Verständnis heraus alles tun was uns möglich erscheint um uns gegenseitig zu unterstützen.

Wir sollten uns jedoch davor hüten Mitgefühl ausschließlich über die Handlungsebene zu definieren oder gar unser spirituelles Ego durch ein ehrgeiziges Helfersyndrom aufzublähen. Wahres Mitgefühl kann in umfassender Liebe auf vielen Ebenen wirksam sein. So oder so wird uns das Leben in der jeweiligen Situation auf sehr individuelle Weise berühren und herausfordern. Niemand kann im Voraus wirklich wissen wie er oder sie auf eine bestimmte Situation reagieren wird.

Romen: Nach meiner Beobachtung gibt es in der spirituellen Geschichte sehr unterschiedliche Haltungen zu diesem Thema. Vielen aufgewachten Menschen erscheint es adäquat und ausreichend, vollständig still zu sein und den energetischen Aspekt des Augenblickes zu erleben. Andere betonen den Aspekt des Sichzeigens und halten den durch Gandhi bekannt gewordenen Ansatz des gewaltfreien Widerstandes für angemessen. Aurobindo hingegen setzte sich angesichts der Greuel eines vom Dämon besessenen Hitler für eine militante Zerschlagung jenes Dämons ein. Auch in der Bhagawa Gita erhält Arjuna die göttliche Empfehlung, zur Waffe zu greifen.

Saajid: Gerade weil die Lösungen und Erlösungen für Gewalt, Brutalität, Geiz, Gier, Ausbeutung usw. nicht in den dunklen Abgründen unseres Daseins zu finden sind, fallen die Ansätze auf der Handlungsebene bei den verschiedenen Mystikern und Weisen so unterschiedlich aus. Ich denke dies ist gut so und sollte auch so sein. Wir dürfen nicht vergessen, dass sich die Welt in uns bewegt. Es sieht so aus als würden wir uns in dieser Welt bewegen, aber in Wirklichkeit bewegt sich die ganze Existenz in unserem Gewahrsein und ist nicht verschieden und außerhalb davon.

Das Leben stellt uns also vor die Aufgabe auf jede Situation, in jedem Augenblick neu und authentisch, eine angemessene und individuelle Antwort innerhalb unseres Handlungsspielraumes zu finden. Optimal sollte dies jedoch in der Erkenntnis geschehen, dass die Welt schlussendlich nur hier in uns selbst erlöst werden kann, denn das verblendete Unbewusste erlöst sich nur im bewussten Sein.

Romen: Ab welchem Punkt ist ein Geschehenlassen Trägheit und ein soziales oder gar politisches Handeln Getriebenheit?

Saajid: Getriebenheit und Trägheit sind Auswirkungen von fixierten Ideen, Vorstellungen, Verblendungen und der daraus entstehenden Bedürftigkeit. Egal für wie spirituell entwickelt wir uns oder andere uns halten, sobald wir uns etwas „einbilden" entsteht Verblendung und damit verdreht sich unsere Sicht auf die Dinge und Situationen selbst mit vermeintlich bestem Wissen und Gewissen aufs Übelste.
Wir sind hier um dieses Hiersein mit Leben zu erfüllen und unsere natürlichen Anlagen zu verwirklichen und nicht um unsere Wahnvorstellungen durchzusetzen.

Tägliche Meditationspraxis und Selbsterforschung, sowie Selbsterfüllung durch Selbstliebe scheinen mir die notwendigen Voraussetzungen zu sein um ganz praktisch den Weg des Herzens mit dem des Geistes zu verbinden. Dadurch sollte es uns jederzeit möglich sein die notwendige Entschlossenheit, Kraft und Klarheit zu finden um Seinlassen von Trägheit und angemessenes Handeln von Getriebenheit zu unterscheiden.

Romen: Worauf muss ich in meinem Engagement achten, um nicht in einen Kampfmodus zu geraten, der das Rad des Leidens sich nur noch schneller drehen lässt? Vor diesen Fragen stehen in unserer Zeit die allermeisten Menschen, wenn sie aus unseren Satsangveranstaltungen kommen und sind überfordert.

Saajid: Um nicht in einen Kampfmodus zu geraten, sollten wir unsere Ambitionen überprüfen. Unser Engagement sollte nie auf Idealismus, spirituellen und moralischen Dogmen, oder anderen fixierten Ideen gründen, sondern aus dem natürlichen Mitgefühl gegenüber allen empfindenden Wesen, in ungeteiltem Gewahrsein geschehen. Ein erwachtes Bewusstsein sieht den Handelnden und die Handlung gleichermaßen als Geschehnis. Der Handelnde, die Handlung und das Behandelte sind Eines. Das bedeutet, dass der Handelnde und die Handlung nicht durch Identifikation mit dem Ich-Bezugssystem voneinander abgespalten werden. Das bedeutet jedoch nicht, dass es keinen Handelnden mehr gibt der handelt, wie uns viele Lehrer, welche sich auf Advaita beziehen, weismachen wollen. Es bedeutet nur, dass es nie einen Handelnden, so wie unser Ich sich das vorstellt, gegeben hat. Die Verantwortung der Handlung bleibt beim Handelnden vor und nach dem Erwachen gleichermaßen bestehen!

Dass viele Menschen mit der praktischen Umsetzung von spirituellen Lösungsansätzen überfordert sind, hat hauptsächlich damit zu tun, dass viele Satsanglehrer sich in eingefahrenen, scheinbar spirituell-akkuraten Advaita Antworten festgefahren haben. Die Menschen, die zu ihnen kommen, benötigen lebensnahe, praktische und spirituell-individuelle Antworten.

Auf der nondualen Ebene scheinen jedoch alle menschlichen Schwierigkeiten belanglos zu sein. Dies erzeugt im unreifen Erleben der ersten spirituellen Einblicke viele Missverständnisse.

Darum ist zu bedenken, dass auch wenn die duale Erscheinungsebene nicht verschieden von seinem nondualen Wesensgrund ist, diese doch nicht miteinander verwechselt werden dürfen.

Im Zen wird daher gesagt: Form ist nicht verschieden von Leere und doch nicht gleich. Auf der Erscheinungsebene herrschen die Gesetze der Wandlung. Hier haben Ursachen konkrete energetische Auswirkungen.

Romen: Ich glaube, es ist an uns, den Menschen hier Hinweise und Erfahrungen aus unserem eigenen Erleben zur Verfügung zu stellen. Auch können wir vielleicht erahnen, welche Aspekte für uns selber noch Entfaltungspotential in sich bergen.

Saajid: Wenn wir uns vor der Liebe verstecken, wird uns die Liebe suchen und sie wird uns in Form eines anderen Menschen finden. Wenn wir sie auch so nicht annehmen können, so wird sie uns in irgendeiner anderen Form finden, über ein anderes Wesen, über die Natur, über Macht, Ruhm, Anerkennung, Besitz und Genuss und vieles mehr. Sie wird uns in eine Sucht führen, damit wir ganz körperlich, emotional und seelisch spüren, dass uns etwas Wesentliches fehlt. Mitten in unserer Sucht werden wir glauben, dass uns das Geliebte fehlt und uns danach sehnen, doch all das Geliebte steht nur stellvertretend für die Liebe selbst. Wir werden nie Frieden finden können solange wir unser Selbst nicht mit Liebe erfüllen können. Denn alles was in diesem Leben erscheint, wird auch wieder entschwinden. Liebe duldet keine Abspaltungen in Ich und alles Andere, in Ich und das Geliebte. Liebe kann sich nur in sich selbst erfüllen, denn sie umfasst, durchdringt und „ist" das ganze Leben. Liebe führt uns nachhause zu sich selbst.

Unsere Urängste sind: Angst davor ausgelöscht zu werden, Angst vor der Bedeutungslosigkeit und Angst vor dem Verlassen-werden.

„Angekettet an dieses vergängliche brennende Haus,
entzündest du selbst das Feuer,
nährst die Flammen, die dich verzehren." Zenmeister Bankei

Hier ein praktisches Beispiel im Umgang mit dem Thema Verlassen-werden und Anhaftung. Wie könnte der Weg aus diesem Leiden aussehen?

Zuerst ist es wichtig zu erkennen, dass Anhaftung keine negative spirituelle Krankheit ist, sondern einfach eine Lernaufgabe des Selbstliebethemas unseres Wesens. Anhaftung zeigt uns in welchem Bereich wir unsere Selbstliebe abgespalten haben und fordert uns auf, diese Trennung aufzuheben und wieder zu sich selbst zurück zu führen. Dann ist auch wichtig zu erkennen, dass es für emotionsbegabte Wesen natürlich ist eine angemessene Zeit lang bei Verlust zu trauern und emotionale Schmerzen zu spüren.

Meistens zeigt sich bei Verlust im Bereich von Beziehungen und Partnerschaft jedoch auch ein Suchtverhalten. Dieses Muster versucht auf jeden Fall und unter allen Umständen die intensiven Schmerzen im Bereich Einsamkeit, Verlust, Versagen und Selbstwert zu vermeiden und seine emotionsdämpfenden Drogen wieder zu bekommen. Dahinter stehen verschiedene Glaubenssätze, welche wir unbewusst als wahr erachten und welche uns ein Katastrophenszenario vorgaukeln. Wenn wir nicht aus diesem negativ konditionierten Kinoprogramm unserer Psyche herauskommen, geraten wir leicht in einen Strudel, der uns in einem Sumpf und einem stets wiederkehrenden Kreislauf aus dunklen, sich selbst nährenden und bestätigenden Emotionen festhält.

Das Leben möchte uns klar machen, dass wir aufhören sollten festzuhalten und zu kämpfen, es will uns in den inneren Frieden führen, indem es uns den Mangel an Selbstliebe spürbar macht. Doch wir vernebeln uns weiter mit trüben Gedanken, welche zu unangenehmen Emotionen führen und diese wieder zu noch mehr trüben Gedanken, zu noch mehr unangenehmen Emotionen usw. Wir treiben hilflos in einem Strudel, welcher uns in den Abgrund des Leidens zieht. Wie kommen wir da heraus?

Wenn wir unsere Glaubenssätze, welche in der Tiefe wirken, erfasst haben, ist es wichtig sie zu überprüfen und als das zu erkennen was sie sind. Es sind Gedankenfixierungen, welche uns eine Wirklichkeit vorgaukeln, die nicht real ist, jedoch unser Ego aufrechterhalten. Wenn wir dies sehen, so erkennen wir, dass die Botschaften darin nicht so unumstößlich sind, wie uns das der Verstand vorgegaukelt hat.

Dann geht es darum, uns der Angst vor den Botschaften unseres Musters zu stellen und mit großer Entschlossenheit bei den unangenehmen, schmerzhaften Emotionen zu bleiben, sie zu spüren, anzunehmen, sich ihnen auszuliefern und vollumfänglich zuzulassen. Dazu sollten wir uns erlauben, dass sich unser innerer verschlossener Herzraum öffnet um diesen intensiven Emotionen und Gefühlen auch wirklich ausreichend Raum zu geben. Wenn wir noch mit den oft sehr heftigen Emotionen im Widerstand sind, so werden wir diesen nicht wirklich genügend Raum und Zeit in uns gewähren.

Dieser Prozess sollte in großer Geduld und Hinwendung immer wieder beim Auftauchen unangenehmer Emotionen geschehen, bis sich ein wirklich klar spürbarer innerer Frieden einstellt. Bevor sich kein klar spürbarer innerer Frieden eingestellt hat, können wir sicher sein, dass wir noch nicht „alles" zu uns genommen haben. Dieser Prozess ist der kürzeste mir bekannte Weg und führt zur tatsächlichen Befreiung von Abhängigkeit und Anhaftung. Das Kämpfen und Festhalten ist der lange und sicher schmerzhaftere Weg.

Halte dein Herz rein und offen
Und du wirst niemals gebunden sein.
Doch ein einziger aufwühlender Gedanke
Erzeugt zehntausend quälende Verwirrungen.
Lass dich von unzähligen Dingen fesseln
Und du gehst tiefer und tiefer in die Irre.
Wie schmerzlich doch, Menschen zu sehen,
So völlig verstrickt in sich selbst.   Ryokan

Romen: Auch können wir vielleicht erahnen, welche Aspekte für uns selber noch Entfaltungspotential in sich bergen.

Saajid: Alle menschlichen Themen und Aspekte bergen für ausnahmslos alle menschlichen Wesen in dieser Welt stets Entfaltungspotential. Wir sind Buddhas im Menschwerdungsprozess, einerlei ob wir uns als armselige Strauchdiebe oder strahlende Avatars verkleiden. Wir tun uns vielleicht sehr wichtig mit unseren spirituellen Errungenschaften, jedoch scheint mir die wirklich grosse Herausforderung eher in unscheinbaren Tugenden zu liegen. Am Abend mit einem Lächeln einzuschlafen und am Morgen wieder mit einem Lächeln aufzuwachen. Was ein Lächeln doch für einen großen Unterschied macht in dieser Welt! Schwirig finde ich auch Vorlieben nicht zu nähren, sowie allen Ereignissen und Handlungen in meinem Leben wirklich gleichen Wert zu geben. Fehler über Fehler zu machen ohne Schuldgefühle und stets Leichtigkeit zu bewahren.

Wir sind hier auf der Erde gelandet um unsere natürlichen Anlagen zu verwirklichen, um „berührbar" zu sein und vollständig als ganzheitliche Wesen zu unserer wahren Natur zu erwachen.

Der weglose Weg benötigt kein Ende, da er nicht auf Verbesserungen und irgendein idealisiertes Ankommen basiert. Der weglose Weg geht davon aus, dass die Sonne hinter den Wolken nie verschwunden war.

Lieber Saajid, mich erreichen Deine Sprache und Deine Bilder. Ich erlebe es ebenso, dass die Kombination spiritueller Praxis mit psychologischer Selbst-Konfrontation einen Weg zum inneren Frieden bringen können.

Das Leben zu meistern braucht Zeiten für „Kampf und Kontemplation" – so ähnlich sagte es der christliche Prior Frère Roger der Brüdergemeinschaft Taizé immer wieder. Auch dort in Taizé lernte ich, dass ich für meine Reifung im inneren Frieden die Einsamkeit der Stille brauche und den Dialog, der das ganz Persönliche verlangt, die Begegnung von Mensch zu Mensch.

Und der Dialog darf nicht nur theoretischer Natur sein. Es geht um Erlebtes, Erfahrenes, Verhalten und Nicht-Verhalten. In den persönlichen Begegnungen konnte ich mich über mein kleines Ich ausdehnen und meinen Horizont weiten. In der Stille konnte ich Eins werden mit dem Geist, dem Bewusstsein, dem All-Einen.

Bei Deinem Blick auf die Liebe scheint mir, dass Du dort mehr von Sehnsucht sprichst, denn von Liebe. Für mich ist die Liebe eine Haltung und sie „sucht" nicht. So scheint mir klarer zu sagen, dass die Sehnsucht uns führt, denn sie rührt aus unseren kindlichen Mangelerfahrungen. Sie quält uns so lange, und lässt uns nicht ruhen, da ungestillte Bedürfnisse hinter unserer Sehnsucht stehen.

Die Liebe als Haltung hat nichts von dieser Suche oder Sucht. Sie lässt uns stilles Gewahrsein erfahren. Ein Gewahrsein, das nicht wertet und das mir zeigt, dass meine Antworten auf das Leben meine Verantwortung sind.

Heiko

***

Lieber Heiko, immer wieder arbeitet unser Verstand im Trennungsmodus. Zum Beispiel: Liebe ist dieses und nicht das. Dies ist eher Sehnsucht und das ist eher was anderes…… usw.

Liebe ist das was wir sind. Das ganze Leben basiert auf Liebe. Wenn Sehnsucht sich nicht auf ein begehrtes Objekt richtet, das heißt, wenn Sehnsucht sich auf sich selbst richtet, dann offenbart sie sich als Liebe. Sehnsucht ist die Liebe, welche sich selbst nachhause führt. Liebe und Gewahrsein sind einfach zwei Aspekte desselben Seins.

Erstaunlicherweise sehen viele Lehrer Liebe als etwas eher Passives, eben als eine Art Haltung. Für mich hat Liebe sehr viele Aspekte.

Ganz herzlich Saajid

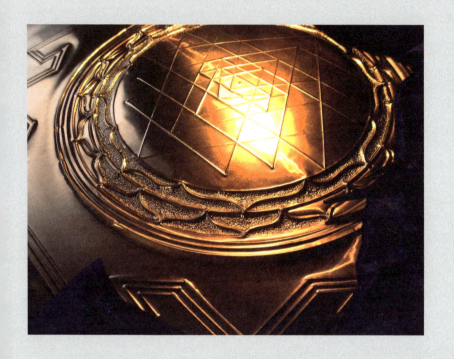

www.ameen.be
satsang-ameen@hotmail.com

Ameen

Die Unfruchtbarkeit der spirituellen Welt

oder: Im Namen von Jesus, kein Sex vor der Ehe!

Romen: Lieber Ameen, du kommst aus Israel, einem Land, in welchem beinahe „traditionell" kriegerische Auseinandersetzung an der Tagesordnung sind. Die Menschen dort müssen mit dem Gefühl der Unsicherheit und Gewalt leben.

Du bist in Israel aufgewacht. Zu welchem Zeitpunkt war das? Und wie hat sich das angefühlt? Und hat sich das Verhältnis von innerem und äußerem Frieden im Laufe der Jahre danach verändert?

Ameen: Ich war nicht wirklich identifiziert mit diesem inneren und äußeren Frieden, weil ich seit Jahren auch nicht mehr dort lebe. Deshalb hat sich für mich auch nicht viel verändert. Ich konnte sehen, wie sehr die Leute in die Geschichte des Landes einstiegen, sich identifizierten, aber mich hat das nicht so sehr berührt.
Erwachen hat in dem Sinne bei mir nicht so viel verändert, weil ich bereits vorher aus einem Feld schaute, worin Frieden gelebt wurde. Aber in Israel kann man besonders gut sehen, wie Menschen sich deutlich mit diesen Opfer- und Täterrollen identifizieren, ohne wirklich die Absicht zu entwickeln, da auszusteigen.

Um unseren inneren Frieden zum im Außen wahrnehmbaren Frieden zu bringen, dürfen wir nicht mit Konzepten und Ideologien identifiziert sein. Wenn nach keiner Bedeutung mehr in den Wörtern gesucht wird. Wenn man nicht mehr bereit ist, für Ideen zu kämpfen. Die Bedeutung gibt sich das Leben, die Existenz selber.

Romen: Was ist mit der Liebe? Welche Rolle spielt die Herzensöffnung?

Ameen: Das Herz ist immer offen, aber sobald man sich identifiziert mit Ideologien und Konzepten wird eine Barriere im Herzen kreiert. Das Herz muss nicht geöffnet werden. Die ganze Welt ist Herz!

Wenn man nach draußen schaut, einen Vogel sieht, das Sonnenlicht oder einen Baum – das alles ist Liebe. Alles ist Herz. Das Gleiche gilt für die Menschen. Versucht man jedoch der Realität eine Bedeutung zu geben und man erfindet irgendwelche Geschichten und dann macht man noch eine Flagge auf die Geschichte sowie Grenzen, dann hat man die Trennung kreiert.

Romen: Ist eine authentisch-angemessene Handlung immer friedvoll oder kann sie auch aggressiv sein? Kann man authentisch in den Krieg ziehen? In spirituellen Kreisen heißt es immer wieder, wenn man aus dem Herzen heraus handelt, ist es immer angemessen. Ist es so einfach? Kann nicht auch aus den Mustern heraus, friedvolle Handlung geschehen? In der Bhagavad Gita wird das Schicksal von Arjuna beschrieben, der in den Krieg ziehen soll. Kann das In-den-Krieg-ziehen eine friedvolle Handlung sein? Es gibt immer wieder Situationen, wo Menschen in schlimme Bedrängnis kommen, beispielsweise in Lateinamerika, wo multinationale Konzerne das Wasser monopolisieren, weshalb die Menschen vor Ort verdursten. Kann in solch einem Fall politisches Engagement bis hin zu militärischen Aktionen angemessen, im Sinne von friedvoll sein? Oder ist das für dich ausgeschlossen?

Ameen: Warum nennst du es denn noch friedvolle Bewegung? Ich würde das eher eine authentische Aktion nennen. In spirituellen Gemeinschaften wird oft die relative Welt ignoriert. Sie wollen in allem nur Liebe, Liebe, Liebe sehen. Die Wahrheit ist, dass es Zeiten zum Kämpfen gibt, manches beschützt werden muss – das kann auch in einer gewalttätigen Form geschehen.

Dies muss manchmal sogar so sein, sonst wirst Du umgebracht. Die relative Welt gründet auf Trennung und Identifikation. Und die Herausforderung ist, im wahren Frieden zu sein und gleichzeitig mit der relativen Welt klar zu kommen. Und das alles über spirituelle Konzepte hinaus. Spirituelle Konzepte sind eine Vermeidung der relativen Welt. Das ist beispielsweise ein Problem mit dem Neo-Advaita. Ein Mensch, der im Frieden ist, hat die ganze

Zeit, jede Minute seines Lebens die Balance zu halten, den Balanceakt zu gehen, zwischen innerem und äußerem Frieden. Das ist nicht etwas, das wir entscheiden und somit wird es fix und gilt in jedem Moment. Das ist wie beim Fahrradfahren, die Balance will gehalten werden. Man muß abwägen, im Herzen sein und gleichzeitig Grenzen ziehen und manchmal etwas aggressiver, sogar gewalttätig sein. Erwacht zu sein, bedeutet ja gerade eben, wach gegenüber der relativen, als auch absoluten Welt zu sein. Gleichzeitig.

Das Problem mit spirituellen Lehrern bzw. Menschen ist, dass sie vielleicht nur zum Absoluten hin erwacht sind, jedoch gegenüber der relativen Welt schlafen. Dann benutzen sie alle möglichen Konzepte. Irgendwo ganz tief in uns drin, möchten wir jenseits des Menschlichen sein. Noch etwas Größeres sein als der Mensch. Es wird versucht, das Absolute zu benutzen, um das Menschliche zu verneinen.

Das geschah bei den Nazis, die als Ideologie den Übermenschen anstrebten. Das ist auch das Bedürfnis des Egos, körperlich unsterblich zu sein. Auch wenn wir befreit sind, das Menschliche, das Ego ist immer noch da und wir können es letztlich nicht leugnen.

Eigentlich geht es um die Unfruchtbarkeit der spirituellen Welt, weil in großen Teilen die relative Welt vermieden wird, um immer in Frieden zu sein. Dieser Umstand kann auch bei Religionen beobachtet werden, das Verneinen aller menschlichen Aspekte, wie zum Beispiel Sex. Einfach alles, was angeblich die Dinge etwas verkomplizieren könnte. Kompliziert in dem Sinne, dass der Erwachte beide Ebenen in sich vereint.

Die größte Lüge ist, dass erwachte Menschen behaupten, sie hätten keine Angst mehr vor dem Tod. Das alles macht deutlich, wie sehr sich der Mensch danach sehnt, seine eigene Menschlichkeit zu übersteigen. Das starke Verlangen des Egos über dem Leben zu stehen.

Romen: Ist unsere Wahrnehmung nicht immer zu einhundert Prozent eine Projektion? In dem Sinne, dass jede Form, die wir wahrnehmen können einem blinden Fleck von uns nahe kommt? Reicht es deshalb nicht aus, in uns alle Konflikte zu lösen, damit alleine durch unsere Haltung die Welt transformiert wird?

Ameen: Die äußere Projektion hängt mit deinem psychologischen Make Up zusammen. Also geht es darum, wie befreit ist man auf der relativen Ebene - auf der Mindebene. Es ist nicht genug, befreit zu sein vom Mind. Der Mind muss in sich selbst befreit sein.

Romen: Die Erfahrung, die viele Menschen machen, ist, dass es so etwas wie eine Seele gibt. Sie erinnern sich an viele Leben innerhalb von Raum und Zeit. Gerade die Muster, von denen soeben gesprochen wurde, die scheinen doch aus verdrängten oder unbewussten Identifikationsprozessen zu stammen. Diese verdrängten Identifikationen scheinen auf der seelischen Ebenen erfahren zu werden. Kannst du diese Erfahrung teilen, gibt es eine Seele für dich? Oder ist das für dich eine Erklärungshilfe - eine Art Krücke?

Ameen: Die Seele befindet sich für mich zwischen dem Absoluten und der Persönlichkeit. Oftmals identifiziert sich die Seele mit dem Persönlichen. In wirklicher Verbindung mit der Seele können wir erst nach dem Erwachen sein, sobald man den Abstand hat zur Persönlichkeit. Sobald wir damit anfangen einen Reinigungsprozess vom Persönlichen zu erfahren und lernen zu unterscheiden, was von der Seele kommt und was zum Ego gehört. Für mich ist die Seele wie eine Brücke zwischen dem Absoluten und dem Persönlichen bzw. dem Relativen. Und diese Brücke ist wie ein Impuls für die Manifestation. Das hat keine Identität. Es hat die Qualität, die Manifestation hervorzubringen.

Die Seele hat Qualitäten, die rein gar nichts mit der relativen Erscheinungswelt zu tun haben. Das Relative beeinflusst die Seele niemals. Wenn wir Traumata haben, fängt die Seele an, sich mit der persönlichen Ebene zu identifizieren. Wir haben das Potential einer Seele, die frei vom Ego ist. Von dorther stammt jegliche Kreativität. Ist jemand wirklich mit seiner Seele verbunden, hängt seine Kreativität nicht vom Äußeren ab.

Bei Künstlern kann man sehen, wenn die Seele mit dem Persönlichen verbunden ist. Ihre Kreationen kommen aus einem wahren Raum, sind jedoch vermischt mit Neurosen.

Romen: Du unterscheidest also eine persönliche Ebene und eine Seelenebene. Und auf der Seelenebene bereits geschieht eine Individualisierung.

Ameen: Bei einem befreiten Menschen, der durch seine Schatten gegangen ist, kommt sein Potential mehr und mehr aus der Seele heraus. Die Persönlichkeit wird sehr dünn. Sie hat nicht mehr viel Gewicht.

Romen: Die Seele wird oft beschrieben als der individualisierte Aspekt Gottes. Sie ist der Informationsträger dessen, was wir Seelenplan oder „Mission" nennen können. Unser Potential.

Ameen: Hier müssen wir aufpassen, dass wir nicht dem Ego verfallen. Weil wir könnten leicht sagen, das ist meine Seele, mein Potential. Das gehört mir. Wir wissen es, dass es von der Seele kommt, wenn es ein reiner Ausdruck ist, wo man eben keine Belohnung bzw. Erwartungen daran knüpft. Ohne Motivation und ohne eine bestimmte Erwartungshaltung - ohne nach einem bestimmten Resultat zu streben ...

Romen: Gilt das auch für das Streben nach Wahrheit und Authentizität?

Ameen: Die Seele ist authentisch. Es ist ihre Sehnsucht, wahrhaftig zu sein. Verfällt jemand nicht in spirituelle Konzepte, wird er fühlen, dass diese Sehnsucht ein starker Impuls ist - wie die Geburt eines Kindes - um die Persönlichkeit abzustreifen, um das Relative und das Absolute zusammen zu bringen. Es wird jedoch immer eine gewisse Trennung bleiben.

Nachdem ich erwacht war, suchte ich nicht mehr nach Wahrheit. Es ging darum wie ich in der relativen Welt leben kann, mit dem Bewusstsein der absoluten Welt. Da war Schmerz, da war ein großer Abstand zwischen dem, wie er sein Leben wollte und wie es war.

Als ich über meine Schatten hinausgewachsen bin, musste ich weniger und weniger reagieren, was dazu führte immer mehr aus der absoluten Stille heraus leben zu können. Und das ist nicht leicht mit all der spirituellen Konditionierung rundherum. Das einzige was mich führte, war gegenüber jedem Moment aufrichtig zu sein. Manchmal sogar wenn man in Frieden ist in der relativen Welt, kann das eine Reaktion auf eine psychologische Intervention sein.
Das ist eine knifflige Herausforderung hier herauszufinden, was wahr ist. Wer ist man in diesem Leben.

Im Moment ist es meine Wahrheit beispielsweise, nicht zu unterrichten. Vorher war die Wahrheit für mich zu unterrichten, aber das war immer sehr hart für mich. Jetzt ist es leichter. Ich lebe heute ein Leben, das an einen Punkt gekommen ist, dass sogar die Wahrheit nicht existiert. Da sind keine Wahrheit und keine Lüge. Ich lebe einfach nur. Nur wenn ich rede, gibt es noch Erinnerung. Ich bin zurückgekommen in einen Raum, um nur noch zu existieren.

Ameen spricht mir in vielem aus dem Herzen! Und tolle Fragen von Romen. Schön!

Ich sehe das prinzipiell auch so, dass eben nicht immer alles Friede, Freude, Eierkuchen sein kann. Und oft spirituelle Konzepte von „Liebe" und „Frieden" wirklichem authentischem Sein als daVorstellungen im Weg rum stehen.

Bin der selben Ansicht wie Romen und Ameen, dass es eben nicht „Frieden und Toleranz um jeden Preis" heißen kann und übertriebene Toleranz gegenüber Intoleranten oft nur aus Verblendung entsteht.

Was oft stört ist diese Tendenz, die authentische Reaktion auch wenn sie kriegerisch oder gewalttätig ist mit „Liebe" oder „Frieden" zu benennen. Das empfinde ich dann immer „geschönt" und als „der Wahrheit nicht voll ins Auge blickend". Man darf aber die Dinge ruhig so benennen wie sie sind. Das hat hier Ameen sehr schön ausgeführt und gezeigt. Der wahre Friede ist ja auch in Frieden mit dem Unfrieden. So wie der Ozean in sich still ist, auch wenn an der Oberfläche Stürme toben. Die Gleichzeitigkeit von Absolutem und Relativem - beides ist wahr.

Noch zu den Warnungen vor „Fallen des Neo-Advaita": Ich gehör(t)e auch oft zu den „Warnern", sehe aber hier eine weitere Prä-Trans-Verwechslungsgefahr: Nicht jene von Ken Wilber beschriebene (Prä und Transpersonal), sondern die Verwechslung von Prä und Trans des Nonpersonalen!

Von außen ist es z.B. schwierig zu unterscheiden, ob jemand noch „auf der Suche ist" (nach dem Absoluten). Oder ob - lange nach dem Finden - die subtile Identifikation mit dem Absoluten losgelassen wurde. Dazwischen liegt die nonpersonale Erfahrung, u.a. durch Neo-Advaita. Das kann nicht übersprungen werden, Prä würde sonst einfach nur Prä bleiben. Erst das Nonpersonale lernt „gleich gültig" von „gleichgültig" zu unterscheiden.

Es ist also wichtig auf dem Weg zum „reinen einfachen Sein als Mensch". Zuerst nur das Relative, dann nur das Absolute und dann beides gleichzeitig. Sahaja-Samadhi. Wie von Ameen hier sehr schön angedeutet. Am Ende ist der Baum wieder ein Baum. Und jede Wahrheit darf aufhören zwanghaft existieren zu müssen.

Danke Ameen! Edgar

***

Lieber Ameen, ich finde Deine Hinweise auf die Gefahr einer „Verneinung aller menschlichen Aspekte" in der der spirituellen Szene der „Erwachten" sehr wichtig. Ich würde es mit ein paar Ergänzungen so beschreiben: Eine an Advaita orientierte Spiritualität hat große Kraft. Sie befreit uns oft radikal von der Identifikation mit Körper, Gedanken und Gefühlen. Im Erwachen erfahren wir, dass wir reines Gewahrsein sind. Dieses Erwachen kann sich als eine Art unpersönlicher, unberührter Bewusstseinsraum offenbaren. Für diesen Raum spielt es keine Rolle, welche Bewusstseinsinhalte der Person in ihm auftauchen. Diese weiträumige Leere verbleibt stets unangetastet. Das zu erleben, schafft einen befreienden Abstand zu sämtlichen Bewusstseinsinhalten, die wir bis dahin oft als verwirrend und Leid bringend erlebt haben. Der heilsame Aspekt dieser De-Identifizierung ist von großem Wert.

Diese Leere zu erfahren, kann aber auch zu einer pathologischen Dissoziation führen. Halten wir an dem Leere-Charakter fest, müssen wir, wie Du schreibst, menschliche Bewusstseinsinhalte — wie emotionalen Schmerz, Wut, Angst, Rest-Ego-Anteile usw. — verleugnen oder zynisch missachten. Das führt zu einer schrägen Art des Erwachens mit verschlossenem Herz und oft einseitig passiver Lebenshaltung.

Erkennen wir jedoch, dass Raumweite und Rauminhalt eins sind, dann kommt es ganz natürlich zu der — von Dir so betonten — Integration. Du nennst es eine „Balance" vom Absoluten und Relativem. Diese beiden Aspekte des Seins waren niemals getrennt. Dadurch, dass wir sie jetzt bewusst als ungetrennt erleben, kommt es zu einem freien Ausdruck des Absoluten durch das Relative. Man könnte auch sagen: Der Rauminhalt spiegelt nun die Raumweite immer klarer wieder.

Herzlich, Torsten

www.marta-soreia.de

Marta Soreia

Gedanken zum Frieden

Friede als Frage des Bewusstseins

Die Frage des Friedens ist die Frage des menschlichen Bewusstseins. Der Mensch wird erst dann in der Lage sein auf Dauer im Frieden mit sich selbst und mit seiner Umwelt zu leben, wenn er ein höheres Bewusstsein erreicht hat. Um einen lang anhaltenden Frieden in der Welt zu schaffen, müssen wir uns daher der Anhebung des menschlichen Bewusstseins widmen. Denn aus dem Frieden des Individuums ergibt sich der Frieden für die ganze Welt. Die Welt ist ein unmittelbarer Ausdruck des menschlichen Bewusstseins. Der Zustand der Erde und der menschlichen Beziehungen weisen direkt darauf hin, auf welchem Bewusstseinsniveau sich die Menschheit befindet.

Erst wenn der Mensch seine göttliche Erhabenheit, sein göttliches Bewusstsein wieder gefunden hat, ist er wirklich fähig, friedlich mit allem zu leben, in der Einheit mit Gott, im Zustand des absoluten Seins. Wenn ein Mensch IST, dann ist sein ganzes Wesen ein Ausdruck des Friedens. Er ist zur Kraft der Gegenwart geworden und findet dadurch die Erfüllung in sich selbst. Diese liegt im Verweilen des Geistes in seiner eigenen Natur.

Die Frage des so sehr ersehnten Friedens in der Welt kann also leider vorher nicht endgültig und auf Dauer gelöst werden, bevor sich der Mensch in seinen wahren Zustand, in den Zustand der göttlichen Einheit, erhoben hat.

Das höchste Ziel des menschlichen Lebens ist die Vollendung, und diese mündet im Frieden. Auf dem Weg zu unserer Meisterschaft müssen wir den

Frieden zuerst in uns selbst finden. Der Friede des Individuums wird sich dann auf die Familie ausbreiten, welche die grundlegende Einheit der Gesellschaft darstellt. Wenn der Friede in der kleinsten Einheit entfaltet wird, und zwar in jeder Zelle eines Individuums, wird aus diesem Frieden der Friede in der Familie und in der Gesellschaft entstehen. Aus dem Frieden in der Gesellschaft kann dann ein Weltfrieden wachsen.

Aus diesem Grund ist die Entfaltung des eigenen Friedens in sich selbst das Wertvollste, was ein Mensch der Welt geben kann. Dieser Friede ist das höchste Gut, das ein Mensch hat. Die Verantwortung für den eigenen inneren Frieden zu übernehmen, bedeutet gleichzeitig, für den Frieden in der Welt einzustehen. Wir müssen zuerst die Wandlung in unserem Inneren vollziehen, welche wir in der Welt sehen wollen und uns selbst des Friedens bewusst sein, den wir von der Welt und den anderen erwarten.

Die Welt als Ausdruck des Bewusstseins

Unsere äußere Welt, wie wir sie erfahren, ist die Welt der Trennung. Sie ist nicht heil, weil sie aus ihrer Einheit herausgefallen ist. Dies bedeutet nichts anderes, als dass der Mensch seine Göttlichkeit verlassen hat. Die Welt ist so, wie ein Mensch über sie denkt. Sie ist der unmittelbare Ausdruck seines individuellen menschlichen Bewusstseins. Dem Individuum erscheint die Welt also in der Art, wie es selber ist. Die Meinung über die Welt, die ein Mensch hat, entspricht seinem Bewusstseinszustand.

Der Ausdruck der Welt und ihre Wahrnehmung ist gleichwertig mit dem unerlösten Schmerz des Menschen. Dieser kreiert die Welt und die Einstellung zu ihr aus seinen verborgenen Anteilen. Da die Menschen sich ihrer verborgenen Anteile nicht bewusst sind und in ihrer Ganzheit nicht mehr gesund sind, ist es uns leider nicht möglich, eine heile, friedvolle und saubere Welt zu erleben.

Unsere Welt ist nicht sanft und friedlich, sie ist giftig, weil sie aus ihrer göttlichen Natur herausgetreten ist. Ein Individuum kann mit ihr in schmerzvolle Resonanz kommen durch die körpereigenen Toxine, welche in ihm schwingen. Diese kreieren dann die Erfahrung der subjektiven Welt. Die innere Einstellung des Individuums zur Welt und zu seiner Umwelt, und wie dieses Individuum die Welt wahrnimmt, ist der unmittelbare Ausdruck der Toxine in seinem eigenen Körper. Erst wenn die Psyche die Bereitschaft hat, diese Toxine aus dem Körper loszulassen, und wenn diese den Körper verlassen haben, ändert sich die individuelle Einstellung des Menschen zur Welt.

Wenn man schmerzvolle Erfahrungen immer wieder erlebt, fragt man sich „Warum erfahre ich das so, warum geschieht mir das?" „Weil du den unerlösten Schmerz noch in dir hast." heißt die Antwort. Und dieser Schmerz kreiert die zukünftigen Ereignisse und zwar so lange, bis er endgültig erlöst wird. Wenn wir auf unseren Schmerz nicht achten, welcher nichts anderes ist, als das Drängen der Natur auf die Rückkehr in die Einheit, entstehen Krankheiten.

Wenn wir unseren physischen Körper von den Giftstoffen reinigen, dann reinigen wir nicht nur unsere Psyche, sondern gleichzeitig auch unsere äußere Welt.

Wie innen, so außen, wie oben, so unten. Es gibt keine Trennung, denn alles ist in allem enthalten. Der Mensch ist das Ganze und in jeder seiner Zellen schwingt das ganze Universum. Die Einheit von Makrokosmos und Mikrokosmos drückt sich dadurch aus.

Die Heilung des Menschen und der Welt kann also nur über die Veränderung des individuellen Bewusstseins geschehen. Das bedeutet über die Rückkehr zum reinen Bewusstsein, welches sein einziges und wahres Erbe ist. Wenn der Mensch heilt, heilt gleichzeitig die Erde. Wenn der Mensch gesund wird, wird auch die Welt gesund.

Die Integration des Schattens

Jeder Mensch sehnt sich nach Glück, Freiheit und Wohlergehen. Die entscheidende Frage ist: Wie kommt es zu unserem Unfrieden, und wie können wir unseren Frieden finden? Wenn wir aus unserer wahren Natur scheinbar aussteigen, wenn wir uns unseres wahren Wesens nicht bewusst sind, und die körperlichen Spannungen in Form negativer Gefühle und Gedanken unser Wesen überlagern, entsteht ein Zustand des Unfriedens.

Das, was unseren Frieden und die harmonischen Beziehungen in der Familie und Gesellschaft zerstört und den Weltfrieden unmöglich macht, sind unsere negativen Emotionen. Im Frieden zu sein bedeutet, eine ruhige und ausgeglichene Geisteshaltung zu haben. Eine positive Einstellung zum Leben heißt sich unseren positiven Eigenschaften zuzuwenden. Negative Emotionen wie Hass, Wut, Gier und das Konkurrenzdenken bringen uns aus unserer sanften, ursprünglichen Natur heraus und untergraben unsere eigene Stärke und Stabilität. Daher ist es äußerst wichtig, dass wir uns auf dem spirituellen Pfad der Transformation unseren negativen Emotionen widmen, damit diese in unserem Bewusstsein integriert werden können. Wenn es uns nicht gelingt, auf unserem geistigen Weg unsere unbewussten Anteile umzuwandeln, bleibt der Glanz und die Strahlkraft unseres wahren Seins dauerhaft durch die negativen Emotionen verdeckt.

Daher stellt die Integration des Schattens einen wesentlichen Teil des spirituellen Pfades dar. Wir können unseren dauerhaften Frieden nur dann erleben und erreichen, wenn wir die Bereitschaft haben, unseren negativen Emotionen Bewusstheit zu geben, welche in der Psyche und vor allem in unserem Körper noch verankert sind.

Frieden ist nicht nur die Harmonie des Geistes, sondern auch ein Körper ohne Zwänge und innere Spannungen. Der Weg des Lichtes, den wir gehen, ist von Natur aus so konzipiert, dass er uns täglich in unterschiedlichen Alltagssituationen die Möglichkeit bietet, diese Spannungen wahrzunehmen und aufzulösen. Dann ist der Alltag die wahre Meditation. In der Bewusstheit jedes Augenblicks kannst du die Essenz deines wahren Wesens spüren.

Im Frieden zu sein und den Frieden mit anderen zu teilen bedeutet, in der Präsenz des Seins, welche den empathischen Raum des Bewusstseins öffnet, vor allem, den anderen zuzuhören. Es werden Worte und Sätze wahrgenommen, und mögen sie auch so erfreulich oder enthusiastisch sein, man sieht den Schmerz, der dahinter ist. Es wird gesehen, dass die Worte nicht aus der Leere kommen.

Die reine Präsenz des Augenblicks nimmt die ganzen Verstrickungen wahr. Sie bringt sehr viel Licht in die dunklen Bereiche und dies öffnet die Grube mit den vielen Leichen, welche im Keller des menschlichen Bewusstseins noch im Verborgenen liegen. Selbst bei unscheinbaren Bemerkungen und Verhaltensweisen zeigt uns die Empathie, wo im Schatten der Unbewusstheit versteckte Schmerzen auf ihre Erlösung warten. Bewusst hinzuschauen und den eigenen Schmerz zu erlösen, ist der einzige Weg, welcher aus den Zwängen in die innere Freiheit führt. Erst dann manifestiert sich in uns der transzendentale Zustand des absoluten ewigen Friedens.

Wenn der Mensch seine Psyche vollkommen gereinigt hat, wenn nichts mehr da ist, was noch unbewusst wäre, dann lösen sich gleichzeitig die Blockaden in all seinen Chakren auf. Er hat sich verwirklicht, und die kosmische Energie kann nun ungehindert in die menschliche Schale hineinfließen, und diese wird dann zu einer direkten Manifestation der Christuskraft.

Ein Mensch wird zum Christus. Von seiner Individualität in seine Universalität eingegangen, wird er zum personifizierten Werkzeug Gottes, zur Offenbarung des absoluten Friedens. Auf diese Weise erfüllt er seine göttliche Bestimmung, seinen kosmischen Auftrag. Der Ausdruck seines Tuns ist dann der unmittelbare, ungehinderte Ausdruck der Natur. Er ist zum Gefäß des Göttlichen geworden, alle seine Kanäle sind offen. Er ist der Ausdruck des Höchsten und lebt friedlich im Einklang mit dem Naturgesetz.

Der Mensch als soziales Wesen

Auf der relativen illusorischen Ebene der Schöpfung erfahren wir uns vor allem als soziale Wesen. Unser individuelles Glück hängt direkt von unserer Umwelt ab, von der Gesellschaft, in der wir leben und von den Menschen, die uns umgeben. Es gibt kein individuelles Glück, welches von den anderen völlig unabhängig wäre.

Die Bewusstheit über die inneren Werte können wir entwickeln und fördern, indem wir unsere Absichten, Gedanken und Gefühle überprüfen und beobachten, wo wir nicht in Liebe sind. Liebe ist die Abwesenheit der Negativität gegenüber jedem Wesen, gegenüber allem. Wenn wir auf unseren Schmerz achten, welcher uns zeigt, wo wir nicht in der Liebe sind, erlösen wir uns aus unserer Gefangenschaft und kommen zurück in unser wahres Wesen, in die Kraft der Gegenwart. Wenn wir Hier und Jetzt sind, ist es nicht möglich, jemandem zu schaden. Wenn ein Mensch sich seiner Göttlichkeit bewusst ist, dann ist sein ganzes Wesen ein Ausdruck des Friedens. In diesem absoluten Frieden existiert keine Vergangenheit und keine Zukunft. Es ist das Verweilen des Geistes im eigenen Selbst.

Diese Meisterschaft müssen wir zuerst entwickeln und unseren Weg authentisch und aufrichtig uns selbst gegenüber gehen, denn der Mensch in seinem heutigen Bewusstseinszustand ist noch ein unbewusster Sklave seiner Gefühle.

Worte sind Werte

Das Leben, wie es sich auf der relativen Ebene der Existenz als Spiel des Bewusstseins ausdrückt, ist perfekt, so wie es ist. Das, was wir in Wirklichkeit in unserer absoluten und wahren göttlichen Qualität sind, bleibt von allem unberührt. Im relativen Dasein unserer Existenz, in der Erfahrung des Mensch-Seins, spielt unser Verhalten gleichwohl eine Rolle, denn wir strahlen mit jedem Gedanken, jedem Wort und jeder Tat eine Wirkung in die ganze Schöpfung aus. Darum ist es notwendig, dass wir uns ganz bewusst unsere Ethik anschauen und den inneren Werten und ihrer Kultivierung widmen.

Mit jedem unserer Worte senden wir über den Klang der Sprache eine Schwingung, wo nur das Selbst zu sich selbst spricht. In dieser Sprache erklingt der Tanz des Ewigen, eine Symphonie, in der das Ewige und Absolute mit dem Relativen und Vergänglichen den Tanz des Lebens tanzt. Alles ist Schwingung, und diese breitet sich von uns aus und erreicht nicht nur unsere unmittelbare Umwelt, sondern die ganzen Universen. Somit können wir mit harmonischen und liebevollen Gedanken einen lebensfördernden Einfluss auf unsere Umwelt kreieren. Auch Worte sind Werte, welche positive Energie in die Welt bringen. Auf diese Weise ist es möglich, den Frieden in uns und in den anderen zu unterstützen und zu festigen. Das Glück, welches wir aus dem Frieden unserer Natur erfahren, möchte geteilt werden. Die Wellen der Glückseligkeit möchten sich in der unendlichen Weite des Ozeans des Bewusstseins ausdehnen.

Unterschiedliche Grundlagen des Handelns

Auf der relativen Ebene sind wir in unserer menschlichen Art illusorische, gelebte Wesen. Wir sind Werkzeuge des Höchsten, und als Werkzeuge dessen, was geschieht, wird immer das geschehen, was geschehen muss. Der einzige Unterschied liegt in der Grundlage der Handlung, welcher Ebene diese entspringt. Ob diese bewusst, aus dem Selbst geschieht, oder ob es sich um eine unbewusste Tat aus dem Ichgefühl heraus handelt. Während ein unbewusstes Handeln mit dem Gefühl „Ich bin der Handelnde" in einem zwanghaften Verhalten gegründet ist, deutet das bewusste Handeln auf ein freies Handeln hin, auf ein Tun des Menschen gemäß seiner eigenen Natur, verwurzelt im festen Boden seines transzendentalen Wesens.

Wenn die Erkenntnis der Wahrheit geschieht, wird klar, dass das kleine menschliche „ich" nur aus Zwängen besteht, denen die Urangst, die Todesangst, zu Grunde liegt. Darin verwurzelt, jenseits der Wahrheit, handelt der heutige Mensch. Die einzige Motivation des menschlichen Systems ist ein ständiges unbewusstes Kreieren einer Überlebensstrategie, welche darauf gegründet und ausgerichtet ist, die eigenen Ängste und Schmerzen in sich selbst zu unterdrücken und nicht zu fühlen.

Bei jedem Nicht-Erfüllen der eigenen zwanghaften Vorstellung wird das Ego in Alarmbereitschaft versetzt. Aus diesem ununterbrochenen Selbsterhaltungstrieb, aus seinen eigenen nicht geheilten Verletzungen und seiner primären Angst erhebt sich das scheinbare menschliche Wesen. Wenn die Bewusstheit darüber geschieht, geschieht gleichzeitig die Heilung durch die tiefe innere Bereitschaft, sich bewusst den eigenen Wunden zuzuwenden.

Durch diese Bewusstheit, dessen Natur nichts anderes als die liebevolle Aufmerksamkeit ist, werden die menschlichen Zwänge und die daraus resultierenden künstlichen Strukturen nicht mehr versorgt. Der Mensch begibt sich dann in die Hände der Natur, auf den Weg seiner Meisterschaft, seinem wahren Wesen entgegen.

Aus dem Fluss des Seins heraus handelt ein Wesen im Einklang mit der Natur, mit dem Einverständnis für das große Ganze, dessen Teil er ist. Dieses Handeln ist ein direkter Ausdruck der Totalität und verfolgt keinen persönlichen Zweck. Losgelöst von der Erwartung auf ein bestimmtes Ergebnis, handelt der Weise für das Wohlergehen der Welt. Und so werden die göttlichen Werte des absoluten ewigen Seins mit den relativen menschlichen Werten verknüpft und vereinigt gelebt. Dadurch wird der absolute Friede unserer ewigen Natur in jeder Handlung verankert, und diese Taten erfüllen dann den göttlichen Zweck. Dieser alldurchdringende Friede, dem nur ein absichtsloses ungebundenes Tun entspringen kann, ist die einzig richtige Grundlage allen Handelns.

Handeln zum Wohle Aller

Den Frieden in seinem Alltag zu leben heißt, ganz bewusst auf Gewalt zu verzichten und sich für friedliche Lösungen einsetzen, selbst wenn Konflikte und Gewalt erlebt werden. Dies kann aber ebenfalls bedeuten, klar und deutlich jemandem die Grenzen aufzuzeigen, damit er lernen kann, oder etwas bestimmend zum Ausdruck zu bringen und seine Position zu vertreten im Rahmen einer natürlichen, friedvollen Autorität.

Ein handelnder Mensch im Sein wird immer auf neue alternative, friedliche Wege und Verhaltensweisen hinweisen, wenn die alten Regeln der Gemeinschaft ausgedient haben. Er wird immer bestrebt sein, die Menschheit aus ihrer Unbewusstheit zu wecken, um ihr Bewusstsein anzuheben.

Ein friedliches Handeln aus dem Sein bedeutet, nicht zu bewerten und zu analysieren, sondern im Hier und Jetzt unmittelbar zu agieren und zu reagieren. Auf die Frage, wie ein Mensch am besten handeln soll, kann man nur sagen, dass es dafür kein festes Konzept gibt, an dem man sich festhalten kann, außer dass man sein Bewusstsein erheben soll. Das Verhalten gemäß der eigenen Natur wird sich schrittweise entfalten, sobald der Mensch die Bereitschaft hat, seine innere Welt aufzugeben.

Zum Wohle aller zu handeln bedeutet tief in der Wahrheit gegründet zu sein und der Welt im Mitgefühl zu begegnen. Es bedeutet, mit dem Herzen zu sehen und die Welt und die Menschen mit den Augen der bedingungslosen Liebe anzuschauen. Der Ozean der Liebe, welcher aus einem befreiten spirituellen Herzen herausfließt, bringt natürliche Lebensfreude und Leichtigkeit mit sich, welche sich wie Wellen zu den anderen unmittelbar ausbreiten.

Der absolute Friede, welcher sich aus unserer wahren Natur entfaltet, bedeutet Abwesenheit von Aggression. Die Kraft, die den Menschen antreibt, ist die Kraft der bedingungslosen Liebe. Unter ihren Flügeln geschieht ein korrektes Handeln zum Wohle aller, denn sie ist die Essenz aller Dinge, sie ist die Einheit. Vereint der Mensch aus seiner ewigen und reinen Natur heraus in sich die absoluten und relativen Werte, werden Güte, Freundlichkeit, positive Gedanken, klares Denken und gerechtes Handeln zum Wohle aller in ihm erblühen. Liebe und Mitgefühl, verbunden mit Geduld und innerer Gelassenheit, spiegeln den Ausdruck seines reinen Seins. Durch seine Klarheit und sein Unterscheidungsvermögen begegnet ein solcher Mensch den anderen im Dienen und in Offenheit.

Durch die köstliche Erfahrung des Verweilens im absoluten Sein, wird zutiefst in jeder Zelle des Körpers verstanden, dass es nichts auf dieser Welt gibt, was lohnen würde, um aus diesem Frieden auszusteigen. Nichts, was es wert wäre, um den ewigen Frieden der bedingungslosen Liebe zu verlassen. Eine tiefe innere Befriedigung stellt sich ein, wenn der Mensch erkennt, dass er den allergrößten Schatz aller Schätze verborgen in sich selbst trägt.

Durch das Leben in seiner wahren Bestimmung wird ein Mensch im Sein zum Segen für das ganze Universum.

Der Mensch in seiner Göttlichkeit

In diesem Zustand des unveränderbaren ewigen Seins ist ein Mensch im kosmischen Leben gegründet. Seine Individualität erreicht die Ebene der Universalität des Kosmos. Er ist dann Gottes Sohn oder Gottes Tochter, welche/r den Willen des Vaters empfängt und ausdrückt. So manifestiert dieser Mensch den göttlichen Willen auf Erden und erfüllt die göttliche Intention.

Wenn der Friede, die eigentliche und ewige Natur des Seins, sein Wesen voll und ganz durchdrungen hat, dann atmet er den Atem des Universums. Er tanzt mit der Natur den Tanz des Lebens. Die Kraft des Höchsten leitet dann seine Schritte und seine Taten, und die Wünsche jenes Wesens sind dann die Wünsche der Natur. In der Erkenntnis dessen, dass ein Mensch kein Leben hat, sondern das Leben selbst IST, lebt er friedlich verankert im reinen Bewusstsein.

Im Gottesbewusstsein handelt der Mensch zum Wohle aller. Im Strom des göttlichen Seins fließen seine Taten harmonisch im Einklang mit dem Naturgesetz. Es ist ein friedvolles und liebevolles Miteinander, welches das Wachstum und Gedeihen der Erde und ihrer Bewohner verfolgt, aber keinen persönlichen Zweck, sondern nur die Bestimmung der Evolution und der damit verbundenen Rückkehr aller Wesen in ihre Einheit.

Wenn ein Mensch im Gottesbewusstsein lebt, dann durchdringt der tiefe absolute Friede seinen ganzen Alltag, seine Gedanken und Aktivitäten. Dieser

Friede, welcher von nichts und niemanden abhängt, ist ewig. Dann ist der Alltag die Erleuchtung, und die Ewigkeit durchwebt jeden Augenblick.

Der ganze göttliche Glanz, die Strahlkraft der Glückseligkeit des niemals endenden absoluten Lebens, ergießen sich aus dem Fass des Absoluten in das relative menschliche Dasein. Die Ewigkeit durchdringt jeden Moment der relativen Existenz.
Betört von dem intensiven süßen Geschmack des reinen Seins, genießt der Geist die Schönheit und den Frieden seiner eigenen Natur, und wenn der Mensch seine innere Welt für immer verloren hat, steigt der Geist aus diesem Frieden nicht mehr heraus.

Das Leben als stetige Ausdehnung des Glücks und Friedens

Das Leben – unsere wahre Natur – können wir mit Attributen beschreiben wie Glückseligkeit, bedingungslose Liebe und absoluter Frieden. Wir fallen aber nur scheinbar aus der Schöpfung heraus, um uns wieder selbst zu finden und zwar als DAS, was wir in Wirklichkeit sind. Wir sind der absolute Friede, wie er sich aus sich selbst heraus erfährt.

Das Leben ist Ausdehnung des Glücks. Um sich in ihrer eigenen Glückseligkeit und Liebe innerhalb von sich selbst stetig zu entfalten, kreiert die unendliche Weite des Bewusstseins eine illusorische Schöpfung. Wenn wir ganz genau hinschauen, dann werden wir entdecken, dass das Leben, wie es sich aus sich selbst heraus ausdrückt, ununterbrochen die Bedingungen für die Ausdehnung des Friedens und Glücks in sich selbst von All-Eine erschafft.

Die Totalität sendet also permanent Impulse für die Wiedervereinigung der beiden Aspekte des Lebens. Die Glückseligkeit, welche dem ewigen absoluten Ozean des Friedens - unserer wahren Natur - entspringt, möchte sich ergießen. Sie möchte sich innerhalb von sich selbst ausweiten.

Den Weg des Friedens zu gehen bedeutet, diese beiden Aspekte des Lebens, den absoluten ewigen und den relativen menschlichen Aspekt so zu vereinen und zu verknüpfen, sodass die Werte des absoluten ewigen Seins in unser relatives Leben gebracht werden, um unser Da-Sein mit allen seinen menschlichen Werten, welche in uns angelegt sind, hervorzuheben und zu kultivieren.

Wir sollten nicht länger Botschafter von Idealen sein, sondern durch unser Leben und Verhalten ein Zeichen setzen und zu lebendigen Vorbildern für unsere Mitmenschen werden.

Der weltliche Friede braucht einen neuen Menschen, welcher seine inneren Werte aus seiner tiefsten Überzeugung lebt und an andere Menschen weitergibt. Dies stellt die Entfaltung des Friedens in jeder Zelle unseres Körpers dar, die Vergoldung und Erleuchtung des Körpers. Den Frieden in uns selbst zu finden, unsere Mitmenschen mitzunehmen und sie auf diesem Weg zu unterstützen, das bedeutet, das Fundament für den Weltfrieden zu bauen.

Isaac Shapiro

Bewusstes Handeln

Ich liebe dieses Thema, Antworten zu geben (in Bezug) auf unser Wissen, dass das, was in der Welt vorgeht, nicht nachhaltig ist und dass das Ergebnis die Exstinktion vieler Arten, einschließlich unserer eigenen, sein könnte.
Im Lichte tiefer Erforschung, ist es klar, dass es niemanden gibt, der irgendetwas tut.

Wie John Lennon so poetisch geschrieben hat: „Das Leben ist das, was geschieht, während wir damit beschäftigt sind, andere Pläne zu schmieden". Wir können das selbst überprüfen, indem wir uns fragen, ob unser Leben genau so läuft, wie wir es geplant haben. Ich weiß, dass in der Natur, wenn es eine reale Bedrohung für unser Überleben gibt, unser System mit Kämpfen, Fliehen, Erstarren oder Kollabieren antworten wird. Wir haben nicht die Wahl, welche dieser Antworten automatisch erscheinen wird, was natürlich den Ausdruck dessen was geschieht, beeinflussen wird.

Was dann oft kommt, ist ein Urteil über die Art, wie das System antwortet, was nur eine weitere Schicht von Verwirrtheit hinzufügt. Wir können aufrichtig untersuchen wie das System auf die Bedrohung antwortet und liebevoll herausfinden, was im Körper geschieht.

Was ich am meisten beobachte, ist Überwältigung und Negieren mit einem Haufen spiritueller Plattheiten, um das zu kompensieren. Wenigstens dann wird uns unsere Antwort bewusst und hat eine Chance zur Integration. Erkennen, dass das gesamte Universum, Zeit, Raum, Materie und Energie alles eine Erfahrung ist, die im Bewusstsein erscheint und dass das Bewusstsein unsere wahre Natur ist, ist der Anfang. Ruhen, während das Bewusstsein uns die Möglichkeit gibt, unsere automatischen unbewussten Gewohnheiten zu erkennen, die die Identifikation und die Ursache der „Ich"-Empfindung, der Trennung und des Leidens sind. Diese unbewussten Gewohnheiten erzeugen die falsche Empfindung, der Handelnde zu sein, während in Wahrheit, die Totalität alles ist, was ist und sich als alle Dinge ausdrückt.

Das Erforschen dieser Gewohnheiten, was eine natürliche Funktion des Heranreifens ist, entweder durch bewusst sein der Empfindungen, die sie steuern oder durch erkennen, wie sie funktionieren, ohne jede Agenda, erlaubt es ihnen, bewusst zu werden, ohne dass sie Aufmerksamkeit bekommen durch den Willen, sie zu verändern, reparieren oder sie los zu werden, was das ist, das ihnen ihre Macht gibt.

Meiner Ansicht nach ist das, was wir in Welt geschehen sehen, was das Überleben unserer Art bedroht, die Manifestation dieser unbewussten Gewohnheiten. Diese Gewohnheiten können sich nicht bewusst manifestieren.

Versuche, bewusst zu leiden. Ich liebe es, wenn sich diese unbewussten Gewohnheiten manifestieren, einschließlich wie sie erscheinen als das, was in der Welt geschieht. Sich dieser Gewohnheiten bewusst zu werden, die nicht persönlich sind, sich aber als real persönlich anfühlen, beeinflusst das Feld.

Unsere Aufmerksamkeit ist alles, was wir zu geben haben. Auf was und wie sich unsere Aufmerksamkeit fokussiert, erzeugt die Empfindung unserer selbst, sowie die Empfindung des Universums, in dem wir leben.

Die Gewohnheit der Aufmerksamkeit, da es eine Gewohnheit ist, ist schwer zu erkennen, da wir es so gewöhnt sind, durch sie hindurch zu schauen. Die Gewohnheit der Aufmerksamkeit in einer Familie reicht aus, um sich als Krankheit, Suizid, ein Gefühl der Wertlosigkeit, nicht dazu zu gehören usw. zu manifestieren, die so lebenswichtig für unser Wohlbefinden sind.

Die unbewusste dualistische Gewohnheit der Aufmerksamkeit der meisten Manifestationen der Totalität, üblicherweise Menschen genannt, ist schmerzhaft, sodass wir das Gefühl haben, uns selbst und anderen Schwierigkeiten zu verursachen, einschließlich der Menschen, die uns am nächsten sind.

Was wir lieben, ist es, im Leben zu sein auf eine Art und Weise, die für uns schön ist und die die Menschen, die uns umgeben, nährt und für sie wertvoll ist.

Wie sich die Totalität als Menschen manifestiert, wird von vielen Faktoren abhängen und sich sehr unterschiedlich ausdrücken. Die Art, wie diese Manifestation geschieht, wird durch all die Filter der Konditionierungen durch unsere Vorfahren und der Gesellschaft bedingt sein.

In der Weise wie die automatischen, unbewussten Gewohnheiten bewusst und integriert werden, wird eine Ausdrucksform hervortreten, die unseren Talenten entspricht. Das kann alles sein, von Musik machen, bis aktiven, aber gewaltfreien Protest, um das Handeln zu leiten.

Die Liebe wird uns den Weg zeigen.

www.artistoftransformation.com
www.andrejacomet.ch

Andre Jacomet

Handlung als Ausdruck persönlicher Relevanz

Romen: Lieber Andre, ich möchte in unserem Gespräch gerne die Frage der authentischen Handlung beleuchten. Ist solch eine Handlung nicht Ausdruck eines offenen Herzens? Was verstehst du in diesem Zusammenhang unter Zivilcourage?

Andre: Zivilcourage ist für mich kein Spezialfall der authentischen Handlung. Das ist nichts Gesondertes. Aus meiner Sicht existiert sie so betrachtet gar nicht. Eine bestimmte Situation, von der ich betroffen werde, ruft automatisch etwas in mir hervor, ein adäquates Handeln.

Dazu ein Beispiel: Am Flughafen am Check-In-Schalter traf eine Familie mit zwei Kindern ein, die zuvor einige Monate auf Teneriffa gewesen war - sie hatten entsprechend viel Gepäck. Das eine Kind war noch ein Baby und auf dem Arm der Mutter, der Junge schien ungefähr drei Jahre alt zu sein. Während der etwa 30 anstrengenden Minuten des Anstehens stellte der Kleine einiges an. Beim Herumklettern auf den Sitzbänken fiel er zu Boden. Auf Grund meiner Ausbildung weiss ich, welche Schritte eine solche Situation erfordert. Nämlich, dass das Kind ausreichend Zeit bekommt, um sich wieder in seiner Umgebung orientieren zu können. Und zwar, bevor eine Intervention von Erwachsenen kommt. Kann das nicht stattfinden, ist die Verteidigungsreaktion bzw. die Orientierungsreaktion unvollständig, was zumindest ein Potential für eine traumatische Restanz enthält.

Eine falsch verstandene Zivilcourage - oder eben einfach Handlung - wäre, in dem Moment, wo der Vater ihn aufheben möchte, sofort dazwischen zu gehen und zu sagen: „Nein, stopp, lasst dem Kind Zeit für seine Orientierungsreaktion." Das käme einem Nicht-Respektieren der Grenzen gleich. In diesem Moment liegt es an mir, diese zu wahren und mich (noch) nicht einzumischen.

Nachdem der Junge (zu früh) vom Vater aufgehoben wurde und weinte, erfolgte die zweite Intervention der Eltern. Die Mutter schritt ein und brachte dem Jungen seinen Teddybär, den sie ihm etwa 20 cm vor das Gesicht hielt. Diese Intervention ist eine aktive Ablenkung, die - richtig eingesetzt - vollkommen Sinn macht, in diesem Moment aber zu noch mehr Desorientierung führte und den Unterbruch des natürlichen Prozesses der Re-Orientierung weiter zementierte. Zudem bieten sich nicht die Eltern selbst als der sichere Ort an, in welchem der Junge wieder in die Selbstregulation zurück finden kann, sondern es wird die externe Ressource ‚Teddybär' angeboten, die Ausrichtung auf ein ‚Ding', statt auf sozialen Kontakt. Alles gut gemeint, aber leider das Gegenteil von gut!

Noch immer ist es meine Verantwortung, die Grenzen zu wahren und auch an dieser Stelle nicht einzuschreiten - gleichzeitig aber auch, mich nicht innerlich vom Geschehen abzuschneiden! In diesem Kontext war für mich das einzig Mögliche, dieser Familie unter die Arme zu greifen, indem ich ihnen mit ihren vielen Taschen und Koffern half. Also schob ich den Gepäckwagen für sie. Zugegeben, das war äusserlich eine bescheidene Hilfe, aber Präsenz im System macht all den Unterschied in der Welt... Durch meine Unterstützung entstand ein sozialer Kontakt und daraus resultierte ein Interesse seitens der Mutter an meiner Arbeit. Ich erklärte, was ich mache und erst auf Ihr Nachfragen hin erklärte ich ihr an einem Beispiel, wie wichtig vollständige Orientierungsreaktionen sind. Sie erzählte daraufhin, dass sie in einem Spital mit Neugeborenen arbeite und meine Arbeit in dem Zusammenhang als sehr interessant empfinde und fragte nach Links im Web mit weiterer Information. Diese Geschichte ist ein Beispiel für einen vollständigen, gelungenen formativen Prozess, wo erst der Acker gepflügt und das Feld vorbereitet wurde und dann der Same gesät. Was daraus entsteht, liegt dann nicht mehr in meinen Händen.

‚Eingreifen in Situationen' formt in mir ein Bild von Zahnrädern, die ineinander greifen. Sie treiben einander an und jedes trägt seinen Teil an diesem

Uhrwerk bei. Es geht in jedem Moment um die Balance, mich weder wichtig zu machen, noch meine „Aufgabe" als Zahnrad in diesem Moment zu verneinen oder zu vernachlässigen.

Romen: Das ist für mich absolut nachvollziehbar. Wie siehst du das hypothetisch in einer aggressiveren Situation, einem Fall von massiver Übergriffigkeit: angetrunkene Personen gehen beispielsweise einen Menschen auf einem Bahnhof massiv an. Gibt es da eine vergleichbare, sinnvolle Abfolge?

Andre: In meiner Arbeit kommen nicht nur Opfer zu mir, sondern auch Täter. Die Täter sind in gewissem Sinne den genau gleichen Leiden ausgesetzt wie die Opfer.

Ein Fall handelt von einem Mann, der in der Fremdenlegion gedient hatte. Er kam gerade von einem Einsatz zurück, als er in der U-Bahn zusammen mit Freunden beobachte, wie eine Frau vergewaltigt wurde. Die Fremdenlegionäre haben den Vergewaltiger gepackt und ihm absichtlich das Rückgrat gebrochen, was sie in ihrer militärischen Ausbildung gelernt haben. Auf Grund dieser Konditionierung glaubte der Fremdenlegionär, solch ein Handeln sei angemessen - Selbstjustiz zu üben und den Täter zu bestrafen, indem man ihn für den Rest seines Lebens lähmt.
Diese Überreaktion orientierte sich - wie noch entsetzlich viel anderes - an einer virtuellen, von Menschen künstlich erdachten, Ordnung, in diesem Falle nämlich den Gepflogenheiten in der Fremdenlegion. Aber das ist - wie jede Reaktion in einer virtuell geschaffenen Ordnung - keine Antwort aus dem Herzen.

Mit der Zeit wurde ihm sehr langsam bewusst, dass in dieser Geschichte etwas falsch lief. Er litt enorme innere Nöte, die er allerdings massiv verdrängte. Noch als er mir die Geschichte zum ersten Mal erzählte, war er davon überzeugt, etwas Tolles geleistet zu haben...

Der Schlüssel ist, in jedem Moment bei sich zu sein, sich zu fühlen, durch den Kontakt mit sich selber orientiert zu sein, aus dem heraus zu handeln. Das ist eine sogenannte Inside-out-Handlung. Die ist nicht per se an einem mentalen Konzept orientiert (auch wenn solche gleichsam „als Kulissen" da sein können), an keinem „man sollte!" - sie kommt aus dem Innen!

Romen: Mit dem Innen meinst du den Kontakt zum Herzen?

Andre: Könnte man so sagen, den Kontakt zum Kern, zu sich selbst, zur Quelle, zur Essenz.

Romen: Das heißt, keine moralischen Vorstellungen, wie man handeln soll und auch nicht irgendwelchen Mustern folgen. Verstehe ich das richtig, heißt das also, wenn ich in dieser Herzensenergie bleibe, erwächst daraus eine Handlung, die ich dann, wenn man so will, auch gar nicht unter Kontrolle habe.

Andre: Du hast mich exakt verstanden. Das kann auch eine Intensität annehmen, die ich mit Jesus vergleiche, der die Händler aus dem Tempel vertrieben hat. Das kann unter Umständen auch ein aggressiver Akt sein, weil es der Sache dient. Ich bin nicht auf der Linie von jenen, die Gewaltfreiheit predigen und gleichzeitig gesunde Aggression ablehnen. Hiervon habe ich ein anderes Verständnis. Mich interessiert diese gesunde Aggression, wo ein kräftiges, gesundes Einschreiten stattfinden kann.

Romen: Das bedeutet, es ist genauso schädlich in die Trägheit zu fallen, wie es schädlich ist, dem Getriebensein zu verfallen.
Wie ist es nach deiner Erfahrung, wenn es abstrakter wird? Bisher hast du konkrete Situationen beschrieben.
Wie sieht es aus für dich, wenn es um eine regelmäßige Verpflichtung geht, beispielsweise ehrenamtlich für eine soziale Organisation zu arbeiten. Fühlt sich das für dich bereits künstlich an? Muss ein Engagement in jedem Moment neu gefühlt werden?

Andre: Das ist eine gute Frage. Es gibt keine generelle Antwort dazu. Das muss im Einzelfall betrachtet werden. Letztlich muss das ein jeder für sich in der konkreten Situation beurteilen.

Als Beispiel: bei uns gibt es eine Strasse, die durch den Wald führt. Im vorletzten Jahr wurden Zäune aufgestellt, um die Frösche bei ihrer alljährlichen Wanderung im Frühling vor den Autos auf der Straße zu schützen. Das wurde letztes Jahr nicht gemacht, was zu einem ganz traurigen Frosch-Massaker führte.

In meiner Gegend gibt es keine öffentlichen Verkehrsmittel, die Leute sind also auf eigene Fahrzeuge und die Benutzung dieser Strasse angewiesen. Damit hat die Umzäunung Relevanz für mich. Auch für meine Freundin, die mit mir zusammen wohnt, hat dies Relevanz. Jetzt will sie sich kommendes Jahr beim Aufbau des Zaunes beteiligten, sowie an zwei Morgen die Woche beim Einsammeln der Frösche helfen.

Mein Eingreifen, mich Engagieren muss in Übereinstimmung sein mit dem, was wahre Relevanz hat. Dann hat so ein Engagement auch ‚Beauty', es ist schön. Dann hat es diese Lebendigkeit, diesen ‚Geschmack'...

Romen: Das bedeutet also, es können durchaus abstraktere Formen sein, wenn sie Relevanz haben in dem Sinne, dass diese auch wirklich gefühlt wird. Wie ist deine Erfahrung, kann eine solche Relevanz auch anerzogen werden? Gesetzt den Fall: Eine gesellschaftsrelevante Veränderung hat aus den bisher genannten Gründen stattgefunden. Nehmen wir die Einführung der Schulpflicht. Die Eltern haben das getragen. Für die Kinder dann war es eine Selbstverständlichkeit zur Schule zu gehen. Ist die Relevanz, die die Eltern empfunden haben, den Kindern vermittelbar?

Andre: Jedes Kind in jeder Generation muss für sich eine eigene Relevanz-Erfahrung machen. In diesem Fall lernt das Kind, was ein Schulbesuch für Papa oder Mama bedeutet – beispielsweise wenn ein Elternteil bei einem Fernsehbericht über die Revolution in Tränen ausbricht. Oder dass Mama jedes Mal in eine Schweigestarre verfällt, wenn man auf dieses Thema zu sprechen kommt. Das Kind muss fühlen, was in ihm geschieht – durch Mutter oder Vater. Dies ist dann für das Kind eine direkte Erfahrung. Das, was die Folgen der direkten Erfahrung der Eltern sind, wird zur direkten Erfahrung für das Kind, was dann wiederum Relevanz hat. Das gilt für „das Schöne" im Leben genauso wie für die Herausforderungen (und u.a. wird auch Trauma genau so transgenerational vererbt).

Romen: Das ist gut nachvollziehbar. Probleme tauchen auf, wenn beispielsweise eine überlagernde Beziehungsdynamik zwischen den Eltern Doppelbotschaften entstehen lässt. Ich war dieses Jahr in Indien und habe dort ein Wohltätigkeitsprojekt kennen gelernt, das mittellosen Kindern der unteren Kasten ermöglicht, in die Schule zu gehen. Mit welcher Freude und Überzeugung diese Kinder gelernt haben, das hat mich tief berührt. Dadurch habe ich mich gefragt: wieso geht das verloren mit der Zeit? Das Recht auf Bildung war auch für uns früher stark von Bedeutung und die Menschen sind dafür auf die Straße gegangen, haben dafür gekämpft. Diese innere Berührung von der du sprichst, war bei vielen Dingen früher einmal da, ist aber heute mit ganz anderen Werten besetzt. Ist da etwas schief gegangen? Oder ist das der Lauf der Dinge?

Andre: Ich glaube, wir haben eine falsche Abzweigung genommen. Oder besser: eine für die Evolution notwendige Abzweigung, die wir jetzt aber korrigieren müssen. Spätestens mit dem Beginn des industriellen Zeitalters haben wir virtuelle Welten geschaffen - Dinge, über die wir debattieren können, philosophieren, politisieren - eine virtuelle Ordnung, die auf richtig und falsch basiert. Genauso funktioniert auch der Verstand (Mind): richtig und falsch. Wir haben einen mentalisierten Planeten erschaffen mit einer mentalisierten, virtuellen Ordnung, die alles in richtig und falsch einteilt. Diese Ordnung, von der die sogenannte Moral eine Teilmenge ist, ersetzt die natürliche Ordnung, die auf einfachen Prinzipien basiert, wie z.B. Polarität und Sensitivität. Dies sind universelle Prinzipien, absolute Prinzipien. Unsere sogenannte Moral ist hingegen vollkommen volatil und kulturabhängig. Das führt zu absurden Situationen, z.B. in der (neurotischen) Empörung über Statements, die grüne Politiker vor wenigen Jahrzehnten zu Sexualität und Kinderschutz gemacht haben.

Ein weiteres Beispiel: Ich war am Tag der offenen Tür in der Stadt Zürich, im Schulhaus meines Sohnes. Der Lehrer hat sich das Thema Mond ausgesucht - ausgerechnet eines meiner Lieblingsthemen. Er zeigte ein Bild, das angeblich die Erde vom Mond aus abbildet. Er fragte, was die Kinder zum Thema bereits wüssten. Da kam das Übliche: etwa ein Sechstel der Anziehungskraft der Erde, keine Atmosphäre, sehr kalt auf der dunklen Seite, sehr warm auf der Beleuchteten, usw. Es wurden lediglich messbare Fakten vermittelt, das Wesentliche aber ausgeblendet. Neben vielem anderen (z.B., dass es gegenwärtig keine wirklich überzeugende Entstehungstheorie gibt), liegt für mich doch etwas Wesentliches in der perfekten Größe des Mondes. Der Mond ist geradezu entsetzlich klein im Vergleich zur Sonne, wirkt aber von de Erde aus, von wo er von uns Menschen eben wahrgenommen wird (und damit quantenmechanisch betrachtet Relevanz hat) nicht nur so ungefähr, sondern *exakt* genauso groß wie die Sonne. Siehst du von der Erde her den Mond während einer totalen Sonnenfinsternis an, wirkt er genau gleich groß wie die Sonne (mit minimalen Schwankungen in beide Richtungen auf Grund seiner elliptischen Umlaufbahn). Er ist aber rund 400 Mal kleiner als die Sonne, was den Durchmesser betrifft. Nimmt man die Sonne, den Mond und die Erde, ist alles exakt so platziert, dass *von der Erde aus* Mond und Sonne genau gleich gross *erscheinen*. Darin sehe ich das eigentliche Mysterium! Da ist das Wahre (Bewegung mit den Händen)! Unfassbar, dass wir zwei „Sonnen" haben - eine am Tag und eine in der Nacht. Dass diese genau gleich groß sind und doch anders. Dass die eine strahlt und die andere reflektiert. Unfassbar ... Unsere mentalisierte Orientierung mit der Reduktion auf Messbares erschafft uns eine sinnentleerte Welt.

Romen: Es geht darum, welche Wirkung die beiden gleich groß wirkenden Himmelskörper auf uns haben?

Andre: Genau! Wir sollten vor Ehrfurcht sprachlos sein. Uns ist die Würde verloren gegangen - die Ehrfurcht, die Demut, Dankbarkeit. Die Möglichkeit, in der eigenen Würde zu sein. Mich als kleinen Menschen zu sehen in diesem perfekt organisierten Sonnensystem. Die Wahrscheinlichkeit, dass dieses so ist, wie es ist, ist nahezu Null. Und doch ist es da. Ich bin jetzt hier und sehe das, nehme das wahr. Das ist meine Würde, dieses Geschenk zu sehen und zu erkennen, was das bedeutet.

Romen: Ist dies damit verknüpft, in der Existenz eine höhere Intelligenz zu erkennen - einen Schöpfer, einen Gott?

Andre: Mein Wort ist dazu Schöpfung oder Existenz - weniger Schöpfer. Mit letzterem personifizieren wir zu sehr und ein Geschlecht geben wir der Schöpfung grad auch noch... Ehrfurcht vor der Schöpfung, würde ich sagen.

Romen: Spüre ich in meinen Körper hinein, spüre z.B. eine verspannte Stelle und mache mir dann klar mache, dass jede Zelle aus Molekülen besteht bzw. aus immer kleineren Teilchen... Egal wie groß - jede Form schöpft sich ununterbrochen aus sich selbst heraus und zwar aus Liebe zu sich selber. Das ist schon alles. Das bedeutet, es gibt nicht unbedingt einen Schöpfer „von außen", der etwas macht, wie wir Menschen uns das vom Verstand her gerne vorstellen. Jede Form ist nicht nur göttlich, sondern ist vollkommen identisch mit Gott. Dadurch sind alle Dinge, die als Form auftreten, identisch miteinander. Manche sagen, im Urgrund fällt das dann zusammen. Die Wirkung, welche diese Information auf die Zellen hat, sobald ich mir das klar mache, ist unglaublich! Es führt zu einem Aufatmen, Auftanken. So erlebe ich das. Es schöpft sich selber unentwegt.

Andre: In Hinblick auf unser Thema, also das angemessene Handeln, ist die Relativität wichtig. Das bedeutet, dass ich in diesem Zusammenhang die Größenordnung anschauen muss. Frage ich dich zum Beispiel: wie groß ist die Küstenlinie von Dänemark? - dann kannst du z.b. in Wikipedia nachschauen. Dort steht, es gibt drei große Inseln. Das ganze Land ist flächenmässig nur ein bisschen grösser als die Schweiz, aber es hat eine fantastisch lange „offizielle" Küstenlinie von 7000 Kilometern. Und der Grund dafür ist, dass die Küste sehr zerklüftet ist. Wenn ich nun aber immer kleinere Buchten mit rechne, wird die Küstenlinie immer länger. Fahre ich mit meinem Messband um jedes Sandkorn, jedes Atom, umso länger wird die Küstenlinie. Letztendlich tendiert sie gegen unendlich. Dänemark wird zu einer fraktalen Kopie des Universums, so wie alles fraktaler Ausdruck des Einen ist.

Für uns bedeutet das, dass wir in Relativität schauen und denken müssen und uns klar sein müssen, in welcher Relativität wir gerade sprechen. Und weil wir nun einmal so gebaut sind, wie wir sind, ist die grundlegende Relation, von der wir der Welt begegnen, der Mensch. Wir treten in Beziehung zur Welt durch unser Menschsein. Jedes Molekül in meinem Körper bezieht aus der Schöpfung seine Blaupause – dies wird konstant geleistet. Für alles organische Leben existiert eine Blaupause, für jede Spezies, jede Art, jede verschiedene Blume und auch für den Homo Sapiens. Darüber hinaus existiert zusätzlich eine Variante davon, die Blaupause Romen Banerjee. Und auch diese wird konstant geleistet. Ich konnte das einmal erfahren. Das sind Milliarden Bits pro Sekunde. Unfassbar viel Information. Das ist der Ankerpunkt von dem aus wir schauen sollen. Es gibt Dinge die grösser oder kleiner sind als wir. Aber wir müssen uns immer in Relation dazu setzen und handeln.

Romen: Ein wunderschönes Gespräch, lieber Andre, ich danke Dir.

Andre: Ja, und ich danke Dir und freue mich auf mehr!

Die Liebe, das Freisein, das wahre Leben interessiert sich ausschließlich für den Wert des sich selbst als Geschenk offenbarenden Gebarens des Lebens (Totalität, Ganzheit, Nondualität) in allen seinen Ausdrucksformen.

Fragmentierte Ich-Positionierung dagegen interessiert sich für Diskrepanz, Meinungen dh. Unkrautjätereien im blühenden Garten, es möchte überall seinen selbstgestrickten-verstrickten Wertungs-Positionierungs-Mentalmüll darauf projizieren um ja nicht im Allumfassenden Einen zu ertrinken sondern als persönlich wichtig dh. als ein Ego ernst genommen und gewürdigt zu werden, seinen persönlichen „Senf" dazuzugeben, meist irgendein Nicht-OK dazu zu tun ohne zu bemerken, dass damit die mentale Schlammschlacht der „Steinchenschmeißerei" weitergeht ... Jesus hat es sehr klar ausgedrückt : Liebe deine Feinde ! Wer von euch ohne Sünde ist, der/die werfe den ersten Stein ! (dh. vom Minikiesel subtiler Gedankenidentifikation bis zum großen ausgeführten Gewaltgeschütz pragmatischer Kriegsführung reicht die Palette des Wahnsinns dieses Geistes ...) Daher jetzt still, Ende des Werkens unter dem Schleier sogenannter Ratio oder „Friedensarbeit" oder welches sogenannten persönlichen Anliegens auch immer ...

Auch Sri Ramana Maharshi hat selbst die größten „Hallodris" (Diebe, Einbrecher, Menschen die dem Ashram auf vielfältige Weise vorsätzlich Schaden zufügen wollten und den Maharshi verhöhnten etc. geliebt und bei allen Menschen, die in der Begegnung auftauchten Gutes gefunden...und sei es nur ein frisch gewaschenes Hemd das einer der „Opponenten" trug ...)

Sein Liebesausdruck der klaren eindeutigen Jungfräulichkeit eines leeren Nicht-Geistes entzieht sich jedweder Mentalschlacht-Projektion. Da gibt es keinen Kompromiss-Kuhhandel ... Die Autorität spricht als die Stille selbst - frei vom „Bündel der Gedanken" („Ego") - direkt aus dem Ursprung selbst. Das haben die „Egos" missverstanden und dem Maharshi Untätigsein in Bezug auf soziales Handeln vorgeworfen ...

Lieber Romen, alle 3 Artikel die du mir geschickt hast, berühren mich und es gibt in der Weite des Seins keinen Impuls in mir, dazu eine persönliche Meinung dh. ein Bündel von Gedankenformen „darum herumzustricken" ... Sehr wohl geschieht ultrakurze Würdigung und Wertschätzung im transpersonalen Kontext, da ist Freude über den Hinweis von Karma Singh, dass dir niemand den Frieden geben kann weil du DAS BIST ! Da erhebt sich Freude über Grace und das Wirken der zeitlosen Intelligenz radikaler Liebesbegegnung inmitten eines soziokulturellen Pulverfasses des Nahen Ostens. Und da ist Freude über die Verantwortung verfeinerter Aufmerksamkeit im achtsamen, respektvollen Umgang dem Leben und den Menschen gegenüber durch Andre Jacomet. Danke, danke, danke !

Das SEIN, die STILLE verzeihe mir die vielen Worte. Die LIEBE behüte uns vor „persönlichen" Standpunkten und öffne das Herz in die Weite des Erspürens ...und es bringe weiterhin all das in den sprachlichen Ausdruck was die organismische Sprachmotorik und Gebärde ausdrücken möchte....ohne Feigenblatt und ohne Blätter vor den Mündern aber auch ohne Kommentierung des Ich-Gedankens als die Pseudo-Autorität im Schafspelz ...
Grundlos still im ersten Moment ... hiho

Das zu Schreibende kann in der Augenblicksvernetzung dieses Momentes etwas hitziger ausgefallen sein, als wenn es ab ca. Mitte Juni in mehr Raum-Zeit-Verfügung geschrieben oder gesagt werden würde ... Aber was solls? Nichts muss verwendet werden, was verwendet werden will, wird verwendet ...

Gott sei Dank ist der Frieden des ewigen offenen Herzens (Ramana) von allen Erscheinungen durchgehend berührt = unberührt !

Hugs GerHo

***

Lieber Andre, gerne las ich Dein sehr persönliches Interview zur Handlung als Ausdruck persönlicher Relevanz und kommentiere die Vergewaltigungssituation.

Die Vergewaltigungserfahrung ist dramatisch und hinterlässt „Spuren", die das weitere Leben der missbrauchten Frau massiv beeinflusst. Auch wenn einige Frauen dies meistern, ist nur für sehr wenige danach ein erfülltes Leben möglich. In dieser Situation sollten wir zweifelsfrei, besonders als Männer, Einfluss nehmen. Die Entscheidung einzugreifen und eine Vergewaltigung zu verhindern, ist für mich erstmal Zivilcourage. Die strafrechtliche Situation der versuchten Vergewaltigung und die potenzielle unterlassene Hilfeleistung möchte ich hier nicht betrachten, auch wenn diese ein starker Ausdruck persönlicher Relevanz ist.

Es gibt noch den Vergewaltiger, der betrachtet werden sollte. Neben der abscheulichen Tat hat das Konsequenzen für ihn und auch für andere. Für ihn sind das die Straftat mit allem was folgt, die Verstrickung mit der Frau durch die Wirkung des Vergewaltigungsversuchs, der innere Konflikt mit sich selbst in Bezug zur Tat und die weitere Folgen, die letztendlich mit seiner Behinderung für ihn endeten.

Wir sind verantwortlich für die Wirkung unseres Handelns und diese trägt er aus meiner Sicht für sich ganz alleine. Er trägt die Verantwortung der Auswirkungen für sich und auf die anderen und die anderen tragen ihre, was immer das war. Ich hoffe für die Frau, dass es gut ausging. Das was bei ihr noch blieb, hat der Vergewaltiger im Guten auszugleichen. Wie er dies macht und wie weit dies mit Würdigung der Frau geschehen kann, muss er achtsam gestalten, damit Frieden einkehren kann.

Für den Fremdenlegionär macht es einen Unterschied, ob die Verhinderung der Vergewaltigung im Vordergrund stand oder eher das Ausüben der gelernten kriegerischen Fähigkeit oder die Bestrafung des Täters. Das ist aus der Beschreibung nicht wirklich erkennbar und aus der späteren Rekonstruktion auch nicht. Aus dem Herzen zu handeln wäre ersteres. Das hätte vielleicht eine andere, aber vielleicht auch genau die beschriebene Wirkung zur Folge haben können. Diese Frage stellt sich nicht, es geschah auf diese Weise. Die Wirkung seines Handelns war bereits früher angelegt, durch die Entscheidung in die Fremdenlegion zu gehen und vor allem durch die Übung oder Ausführung der kriegerischen Handlungen. Dafür trägt der Fremdenlegionär die alleinige Verantwortung. Auch hier wird die Welt friedlicher, wenn er die Verantwortung für sein Handeln übernimmt und einen Ausgleich sucht. Diese sollte eher in einer Friedensarbeit münden.

Zivilcourage ist für mich ebenfalls kein Spezialfall. Es ist handeln. Ich stimme zu, eine bestimmte Situation und da meine ich jedoch „jede" Situation, ruft zuerst einen automatischen Handlungsimpuls aus dem Emotionssystem hervor. Der Handlungsimpuls ist zuweilen spürbar, die davor prozessierte Verarbeitung dem Bewussten jedoch nicht zugänglich. Wie weit dieser Impuls zu einer adäquaten Handlung führt, hängt maßgeblich davon ab, wie weit das geprägte Handlungsmuster (Actioncode=AC) adäquat ist und zusätzlich wie der Fremdenlegionär fähig ist, diesen Impuls ggf. sozial und friedlich zu überformen. Der Fremdlegionär hatte ohne Zweifel kriegerische AC, die im friedlichen Leben wenig adäquat sind. Da er aus dem Einsatz kam, waren sowohl die emotionale Disposition als auch die AC handlungsrelevant. Die Wirkfaktoren, die letztendlich zur Handlung führten und die Dynamik zwischen diesen sind sehr vielschichtig. Was letztendlich zählt, ist die Wirkung, die aus der Tat entstand.

Die Frau sollte, neben dem Schlimmen das ihr wiederfuhr, auch aus Dankbarkeit handeln. Ihr wurde geholfen und das Schlimmste verhindert. Sollte dies nicht der Fall gewesen sein, ist mein Kommentar wegen fehlender

Genauigkeit der Beschreibung zu verwerfen. Der Vergewaltiger sollte sein Schicksal als Konsequenz seiner Tat annehmen und eine Ausgleichsbewegung, die dem Leben dient, suchen. Der Fremdenlegionär sollte etwas für eine friedlichere Welt tun.

In der Handlungssequenz sind zeitlich vor den mentalen Konzepten die AC als neurologisches Gewebe entstanden und diese sind nicht durch „mit sich selber orientiert" zu lösen. Im Ärger oder in der Wut fühlt sich Gewalt zuweilen „mit sich selber orientiert" an. Hier hilft nur noch „bewusstes" Handeln als Überformung des Handlungsimpulses. Die Lösung inadäquater AC ist ein Prozess, der vor der Situation hätte stattfinden sollten. Damit ist „mit sich selber orientiert" in dieser Situation keine Lösung.

Eine Beschreibung in Opfer- und Täterdynamik hilft ebenfalls nicht wirklich, verschleiert aus meiner Sicht und verstellt den Weg in die Handlung. Die Betrachtung des erlittenen Leids hat eine ähnliche Dynamik, die nicht in die Handlung führt.

Das Geschehene ist geschehen und die Beteiligten können jetzt etwas tun, in Bezug zur Tat und deren Wirkung auf die Beteiligten, damit die Zukunft friedlicher wird. Für mich entsteht Frieden durch Handeln, das schließt vor allem bewusstes Nichthandeln mit ein.

Herzlich, Richard Graf

www.beinsilence.com

Prem Buddha

Anmerkungen zu den Friedensgesprächen

Die folgenden Aussagen
sind eine Beschreibung
und weder Bewertung noch Urteil

Wenn es um das viel besagte Thema Friede geht, sollte unterschieden werden zwischen der Idee von Friede im denkenden Verstand und Friede (oder auch Stille) als dieser ewige, vom Verstand unberührte Moment.

Friede ist bereits, hier, immer, ungestört, weit, ehrlich und ungetrübt als dieser ewige Moment. Die Störung, ein Gefühl mit diesem Frieden nicht verbunden zu sein, entsteht durch den Geschichten erzählenden Verstand. So war am Anfang nicht das Wort, sondern die Geschichte (lach). Die Störung, der Unfriede kommt zum Beispiel, vereinfacht gesagt, durch den Glauben, diese Erscheinungswelt inklusive der menschlichen Wesen und deren Verhalten sei nicht in Ordnung und müsse eine andere werden, eine andere sein, um den ersehnten Frieden zu erlangen. Und diese Störung wird noch erhärtet durch die Konzepte, die aus diesem Glauben heraus entstehen.

Diese Konzepte (welche dann auch schnell zu Überzeugungen werden können) zeigen sich dann als politische-, religiöse- oder einfache Lebenskonzepte von einem Einzelnen oder einer Gesellschaft (z.B. auch als traditionelle Einstellungen und Meinungen).

Ursprünglich aus Angst, aus einem Gefühl heraus, dem erscheinenden Leben, dieser Schöpfungsgeschichte mit all ihren Höhen und Tiefen, mit all den Gefahren und Unwegen machtlos ausgeliefert zu sein, entsteht im menschlichen Denken die Idee einer Instanz, eines Jemand, einer Person, welche neben dem Ur-Willen des ewigen Moments als ein von diesem Urwillen unabhängiger Wille existieren soll. Der Trick des Menschenverstandes ist es vorzugeben, Jemand zu sein, dem es möglich ist, Einfluss zu nehmen auf die erscheinende Welt.

So nimmt der Verstand alles auf, was in diesem ewigen Moment als Leben erscheint, kommt, und geht, und er modifiziert es als eine Geschichte so, dass es den Anschein hat, er hätte Macht, also einen freien Willen über das Leben, und erscheinendes Leben könne durch diesen, seinen Willen beeinflusst werden. Doch egal, was sich der denkende Verstand als Geschichte zusammensetzt, um vorzugeben, die Welt und sich selbst retten zu können; egal, was er sich vornimmt, um ein besserer Partner, ein besserer Mensch zu werden oder wie er gesund bleiben kann: Dieser ewige Moment lässt sich durch die Geschichten des Verstandes, durch eine anscheinende Person, nicht trüben.

Dieser ewige Moment und alles, was in ihm als sogenanntes Leben erscheint, ist immer schon vor der Geschichte des denkenden Verstandes, und er ist Stille und Friede, selbst wenn das Leben gerade als Krieg erscheinen würde. Der ewige Moment lässt sich nicht durch eine Geschichte beeindrucken, mag sie noch so edel, spirituell glänzend oder machtvoll daherkommen.

Dieser ewige Moment ist gleichzusetzen mit Deiner Urnatur, denn im Grunde bist Du reine Stille: im Grunde ist Stille und Friede Dein Wesen.

Friede als Geschichte des Verstandes ist immer ein flüchtiger, vorgestellter, ausgedachter, imaginierter Friede und eigentlich nichts anderes als Waffenstillstand, was man ja nicht wirklich Friede nennen kann. Der Verstand verarbeitet lediglich Ideen von Friede. Friede ist für den Verstand, wenn ihm zum Beispiel sogenannt gute Gefühle vom Körper zurückgemeldet werden, und nicht z.B. Angst, Trauer, Wut, Ohnmacht, Schmerz, Einsamkeit usw ... So ist Friede für den denkenden Verstand im Grunde ein Muster von (guten) Gefühlen, welche aber naturgemäss kommen und gehen, also niemals beständig sind.
Der Verstand jedoch will die von ihm für gut befundenen Gefühle wahren, denn seine Idee ist es auch, dass gute Gefühle dem Guten, der Liebe angehören und somit erstrebenswert sind und schlechte Gefühle dem Übel, dem Teufel, der Krankheit, der Depression oder dem Tod angehören und somit aus dem Weg geräumt werden müssen.

Der Verstand ist auf gute Gefühle aus, und das ist bereits schon Unfriede. Und Aussagen wie z.B., die Angst sei nicht Liebe, man müsse die Angst besiegen, schüren diesen Unfrieden noch. Nichts muss besiegt werden, wenn das sein darf, was sein möchte: und wenn es Angst, Wut oder Verzweiflung sind.

Doch wirklicher Friede ist nicht abhängig von Gefühlen, von Vergänglichkeit und davon, ob in der erscheinenden Welt gerade Krieg oder Friede herrschen. Wirklicher Friede ist dieser ewige Moment, die Auflösung des Glaubens an eine Person, das Durchschauen der Ideen, der Konzepte; die Loslösung vom Geschichten kreierenden, vom denkenden Verstand. Wirklicher Friede ist, den Geschichten des Verstandes über Friede nicht auf den Leim zu gehen, zu sehen, dass dies Geschichten, Konzepte sind, nicht mehr. Wirklicher Friede ist der Friede des Lebens mit sich selbst, egal, wie sich das Leben gerade gestaltet. Unfriede ist nur der denkende Verstand in der Rolle als Jemand, denn dieser Jemand weiss nichts vom Leben, er ist lediglich ein Datensatz und nicht Leben selbst.

Was im Allgemeinen vom denkenden Verstand gesucht wird, ist Friede im Sinne eines Gefühlszustandes, und ich sage nicht, dass dies falsch wäre.
Friede in der Geschichte ist jedoch nur vorübergehend und von guten Gefühlen abhängig. Wenn das jedoch zur kurzfristigen Entspannung beiträgt, ist dies nicht falsch, es ist einfach auch nur das Erscheinende, und somit vergänglich.

Wenn die Idee, die Konzepte, die Meinungen und Erwartungen von Friede sich auflösen können, weil z.B. die Angst nicht mehr angegangen oder als falsch hingestellt wird, wenn die Angst ihren vom Leben zugesagten Platz bekommt, so wird wohl überraschend schnell auf das gestossen werden, was wirklicher Friede genannt werden kann. Dann bleibt es still, denn diese Stille, dieser Friede: sie sind nicht abhängig von einer Geschichte, sind nicht abhängig davon, wie sich das Leben gerade zeigt.
Ist es nicht komisch: Aus Angst, dem Leben ausgeliefert und vergänglich zu sein, kreiert der Verstand eine anscheinende Person, womit gleichzeitig Unfriede entsteht, welchen eben genau dieselbe Person dann vorgibt überwinden zu können, um zum Frieden zu gelangen. So etwas kann nur der Verstand (lach, heftig lach), er spielt mit sich selbst.

Mahatma Gandhi sagte: Es gibt keinen Weg zum Frieden, denn Frieden ist der Weg ...

Mein Weg (auf seinen Körper deutend) endete als gesehen wurde, dass es niemanden gibt, ausser DAS, HIER, diesen ewigen Moment und alles, was als dieser ewige Moment erscheint. Es wurde erkannt, dass es schon immer niemanden gab und nie jemanden geben wird in Form einer unabhängigen Person. Und das ist nicht nur HIER so (auf sich deutend), sondern auch da (auf sein Gegenüber deutend). Nur in der Geschichte dieses Wesens (auf seinen Körper deutend) sah es so aus, als gäbe es einen Jemand, eine Person, welche einen Weg geht, der zu irgendwas oder irgendwohin führen wird, wenn er sich nur richtig verhält und anstrengt und das Richtige tut oder lässt. Doch das ist und bleibt Geschichte, diesen Jemand gab es nicht und es wird ihn niemals geben.

Irgendwann gehen im Kinosaal Deiner Schöpfungsgeschichte die Lichter an und der Film, die Geschichte ist zu Ende und es ist nur noch DAS, was immer schon ist. Alles andere ist Hollywood, Kino, und nur anscheinend. Zu erkennen, dass da nie etwas anderes war als dieser ewige zeitlose Moment, das bedeutet Friede, unmittelbar. Dieser Friede bedeutet nicht, keine Wut, keine Trauer, keine Angst, kein Krieg: Dieser Friede bedeutet Friede trotz Alledem.

Das ist Friede, wenn alles zu einem Ende kommt, wenn die Geschichte schweigt und der Verstand sich verneigt, hier, im ewigen Moment.

Om, shanti shanti shanti Om.

www.mari-nil.de

Mari Nil

Der stille, innere Frieden, die Gottverwirklichung

Wahre, gelebte Spiritualität bedeutet nicht Rückzug, sondern vielmehr Präsenz und Verwandlung der Gesellschaft.

Der wirkliche Frieden ist die Stille und beginnt dann, wenn wir in dem Schwingungsfeld der Liebe, Erleuchtung und Durchdringung angelangt sind. Jeder innere Kampf verstummt dann, er löst sich auf, verkümmert. Alles Erscheinende ist zugleich der Widerhall aus diesem inneren Raum. Für die Rishis, die Weisen der indischen Tradition, ist diese erscheinende Welt, lediglich eine Illusion. Die Quantentheorie lehrt uns Beobachter und Beobachtetes sind eins. Um Frieden zu erfahren, müssen wir selbst in Frieden sein. Um Glückseligkeit zu erfahren, müssen wir selbst Glückseligkeit sein, sonst erscheint dieser Zustand nicht.

Machen wir uns auf den Weg, Gott in uns zu erfahren, geschieht ein großes Wunder, ein Wandel. Um uns herum erscheint eine Vibration aus Gott, ein Erstrahlen, eine hohe Dimension, wir sind umgeben von einem Feld aus Frieden mit völlig anderen Möglichkeiten. Wir bleiben dann unberührt von dem aggressiven Feld oder den inneren Kriegen der anderen, die ausgefochten werden.

Wir erleben dann eine Art Ausstülpung einer hohen Dimensionsschwingung, die uns mit ihrem Raum umgibt. Versehen mit völlig anderen Gesetzmäßigkeiten. In dieser Ausstülpung bleiben wir unberührt. Die Aggression kann uns nicht mehr erreichen. Wir sind vielmehr in der Lage Aggression anzuhalten, sie einzufrieren.

Die Weisheit der alten Kulturen lehrt uns viel darüber. In der chinesischen Tradition praktizieren die Meister eine Kraft, die sie Versteinerung nennen: Ding Shen Gong. Sie haben die Fähigkeit entwickelt, diese Schwingung in den gegenwärtigen Raum zu senden um aggressive Menschen, vermeintliche Feinde, erstarren zu lassen, zu versteinern. Diese fühlen sich gelähmt, sind unfähig sich zu bewegen. In Kriegssituationen wurde diese Technik angewandt, um den Feind zum Rückzug zu bewegen. Um ihm Einhalt zu gebieten, ohne Blut zu vergießen. Um brutale Übernahmen unmittelbar zu stoppen.

Wir finden dies abstrahiert in den Bewegungen von Tai Chi und Chi Gong wieder, dem kraftvollen Weg des friedvollen Kriegers - dieser bewegt die Welt mit dem Geist. Geist über Materie. Ein Angriff wird unmöglich gemacht. Diese Technik wird heute angewandt, um aggressive Körperzellen, wie Krebs, Tumore... einzudämmen, zu versteinern, um und sie so zum Rückzug zu bewegen. Ein Wachstum wird hiermit verhindert. Mit der Kraft des Geistes, mit der Kraft der Erleuchtung werden kriegerische Felder neutralisiert. Ein Schutzraum für den Ausübenden entsteht und gleichzeitig ein Durchbrechen von Gewalt und von Karma.

Auch Meister anderer Kulturen kennen diese Kraft der Versteinerung, die Fähigkeit feindselige Wesen in Bewegungslosigkeit zu versetzten. Es ist eher ein universales Prinzip, was hier Ausdruck findet.

In der dunkelsten Stunde der deutschen Geschichte, in einem der Konzentrationslager wurde diese weise Form des Erstarrens, des Einfrierens der Angreifer von einem jüdischen Rabbi angewandt. Die SS Aufseher wollten den heiligen Mann ergreifen und bezwingen. Mit einem durchdringenden Blick versteinerte der Rabbi die erschrockenen, verwirrten Angreifer, mitsamt ihrer Pferde. Sie ließen daraufhin sofort von ihm ab.

Wir alle sollten diese Technik erlernen, um den Akt der Aggression zu beenden. Um diesen Kreislauf von Täter und Opfer, von Gewalttaten zu durchbrechen und aufzulösen.

Unser inneres Erfahrungsfeld besteht aus vielen Schichten, aus Ereignissen, jenseits dieser Zeit und dieses Raumes. Um wahrhaftigen Frieden zu erfahren, sollten wir alle diese subtilen Erinnerungen in ein Gefühl der Vergebung, in ein Verstehen bringen. Auch wenn diese Erinnerungen nur diffus an unserer Oberfläche Ausdruck suchen. Versuchen wir allen Wesen zu vergeben, lassen wir los, so dass auch wir diese kostbare Vergebung erfahren dürfen. Gandhi lehrte: „Aug um Aug, Zahn um Zahn und die Welt wird blind." Sehen wir durch die Zeit hindurch und üben tatsächliches Mitgefühl und bedingungslose Liebe für alle Wesen. Auch wenn die Irrwege der Menschheit immens waren. Wir sind dazu aufgerufen wahren Frieden erscheinen zu lassen.

Nach dem Aufwachen meines Selbst, stellten sich Transparenz und kosmische Gaben ein. Eine Transparenz, die es mir ermöglichte, durch Zeit und Raum zu sehen. Meine Seele in anderen körperlichen Gewändern zu beobachten. Eine dieser Wahrnehmungen führte mich nach Ausschwitz, in jene dunkle Stunde, in den Körper eines jüdisch-polnischen Jungen. Sein dortiges Gefangensein in der Grausamkeit, in Brutalität und Gewalt, löste den unmittelbaren Wunsch nach Tod und Entkommen aus. Die Betrachtung, wie seinen geliebten Menschen alles genommen wurde, einschließlich ihrer Würde, zu sein, ließen diesen Jungen, der ich war, zerbrechen.

Um sich diesem Terror zu entreißen, lief er - mein Ich - wie eine Flucht in Jenseits vorbereitend, in den das Lager umgrenzenden Stacheldrahtabgrund. Unbeeindruckt, unberührt von dem Geschrei der bewachenden Aufseher. In diesem Bewusstsein nahm ich als dieses Ich wahr, wie die Kugeln ihrer abgefeuerten Schüsse mich durchbohrten. Meine Wahrnehmung sah dieses in einem Zeitlupentempo aus einer übergeordneten Perspektive, so als hätte ich dabei bereits meinen Körper verlassen. Eine Beobachtung aus der Vogelperspektive. Ohne jeglichen Schmerz. Eher empfand dieses Ich es als Erlösung, als Befreiung, dieser Hölle entkommen zu sein und mich im Gewahrsam der ewigen Schönheit zu wissen. Hinter dem Tosen der Welt liegt ein Meer aus Frieden und Schönheit, unmittelbar, unbeschreiblich schön, verlockend nahe. Dennoch wünschen unsere Seelen, mit der Absicht einen Körper zu bewohnen, um auf dieser Ebene der materiellen Welt zu agieren, Großartiges in diesen Raum, ins Diesseits hinein zu bringen, zu bewegen.

Dieses Sehen, diese Wahrnehmung halfen mir, mich in diesem Leben anzunehmen, mich selbst zu verstehen und lieben zu lernen. An diesem Wunder, das Jenseits zu erfahren, verblüffte mich auch, wie nah doch diese ewige

Welt unserer irdischen ist. Ein Moment entfernt und wir sind pure Energie, ohne Körper, ohne Schmerz, ohne Anhaftung an Emotion, ohne Vorwurf. In dem Moment des Übergangs sind wir bereits vollkommener Frieden. Was für ein Gefühl der Größe hinter allem liegt, was für eine Vollkommenheit!

Die Bilder meiner Seele entschlüsselten mir mein rätselhaftes Verhalten in den Kindertagen dieses Körpers. Die Erinnerungen fanden Ausdruck in dem Wunsch mich verborgen zu halten, mich zu verstecken, in Schränken, unter Büschen, auf Bäumen. Mich tagelang in diesem nicht-gesehen-werden aufzuhalten, versprach mir Sicherheit, diente vermeintlich meinem Überleben.

Mit der Entschleierung dieser Bilder aus meiner Ewigkeit, konnte ich mich erkennen und verstehen lernen. Wie wir einen guten Freund verstehen lernen, um ihn dann noch mehr zu lieben, besonders für die Unregelmäßigkeiten, die Eigentümlichkeiten, jenes was entstanden ist, durch einst gelebte Schmerzen.

Wir alle tragen die gesamte Informationsgewalt aller Zeit in uns mit ihren eingegrabenen Spuren. Unsere Seelenreisen sind immens, wir alle durchlebten bereits Kriege, Folter, Gewalt, Flucht. Als kollektive Erfahrung eingegraben in das morphogenetische Sein aller Wesen, aber diese Erfahrungen auch individuell durchdrungen zu haben, bedeutet Leben, bedeutet Frieden zu stiften, da wo die Menschen Frieden brauchen.

Beginnen wir dem Göttlichen, dem Erleuchteten in uns zu folgen und diesem Göttlichen durch uns Ausdruck zu verleihen, dann geschieht das, was wir Frieden nennen.

Mari Nil
Friedensgewand
Skulupture
Graphit auf Baumwolle

Liebe Mari, Du sprichst in Deinem Text im Wesentlichen drei für mich wichtige Aspekte an. Zu Beginn scheinst Du die Technik des Versteinerns als Reaktion auf aggressives Verhalten vorzuschlagen. Der zweite Teil beleuchtet die Rolle des Bewusstwerdens karmischer Dispositionen als eine grundlegende Möglichkeit seelischer Heilung als Voraussetzung für inneren Frieden. Der letzte Absatz gibt einen Hinweis auf den Einfluss des kollektiven Aspektes auf das Sozialverhalten.

Der Begriff der Technik (hier des Versteinerns) führt im Zusammenhang mit barbarischen Übergriffen leicht zu einer Vorstellung, als würde es sich hier um eine besonders edle Kampfform handeln. Dies mag auch für Außenstehende so aussehen. Mein Eindruck ist, dass wir in diesem Zusammenhang eher von einer Haltung reden, in der der Meister - hier der Rabbi – allein durch die volle und reine Bewusstheit seiner Natur als multidimensionales

Wesen (in dieser Welt, aber nicht von dieser Welt — wie Du es manchmal nennst) durchtränkt ist von höchstschwingenden Energien, die nicht in Resonanz mit niedrigschwingenden Feldern wie Aggression gehen können. Beispielsweise niedrigschwingende, mentale Handlungsmuster der Aggressoren werden darüber hinaus durch jene Schwingungsanhebung dysfunktional. Insofern ist es wohl weniger eine Technik, die der Rabbi anwendet, als die unwillkürliche und direkte Wirkung höchster Bewusstwerdung deren sich nicht einmal der Rabbi hätte entziehen können.

Auch der im zweiten Teil skizzierten Bedeutung kann ich voll und ganz zustimmen, möchte hier jedoch noch anfügen, dass wir, wenn wir unsere früheren Leben erleben, in aller erster Linie unbewusste Identifikationen in unser Bewusstsein und schließlich in das mit uns identische, göttliche Bewusstsein, das Licht, und damit die Heilung heben. Und natürlich gilt dieser Funktionszusammenhang für alle unbewussten Identifikationen, wie zum Beispiel für Identifikationen, die in den Energiemustern der Widerstände auf mentaler, körperlicher oder auch in morphogenetischen Feldern usw. gespeichert sind. Werden diese Identifikationen mittels Bewusstwerdung und Schwingungserhöhung (z.B. vollständige Akzeptanz/Hingabe/Loslassen) „erlöst", so erwarten uns nicht nur vergangene Leben. Vielmehr können wir sonst wo landen: andere Dimensionen, Mikro- oder Makrokosmos, Fabelwelten, Comicfiguren, etc.

Natürlich hat nicht alles gleiche Relevanz für unser Wohlbefinden. Vielmehr haben wir hier einen Fingerzeig auf unser Potential. Wir erleben nämlich mit all unseren Sinnen, was es bedeutet, dass wir, wie jede Form - ganz gleich in welcher Dimension oder Zeit — über unsere Identität mit Gott, (Gott ist wie ich in meinem Artikel skizziere identisch mit reiner Bewusstheit, also Jenseitigkeit aller Form), in Gott miteinander gleich sind (im Sinne von identisch, nicht im Sinne von gleichwertig — das sowieso).

Und damit wären wir bereits bei Deinem Hinweis auf die soziale Komponente. Allein diesen Satz möchte ich jedem Leser ans Herz legen: „(Die) ... kollektive Erfahrung ... aller Wesen... individuell durchdrungen zu haben ... bedeutet Frieden zu stiften, da wo die Menschen Frieden brauchen." Dein anschließender Aufruf dem Göttlichen Ausdruck zu verleihen ist - und das möchte ich gerne noch einmal hervorheben - kein frommer Wunsch oder eine moralische Aufforderung. Vielmehr ist die vollständige individuelle Durchdringung der Erfahrungen einer jeden Form grundsätzlich mit der reinen Gotteserfahrung identisch und damit äußerst hochfrequent energetisch im eingangs genannten Sinne (Beispiel: Rabbi). Vollständig werden kann jene individuelle Durchdringung jedoch nur, wenn wir uns mit unserer gesamten Existenz, also auch dem erforderlichen Sozialverhalten kompromisslos und klar zur Verfügung stellen. Keine Ausnahmen.

Jeder Kompromiss wirft uns weit zurück auf unserem weglosen Weg. Es ist ein schmaler Grat zwischen einem Zelebrieren der Muster und authentischer Handlung. Schnell wird so eine abtrennungsillusionszementierende Abgrenzung verwechselt mit der Handlung in Liebe zu sich selber. Diese Verwechslungen begründen sich aus der Tatsache heraus, dass authentische Handlung, ausschließlich aus der seelischen Perspektive heraus und daher immer in Liebe zu sich selber geschieht. Sind wir mit der Verstandesebene identifiziert, so versucht der Verstand diese seelische Qualität zu imitieren. Dies gelingt aufgrund seiner dualen Natur natürlich nur äußerst unzureichend.

Aus der Verstandesperspektive im Unterschied zur Seelenperspektive ist weder Liebe, noch Authentizität möglich. Hier Unterscheidungsfähigkeit zu erlangen, scheint mir ungemein unterstützend, wenn nicht gar unabdingbar dafür, „dem Göttlichen, dem Erleuchteten in uns zu folgen und diesem Göttlichen durch uns Ausdruck zu verleihen, ...".

Danke für diesen wertvollen Text, liebe Mari, Dein Romen

 Unserem Sohn Carlito Jack Romeo

www.romen-banerjee.com
www.prozessgalerie.de
www.forum-werk.de
www.forum-erleuchtung.de
www.friedensgespraeche.de

Romen

Potentiale und Grenzen der Handlung

Um das Verhältnis von innerem Frieden und dem daraus erwachsendem angemessenem Handeln in sozialen und politischen Zusammenhängen zu verdeutlichen, möchte ich im Folgenden einige für mich zentrale Beobachtungen voranstellen.

Die Ebene des Geistes

Mein Eindruck ist, dass der innere Frieden des Menschen im Wesentlichen auf zwei vorerst unterschiedlichen Ebenen erfahren werden kann: die des Geistes und die des Herzens.

Zum einen kann auf der Ebene des Geistes ein Erkennen realisiert werden, bei dem ein Herausfallen aus jeglicher Wahrnehmung stattfindet. Hierbei scheint mir methodisch ein radikaler Verzicht den inneren Impulsen (die da wären: Flucht, Angriff, darauf Zugehen und Freeze/"ich bin nicht da") entscheidend.
In der Regel beginnen wir hier mit dem Fokus auf unsere momentanen Gefühle. Diese Gefühle zeichnen sich dadurch aus, dass sie zeitlich begrenzt sind und eine Ursache zu haben scheinen. Sie verstärken sich normalerweise mit der Einatmung und schwächen sich mit der Ausatmung ab. Wenn wir hier still sind, also den besagten Impulsen nicht folgen, (deren Funktion es ist, uns von unliebsamen Gefühlen und damit von dem jeweiligen Moment zu entfernen,) entfaltet sich die Energie des Gefühls ungehindert und vollständig in uns und wir verbleiben still im Hier und Jetzt, (während es jedoch in uns recht turbulent zugehen kann).

Sind wir so durch eine unter Umständen recht komplexe Schichtung von Gefühlen hindurch gesunken, so eröffnen sich uns tiefere Erfahrungsräume, die ich hier mit „innere Erfahrungen" bezeichne. Diese inneren Erfahrungen sind eher immerwährende, zeitlose Seinszustände wie Frieden, Liebe, Wahrheit, Klarheit und Weite in unterschiedlichen Einfärbungen. Diese Seinszustände verblassen mit der Einatmung, während sie in der Phase der Ausatmung deutlicher hervortreten.

Dies ist deshalb wichtig, da das vollständige Erfahren dieser inneren Erfahrungen mit ungewohnt langem Ausatmen einhergeht und von extrem heftige Phantasien und Ängsten o.ä. begleitet werden kann. Wir erleben hier eine Todeserfahrung, zumal wir ab einem bestimmten Punkt realisieren, dass wir die Kontrolle über den Prozess verloren haben. Etwas Größeres scheint die Führung übernommen zu haben. Diese Gnade lässt uns aus jeglicher Wahrnehmung herausfallen. Es ist eine längst vergessene Art von Ohnmacht jenseits jeder Wahrnehmung von Zeit und Raum – jenseits jeder Seinskategorie. Was bleibt ist reine Bewusstheit.

Dieses absteigende Prinzip, dass in dem Erkennen reiner Bewusstheit jenseits jeder Seinskategorie mündet, wird oft als Aufwachen oder Erwachen bezeichnet. Im Buddhismus begegnet uns in diesem Zusammenhang der Begriff der Leerheit. Sri Ramana Maharshi bezeichnete dies als Einswerden mit reiner Bewusstheit.

Geht man nun der Frage nach, wie denn nun die Erfahrung der Existenz überhaupt möglich ist, angesichts der unzweifelhaften Erkenntnis reiner Bewusstheit jenseits aller Seinskategorien, so stellen wir fest, dass uns auf der Ebene des Herzens ein aufsteigendes Prinzip zur Verfügung steht.

Die Ebene des Herzens

Während wir auf der Ebene des Geistes Leerheit als Natur aller Form erkennen, also keine Form allein aus sich selbst heraus besteht, erschließt sich uns aus dem aufsteigenden Prinzip auf der Ebene des Herzens die lichtvolle Gotteserfahrung als eine Erfahrung reinen Seins, dass sich durch Raum und Zeit, unendlichen Dimensionen und Welten, Wesenheiten jeder Art usw. ergießt . Hier erfahren wir abhängig von unserem Kulturkreis Seele, Karma, Krankheit, Heilung, Wünsche, Widerstände und Erlösung. In unserem Herzen können unbewusste Identifikationen, welcher Art auch immer, auftauchen und Heilung geschehen. Dies ist eine Erfahrung unendlicher Fülle und Lebendigkeit. Alles potentiell wahrnehmbare, jede Form, ob grob- oder feinstofflich, ist reine Energie — beseelt, lebendig, intelligent und verhält sich wesenhaft. Sri Ramana Maharshi bezeichnete dies als Einswerden mit dem Leben.

Identität von Geist und Herz

Wir erleben Hierarchien von Licht und Dunkel und dennoch schöpft letztendlich jede Form sich selber ausschließlich und unentwegt aus sich selbst heraus, aus purer Liebe zu sich selber. Einheitserfahrungen sind also nicht darauf zurückzuführen, dass alles miteinander verbunden wäre, vielmehr ist jede Form nicht nur göttlich, sondern sie ist identisch mit Gott.

Dieser zunächst erstaunliche Umstand ist auf eine dritte, entscheidende Stufe der Realisation zurückzuführen, die Sri Ramana Maharshi als Einswerden mit Glückseligkeit beschrieb. An diesem Punkt wird nämlich die Identität von Leerheit und Fülle erkannt. Mit anderen Worten: Reine Bewusstheit ist identisch mit Gott. Oder noch einmal anders formuliert: Die Jenseitigkeit der Seinskategorie ist identisch mit dem Sein selber.

Erst diese für den Verstand paradoxe Identität von Jenseitigkeit der Seinskategorie und Sein spannt einen Raum auf, in dem Schöpfung (oder überhaupt irgendeine Veränderung) möglich ist.

Die Handlungsebene

Für eine Veränderung an sozialen und politischen Strukturen, genauso jede andere Veränderung wird der Schöpfungsraum als Resultat der Identität von Jenseitigkeit der Seinskategorie und Sein immer (ob bewusst oder unbewusst) die Grundlage sein. Scheint die Forderung nach einer Beteiligung von Herz und Kopf auf den ersten Blick eine Banalität zu sein, so erkennen wir doch bei genauerem Betrachten beispielsweise, dass eine Handlung, die aus psychischen Mustern heraus motiviert ist, stets den Status Quo reproduzieren muss.

Genauer gesagt ist jede motivierte Handlung zum Scheitern verurteilt. Machen wir uns hierzu klar, dass es zwei Kategorien der Handlung gibt. Zum einen kann Handlung ein Ausdruck der bereits erwähnten Impulse egobehafteter Muster sein. Diese Art von Handlung führt einen vom Augenblick fort und reproduziert die oft unbewussten, somatisierten Energiemuster. Ihnen wohnt eine unbewusste Identifikation inne, die sich im sogenannten Außen unermüdlich in Form einer entsprechenden Situation wiederholt. Es sei denn, wir sind bereit, besagten Impulsen nicht mehr zu folgen, still im Inneren zu sein ohne zu verkrampfen und uns der Bewusstwerdung mit unserer ganzen Existenz zur Verfügung zu stellen. Diese nun befreiten Energien und Informationen werden beispielsweise in Form von Schmerz, Angst, Wut und ihren Spielarten, sowie Erkenntnissen erlebt.

Die soziale Dimension der Handlung

Wichtig im Zusammenhang einer Beleuchtung des erwachenden Sozialverhaltens ist, dass jene befreiten Energien und Informationen erst dann vollständig zur Entfaltung kommen, wenn wir auch auf der Verhaltensebene bereit sind, uns entsprechend zu zeigen und offen und kompromisslos für die adäquaten, sich aus der Situation ergebenden erforderlichen Konsequenzen, einzustehen.

Natürlich werden zunächst unmittelbar emotionsgebunden-sozialisierte Impulse aus Angst, Scham, Eitelkeit, Stolz etc. im Inneren, bis hin zu Repressionen wie Folter, Mord und Erpressung und Bestechung im Außen, dem entgegenstehen.

Mir ist es wichtig, hier zu betonen, dass es keine moralischen Kategorien sind, die ich beschreibe. Vielmehr skizziere ich eine intuitive, innere Notwendigkeit, die wir auch Hingabe an das, was ist, nennen können.

Holzwege

Während in der Szene der Friedensaktivisten und alternativen Gemeinschaftsideologien des Öfteren genau eben diese von Moralvorstellungen beispielsweise von Gerechtigkeit oder Menschlichkeit (mit den notwendigerweise hiermit verbundenen Impulsen egobehafteter Mustern) - anstelle von authentischer, der Energie- und Informationsentfaltung entspringenden Handlung - dominiert wird, begegnet uns beispielsweise in der spirituellen Neoadvaitaszene das manchmal etwas zynisch anmutende Konstrukt der Substanzlosigkeit, nach dem Motto: Da ist keiner, der da leidet - deshalb ist Handlung oder Nicht-Handlung egal. Alles ist eh wie es ist.

Dieser leider sehr weit verbreiteten Botschaft liegt eine tragische Schlampigkeit zugrunde. Hier wird nämlich das Aufwachen, also die Schau der reinen Bewusstheit jenseits jeglicher Existenz gleichgesetzt mit einer Nicht-Existenz. Diese unzulässige Banalisierung des Erwachens ist Folge eines einseitig geistigen Erwachens ohne Einbeziehung der weiteren Ebenen wie Herz und Körper und bringt schwerste dissoziative Störungen mit sich. Dieses Phänomen zieht sich unter vielfältigen Bezeichnungen wie „kalte Erleuchtung" oder im Buddhismus „der Gestank der Erleuchtung" durch die spirituelle Geschichte.

Spielräume für Veränderung

Um es also noch einmal zusammenfassend zu formulieren: Handlung, insbesondere soziales und politisches Handeln sind alles andere als egal oder unspirituell, solange diese ohne Motivation (im Sinne von mustermotivierten Zwängen) sind, sondern einer inneren Notwendigkeit (im Sinne von Still-Sein, also maximaler Energie und Informationsentfaltung) entspringen. Unter Einschluss der sozialcouragierten Handlung im o.g. Sinne leben wir in dieser authentischen Haltung bewusst und kreativ in einem Schöpfungsraum – aufgespannt durch die Identität von Sein und Jenseitigkeit jeglicher Seinskategorie.

Wir sind (wie jede Form) sowohl identisch mit reiner Bewusstheit, als auch Gott, als auch jenem aufgespannten Schöpfungsraum. In der absoluten Authentizität sind wir sogar in der Lage unser schöpferisches Potential gottgleich zu entfalten und bewusst zu nutzen. Die potentielle Fähigkeit, mit der wir als Menschen ausgestattet sind, diesen Schöpfungsraum bis hin zum grobstofflichen Materialisieren zu gestalten, ist unsere Glaubensfähigkeit. In dieser Art von Glauben halten wir etwas für möglich. Und genau in dem Augenblick, da wir vollkommen ohne Wollen anwesend dastehen, enttarnt sich die Möglichkeit als Gewissheit.

Diese, unsere Fähigkeit zu glauben (im ursprünglichen Sinne von Gewissheit - nicht zu verwechseln mit Glaubenssätzen, Überzeugungen, Frömmelei, oder gar angestrengten Willensakten etc.) auf der Grundlage gleichzeitiger Hingabe an innere (und im Außen gespiegelte) Notwendigkeiten scheint mir unabdingbare Voraussetzung jedes erfolgreichen sozialpolitischen Engagements. Wenngleich jene Zusammenhänge bislang selten bewusst reflektiert und folglich auch nicht erschöpfend genutzt werden konnten, so waren es wahrscheinlich immer eher das Streben nach Wahrheit (Geist) und das Mitgefühl (Herz), als moralisierender Gerechtigkeitssinn und reiner Kampfesgeist, die die Bewusstwerdung sowie deren sozialpolitische Verankerung (bspw. die Postulierung und Durchsetzung der Menschenrechte) im evolutionären Sinne vorantrieben.

Wir werden die Gestaltungs- und Kreationsmöglichkeiten des Schöpfungsraumes, in dem wir in der Welt leben und der wir sind, nur dann umfassender entwickeln, wenn wir bereit sind, uns ganz zu geben und für das vollständig zu gehen, das sich in uns zeigt, wenn wir ganz und gar anwesend im Herzen, klar und still sind - und dies auch bleiben. In dieser Stille werden unabdingbar unzählige bislang unbewusste Identifikationen an die Oberfläche drängen, die im Geiste als Information oder Erkenntnis und bspw. im Herzen als Schmerz, im Körper als Angst, in der Seele als Fortbewegung etc. erlebt werden. Dabei geht es auf den ersten Blick nicht immer ganz logisch zu. Im Folgenden ein Beispiel.

Handlung als Ausdruck bewusstwerdender Identifikation

Noch einmal zum aufsteigenden Prinzip. Erinnern wir uns, dass alle Form intelligente, beseelte Energie ist, die sich wesenhaft verhält. So kann es geschehen, dass ein aus dem somatisierten Körpersystem aufsteigender Schock oder Schmerz, auf der Ebene der Seele, eine Information über eine verdrängte Identifikation mit der Seele der Luft des Planeten Erde (und deren enormen Schmerz, angesichts seiner verheerenden Vergiftung,) preisgibt. Tun wir diese Information als unglaubwürdig oder konzepthaft ab, so kann es sein, dass wir die Information mitsamt seiner energetischen Komponente in das Körpersystem zurückdrängen. Erst wenn wir uns von der Wirkung leiten lassen und bereit sind unsere Glaubensfähigkeit in dem Sinne zu nutzen, dass wir bereit sind, unsere Identität mit der Seele der Luft, als zumindest gleichwertige, wenn nicht höhere Wirklichkeit anzuerkennen und uns ihr existenziell hinzugeben, erst dann wird sich unser Potential weiter entfalten, unsere Wahrnehmungsfähigkeit weiter verfeinern.

Natürlich ist ein Entfaltungs- und Verfeinerungsprozess bezüglich dieser Fokussierung erst abgeschlossen, wenn mit der beschriebenen Identitätsverschiebung auch ein damit einhergehender Perspektivwechsel vollzogen wird.

Dieser Wechsel in die Feldperspektive Mensch-Luft wird stabil, wenn er sich ab da in einem entsprechenden (ggf. sozialpolitischen) Verhalten ausdrückt. Auf diese Art sind wir mit allen anderen Formen der Schöpfung - in der Regel unbewusst - identifiziert. Sobald eine dieser Identifikationen in unser Bewusstsein drängt, nimmt es uns in die Pflicht - auch auf der Verhaltensebene. Ignorieren wir diese angediente Entfaltung des Seins (aus welchen, bisweilen ehrenwerten Gründen auch immer), so zahlen wir einen tragischen Preis. Wir fallen zurück in die Perspektive des bewertenden und trennenden Verstandes - oft spirituell subtil verkleidet - fühlen uns unlebendig und unerfüllt.

Lassen wir uns hingegen von der Wirkung leiten, so lassen wir uns immer umfassender von „anderen" Identitäten integrieren, deren Perspektiven nun auch die unsere werden. Unsere inneren Notwendigkeiten, nach denen wir handeln, werden immer unsentimental-mitfühlender und weniger egozentrisch.

Perspektiven einer erwachenden Gesellschaft

Letztendlich fällt auch jede jener Perspektiven zurück in das - wie Sri Ramana Maharshi es nannte - spirituelle Herz. Diese Perspektive der reinen Bewusstheit ist vollkommen unpersönlich. Sie kann aber nur rein, stabil und frei von Dissoziationen gelebt werden, wenn gleichzeitig das aufsteigende Prinzip des individualisierten Aspektes Gottes, also der Seele (deren Sitz das Herzchakra ist) mit all seinen Implikationen vollständig anerkannt und gelebt wird.

Dazu gehört eben auch, dass die paradoxe Identität von Jenseitigkeit der Seinskategorie und Sein stets Diversität hervorbringen muss und uns also auch als soziale Wesen in soziale Konflikte stürzen muss.

Was wir aber erkennen können, ist, dass all dies nicht unser Wesen, also nicht-wesentlich ist. Wenn wir aus inneren Notwendigkeiten und nicht aus inneren Zwängen heraus handeln, dann sind wir offenen Herzens und erleben uns identisch mit unserem Gegenüber. Auf unser Verhalten allerdings haben wir keinen Einfluss.

Wir geben die Freiheit auf, tun und lassen zu können, was wir wollen. Wir tun, was getan werden muss und paradoxerweise fühlen wir uns dabei erfüllt und frei.

Dies sind meine Beobachtungen, sowohl für den privaten Alltag, als auch in sozialen und politischen Zusammenhängen.

Ich höre des Öfteren, dass sich ein Zeitalter eines neuen erwachten und damit harmonischen Miteinanders anbahnt. Oft scheinen mir sowohl innere Prozesse, als auch soziale Bewegungen angetrieben von der Vorstellung einer Erlösungskarotte.

Ich habe den Eindruck, dass unsere Inkarnation weniger inspiriert ist von der Errettung der Welt oder der Errichtung gerechter sozialer Systeme.

Die Christusenergie der Inkarnation selber entfaltet sich erst vollständig in der sozialen Interaktion der Nächstenliebe. Und genau dies mag uns vielleicht schon morgen oder eines Tages eine friedlichere und gerechtere Welt in Einklang mit den Wesen Luft, Meer, Wälder, Tiere ... Engeln, anderen Welten, Dimensionen und meiner Frau bringen.

Nächstenliebe

„Was bleibt uns nach dem Krieg?", jammern die zerzausten und gebrochenen Psychonauten, nachdem sie wieder von der Kalaschnikow gelassen haben. „Wir brauchen einen neuen Kick!"

Sich dem Schicksal ergeben, ohne dass man es verantwortet, wäre Fatalismus. Mit dem Schicksal zusammen zu geschehen, die Schicksalskräfte im sie Erkennen und ihren Linien Folgen gar anzuführen, ist das Ende von allem Fatalismus, von Konflikt und der Spaltung der Besserwisserei. Der Sturz ins Allerinnerste.

Wie könnte ich eine der Facetten des Diamanten, den man im Allerinnersten findet, über die andere erheben? Wie könnte ich die Wahrheit über die Liebe, die Gelassenheit über die Einheit, die Schönheit über den Frieden stellen?

Wäre dies nicht ein Versuch, das Stinken der Erleuchteten in die Erleuchtung hineinzutragen, in diesen Zustand von Unschuld und Reinheit, in dem keine seiner Eigenschaften, keine seiner Qualitäten eine andere besiegen will. So etwas tun nur Menschen, vielleicht auch Erleuchtete. Deshalb stinkt es bei ihnen. Es ist nicht die Erleuchtung, die stinkt, nicht der Zustand, den sich Pseudo-Erleuchtete zuschreiben wollen, tatsächlich aber nicht wirklich kennen.

Wie soll Einsicht zu mir kommen, wenn das Verstehen-Wollen nicht zuerst in mir erlöscht? Wie willst du etwas erkennen, wenn du schon weisst, und wie soll Erleuchtung mich finden, wenn mein Geist nicht länger ein Fragezeichen bleibt. Kalte Erleuchtung! Hast du ein Herz? ...

Das Rad des Schicksals drehen. Ein Paradox. „Die ultimative Droge", flüstern die Psychonauten ehrfürchtig: „das Paradox."

Bist du eins mit dem Schicksal, kannst du es lenken, bist du ihm ganz ergeben, ergibt es sich dir. Solange du aufmuckst, wird es dich schlagen. Sobald du es liebst, lässt es dich mit seiner Kraft zuschlagen. Es fügt sich dir willig. Schicksal entfaltet sich als das Gute, wenn Besserwisserei sich nicht einmischt, und wird hart und schlimm, wenn sie es tut. Es kommt dir entgegen, es eilt dir voraus und läuft dir hinterher; es lässt dich voraussehen und überrascht dich mit glücklichen Wendungen. Dein eigener lebendiger Impuls ist Teil des Schicksalhaften. Ihn freizulassen, nicht zu unterdrücken, befreit auch das Schicksal. Dann dreht es sich mit dir; es tanzt mit dir auf dem Schicksalsrad.

„Sollen wir sie „Arjuna" nennen, die ultimative Droge?", rätseln die Psychonauten weiter, „„Paradoxon" unseren neuen Kick, oder eher „Fate"?"

Samuel Widmer Nicolet

***

Wer bin ich schon lieber Samuel, dass ich erklären könnte, wie unsere Schöpfung funktioniert. Ich erfreue mich an der Wirkung, die Konzepte als Pointer zu entfalten scheinen. OWK hat dies in seinem Artikel aus seiner Perspektive schön beschrieben. Hierfür stelle ich mich immer wieder staunend zur Verfügung. Das ist keine Leistung - ich kann nicht anders, ohne mir Gewalt anzutun. Meine Liebe zu mir treibt mich in den Tod - auf vielfältigste Weise.

Auch der Psychonauten jüngste Droge „Paradoxon" zerplatzt als Blase, entsteht jenes doch ausschließlich aus scheinbaren Widersprüchlichkeiten zwischen uns Menschen gegebenen Wahrnehmungs- und Erkenntnismöglichkeiten der Schöpfungsbewusstheit.

Letztendlich, liebe Psychonauten ist Entzug angesagt. Wie wäre es mit einem richtig fetten Cold-Turkey? Ich hab auch schon überall kalten Schweiß. Ist gar nicht so schlimm.

Romen

***

Lieber Romen, Deine Hinweise auf die Möglichkeit, Ego-Impulsen nicht zu folgen, empfinde ich als sehr wertvoll.

Ich nenne das „Transzendenz animalischer Impulse": In der Identifikation mit einem Körper erleben wir uns zunächst als Tier, das überleben will. Die

Grundemotionen von Angst, Wut, Traurigkeit und Hilflosigkeit liefern Energie für evolutionäre Impulse: zu fliehen, anzugreifen, sich zu anzunähern oder zu erstarren. Das sind zunächst ganz natürliche Überlebensstrategien. Folgen wir ihnen unbewusst und zwanghaft, bewirken sie aber, dass wir uns als Menschen abkapseln, gewalttätig werden, uns übermäßig anpassen oder in Passivität verharren.

Verzichten wir darauf, diesen Impulsen zu folgen, erleben wir das oft als ein Sterben. Das kann sich anfühlen, als würden wir explodieren, verbrennen oder gar zerfetzt werden.

Doch mit der Bereitwilligkeit, dieses „Sterben" zuzulassen, erwachen wir zu einer tieferen Dimension des Seins. Wir erfahren uns als eigenschaftslosen, formlosen, zeitlosen Raum reinen Bewusstseins. Ruhen wir als DAS darin, offenbaren sich neue „Geschmäcker des Seins".

Das kann als „alchemistische" Umwandlung erfahren werden: Angst wandelt sich in kraftvolles Vertrauen. Wut wird zu Tatkraft. Traurigkeit lässt bedingungslose Liebe erblühen. Hilflosigkeit öffnet sich zu befreiender Hingabe, aber auch zu neuen Freiheitsgraden des Handelns. Kampf wird zu Frieden.

Solche Herzensqualitäten äußern sich in ganz frischen Arten sozialen Verhaltens, jenseits konditionierter Muster.

Torsten

**

Danke lieber Torsten, dass Du mir die Gelegenheit gibst, noch eine Bemerkung zu den Ego-Impulsen zu machen.

Ich finde es hilfreich, wenn ich mir klarmache, dass Ego-Impulse nicht etwas Schlechtes sind und man ihnen deshalb nicht folgen sollte. Vielmehr erlebe ich es so, dass jene Impulse einfach nur reine Information sind, gekoppelt mit unbewusster Liebe, also nicht gefühltem Schmerz, sind. Ramanas berühmte Frage „Wer bin ich" lässt sich methodisch also auf zweierlei Weise nutzen.

Die in Advaita bekanntere Methode ist die von Dir beschriebene Entkopplung von jeder Identifikation durch ein Nichtbefolgen des Ego-Impulses. Dies führt zu der Schau reiner Bewusstheit auf der Ebene des Geistes (Der Weg der Erkenntnis) und bedarf nicht notwendigerweise der Herzensöffnung. Dieses sogenannte Aufwachen verändert die Egostruktur nicht. Wir sind nur nicht mehr mit ihr identifiziert - welch Erleichterung.

Der eher in Schamanen- und Heilerkreisen verbreitete und in Advaitakreisen - zumindest im Advaita-Westen - meist belächelte Ansatz der Aufdeckung und Integration unbewusster Identifikationen, wie vergangene Leben etc., findet als Hingabe auf der Herzensebene statt und führt in Einseins- und Gotteserfahrungen.

Natürlich erleben die meisten Menschen eine Mischung beider Ebenen. Die geistige Ebene der Erkenntis verbindet uns mit dem Nicht-Phänomen der Leerheit oder reinen Bewusstheit, während uns die Herzensebene die energetische Lebendigkeit der Phänomene und Fülle zugänglich macht.

Deshalb erfahren wir einerseits Leerheit und andererseits Fülle anfangs oft als Paradoxon. Im Folgenden wird meist die Identität dieser beiden Aspekte realisiert. Und damit auch die Identität von Herz und Geist.

Machen wir uns jedoch klar, dass weder Leerheit noch Fülle, noch Identität der Beiden uns letztlich Aufschluss über irgend etwas geben können. Diese sind lediglich Resultate unserer Resonanzinstrumentarien, die uns in dieser Inkarnation oder als Seele oder als was weiß ich gegeben werden.

Was wissen wir schon über Wirklichkeiten und Möglichkeiten. Nichts. Und allein das scheint schon unendlich und ewiglich.

Romen

www.EREIGNISHORIZONT-Kongress.info
herrmann.peter@web.de

Peter Herrmann

Kohärentes Sein

„Papa ... Wenn wir aus Licht bestehen... Warum werfen wir dann Schatten ..."

Nachdem sie vor ein paar Tagen während einer Autofahrt eine Weile die satt grünen Wiesen und Wälder Oberbayerns betrachtet hatte, kam wie aus dem Nichts die Frage meiner zehnjährigen Tochter. Licht ist ein bedeutendes Thema in unserem Haus und unsere Frühstücksgespräche drehen sich immer wieder einmal darum. Wobei, es sind zumindest zu Beginn eher Monologe, da ich morgens um 6.30 Uhr noch gewisse Schwierigkeiten habe, einen klaren Gedanken zu fassen... Mit fortschreitender Zeit und entsprechendem Konsum reinen, guten Wassers geht das dann von Minute zu Minute besser und es entwickeln sich immer wieder spannende und inspirierende Unterhaltungen.

Jetzt allerdings war es früher Nachmittag und wir beide waren hellwach. In meiner Arbeit befasse ich mich intensiv mit dem Tanz der Lichtteilchen, den Biophotonen in unserem Körper und so sollte es doch möglich sein, diesen Ball aufzunehmen.

Wir sprachen also darüber, dass wir grundsätzlich aus verdichteten Potentialwirbeln aus Licht bestehen, die in unserem Köper tanzen, aus denen er letztlich zusammengesetzt ist und die ihn im innersten zusammenhalten. Auch darüber, dass es Teilchen gibt, die problemlos Materie durchdringen können und dass das für Lichtwellenteilchen doch erst recht gelten müsste. Vielleicht verhielt es sich mit dem Licht ja auch wie mit den Elektronen, die im Versuch der Quantenphysiker erst dann sichtbar werden, wenn der Beobachter seine

Aufmerksamkeit auf sie richtet, mutmaßte ich. Das würde bedeuten, dass wir allein mit unserer Aufmerksamkeit, die ja so gut wie immer auf die Materie - hier: den Körper - gerichtet ist, diese erschaffen.

Ein verwirrender Gedanke, nicht nur für meine Tochter, sondern ein Stück weit auch für mich. Natürlich hatte ich schon lange darüber theoretisiert, gelesen und mit Freunden diskutiert wie die Wirklichkeit, die so genannte Realität, beschaffen ist. Aber es war etwas ganz anderes, plötzlich durch die Frage meiner Tochter auf eine neue Wahrnehmungsebene gelangt zu sein, auf der das Ganze mit einem mal greifbar wurde. Wenn es so wäre, dass wir die Materie mit unserer Aufmerksamkeit ständig - auch kollektiv - wieder oder neu erschaffen, dann müsste im Umkehrschluss auch gelten, dass es ausreichen müsste, uns mit voller Aufmerksamkeit und Intensität unserer wahren Lichtnatur, unserer wahrhaftigen Lichtgestalt bewusst zu werden, um keinen Schatten mehr zu werfen ...

Inspiriert durch die Arbeit von Eckart Tolle, hatte ich im Sommer des Jahres 2000 damit begonnen, mit dem inneren Licht zu experimentieren. Ich verlagerte meine Aufmerksamkeit immer wieder bewusst vom Kopf in den Körper, um diesen zu spüren und dadurch gedankenfrei zu sein. Mithilfe meiner üblichen Meditationen, die ich seit Ende der 1980er Jahre auf dem täglichen Plan hatte oder auch durch mein regelmäßiges Yoga, hatte sich dieser erwünschte Zustand so gut wie nie eingestellt oder ich hatte ihn nicht aufrechterhalten können. Durch das simple Verlagern meiner Aufmerksamkeit in den Körper, stellte sich im Laufe der Zeit ein Phänomen ein, das ich nur als innere Erleuchtung des Körpers bezeichnen kann, da es mir schwerfällt, die richtigen Worte zu finden. Im Grunde handelt es sich eher um eine Be-leuchtung von innen heraus... Irgendwann hatte ich nämlich das Spüren meines Körpers kombiniert mit den Erkenntnissen des Quantenphysikers Dr. Michael König und im Zustand des Körperspürens gewissermaßen eine Abfolge geistiger Anordnungen erteilt, die mit Biophotonenkonzentration erhöhen begannen und mit dem (an-) ordnenden Wort Kohärenz endeten. Letzterem schien bei dem oben beschriebenen Phänomen des inneren Leuchtens eine besondere Bedeutung zuzukommen.

Das Wort Kohärenz, bzw. die englische Variante coherence, ist inzwischen seit einigen Jahren in aller Munde. Die Leistungen des kalifornischen Heart-

Math Instituts sowie die des außergewöhnlichen Privatforschers Dan Winter sollten in diesem Zusammenhang besonders hervorgehoben werden. Kohärenz (von lat. cohaerere ‚zusammenhängen') wird in der Regel verwendet, um einem bestimmten Zustand von (innerer) Ordnung zu beschreiben. Wie oben schon angedeutet, geht man inzwischen davon aus, dass unser physischer Körper im innersten aus Licht besteht, den Biophotonen, bzw. dass diese Biophotonen – Wellenteilchen aus Licht – sämtliche Abläufe in unserem Körper steuern. Wenn dies in Kohärenz geschieht, also zusammenhängend oder verbunden, stellt sich dieser ganz besondere Zustand im Sein ein, den ich oben versucht habe in Worte zu fassen. Es ist einer der wundervollsten Seinszustände, vielleicht der buchstäblich wundervollste überhaupt ...

Ein Seinszustand, der es ermöglicht, ganz du selbst zu sein und gleichzeitig etwas viel Größeres. Etwas zu sein, das sich der Beschreibung durch Worte fast gänzlich entzieht. Ein verbundener Seinszustand der Selbstheilung, der dich auf allen Ebenen genesen und gesunden lässt. Ein Seinszustand, der auch die Zellteilung an ihrem entscheidenden Punkt so optimiert, dass sämtliche Information erhalten bleibt und der Prozess des körperlichen Verfalls gestoppt oder gar umgekehrt werden kann. Ein Zustand, der ein völlig unbegründetes Lächeln auf dein Gesicht zaubert. Ein Lächeln, das uns begegnet, wenn wir einen alten, zufriedenen Menschen ansehen oder ein Kind beobachten, das sich glückselig und voller Hingabe dem Spiel des Moments überlässt - das Lächeln des Buddhas ...

Diesem Seinszustand, der in jedem Moment deines Lebens zum Greifen nahe ist, kannst du dich auf einfache und leicht erlernbare Weise, die ich Meditationsspiele nenne und die in Kürze als Audioaufnahme verfügbar sein werden, nähern. Über diese Annäherung wird es relativ schnell möglich, eine Verbindung zur Ersten Quelle herzustellen - eine Kohärenz aufzubauen beziehungsweise das Vorhandensein des natürlichen Zusammenhangs mit der Ersten Quelle zu erkennen. Den Zusammenhang von Herz, Gehirn und etwas Größerem zu fühlen!

Ich habe dafür den Begriff Heart-Brain-Source-Coherence geprägt (auf Deutsch klingt und schwingt es nicht stimmig ...), der mit etwas Übung als Anker dient, leicht in den erwünschten Zustand zu gelangen beziehungsweise in diesem Zustand zu verweilen. Oder zu Beginn auch immer wieder mithilfe des Ankers zurückzukehren, wenn uns Umweltgeräusche oder andere Einflüsse, Gedanken oder Gefühle aus dem gegenwärtigen Moment entführt haben.

Dieser Seinszustand verbindet dich mit dem, was du wirklich und wahrhaftig bist und könnte mit dem Begriff innerer Frieden kaum treffender umschrieben werden. Dieser Zustand von wahrer Integrität bedeutet, dass du in der Lage bist, selbstbestimmt zu fühlen, zu denken und zu handeln. Jeder Versuch der Manipulation von außen muss scheitern, da du dir deiner selbst gewahr bist. Dir gewahr bist, wer du wirklich bist. Was du in deinem innersten Wesenskern bist: ewiges, liebevolles, friedvolles und selbstverantwortliches Sein.

Und jetzt stell dir vor, du gehst durch die geschäftigen Straßen Bagdads, Kuala Lumpurs, Sidneys, Pekings, Chicagos, Moskaus, Limas oder Berlins und du begegnest in jedem einzelnen Gesicht dem Lächeln des Buddhas. Was, außer Frieden, sollte in dieser Welt noch existent sein können...

www.mooji.org

Sri Mooji

Frieden kann man
nicht schaffen,
man kann ihn nur entdecken

Frage: Unser Hauptthema ist es, den Zusammenhang zwischen innerem Frieden, der eigenen inneren Stille, und äußerem Frieden - Weltfrieden, Frieden in einem Land, friedliches Zusammenleben - zu erörtern. Worin besteht die Verbindung und wie sehr kann unser innerer Frieden wirklich dazu beitragen, äußeren Frieden herbeizuführen?

Sri Mooji: Innerer Friede ist der wahre Frieden. Es gibt keinen dauerhaften äußeren Frieden, der nicht innerem Frieden entspringt. Äußerer Friede kann nicht aufrecht erhalten werden, wenn er rein phänomenaler Natur ist.

Darunter zählen Anstrengungen seitens der Menschheit mittels ihrer Ideale, Philosophien, Verträge und Friedensabkommen um Frieden zu sichern. Phänomene, sprich alles, was im Reich von Zeit und Wandel auftaucht, sind von Natur aus immer in Bewegung und somit veränderlich. Äußerer Friede kann deswegen nie stabil sein und hat sich bisher in der Menschheitsgeschichte auch noch nie als beständig erwiesen.

Beim inneren Frieden handelt es sich um etwas ganz anderes. Es ist der Friede, der nicht von Zeit abhängt. Er existiert vor der Zeit und trotz der Zeit. Die Zeit kann diesen Frieden weder erzeugen noch beenden. Friede ist keine Errungenschaft. Es ist nicht so, dass jemand Frieden erlangen kann. Wahrer Friede bedeutet, dass jemand sich als genau diesen Frieden erkannt hat. Es gibt also niemanden, der Frieden besitzt. Friede ist das Sein selbst. Das Sein und der Friede sind ein und dasselbe. Innerer Friede ist der große Frieden.

Nun, um das klarzustellen, innerer Frieden bedeutet nicht Schweigen. Häufig besteht das Missverständnis, dass du in den Frieden einkehrst, indem du nicht redest. Aber wir alle wissen, dass das nicht wahr ist. Es gibt Wesen, die abscheuliche Verbrechen begangen haben und kaum sprachen. Sie waren mit Sicherheit nicht friedlich. Einfache körperliche Stille und Bewegungslosigkeit machen keine Art von Friedlichkeit aus. Innerer Friede ist so tiefgreifend, so allumfassend, dass, wenn er im Innern eines Wesens erkannt wird, alle Handlungen, Worte und sogar Gedanken, die aus dem Sein entstehen, den Duft oder die Energie des Friedens in sich tragen.

Frage: Viele Menschen scheinen der Auffassung zu sein, dass innerer Friede und Stille bedeuten, nicht zu handeln, passiv zu sein. Würdest du zustimmen, dass es im Gegenteil so ist, dass durch das Entdecken des inneren Friedens darauf vertraut werden kann, dass die richtigen Handlungen dem Sein entspringen, anstatt in einem Zustand des Nicht-Handelns zu verweilen?

Sri Mooji: Ja. Es ist ein weitverbreitetes Missverständnis, dass innerer Friede im Widerspruch zu Aktivität steht. Viele Menschen glauben, dass sie, wenn sie still sitzen und sich nicht bewegen, Frieden erreichen oder nach außen friedlich wirken. Aber das ist ein gänzlicher Irrtum. Das ist keine Friedlichkeit, das ist einfach nur Sitzen und sich nicht bewegen. Friedlichkeit bedeutet nicht die Abwesenheit von Geräuschen oder Bewegungen, sondern es ist die Abwesenheit von verstrickten Gedanken. Es bedeutet, dass du ohne Ego, ohne Anhaftung bist und nicht von Identität oder Konditionierung beherrscht wirst. Bei Frieden handelt es sich also um einen Raum, der völlig losgelöst ist von solchen Erscheinungen.

Unserer Beobachtung nach befinden sich die Aktivitäten der Welt in ständigem Wandel, aber entspricht das einem Mangel an Frieden oder Lärm? Nein, Wandel oder Bewegung ist kein Lärm. Lärm ist eher psychologisch bedingt. Es hat mit dem Verstand zu tun und damit, nicht in Harmonie oder im Gleichgewicht mit dem Herzen zu sein — der wahren Natur der Menschheit. Lärm ist eine Art psychologischer Beigeschmack, der entsteht, wenn der Verstand nicht im Herzen ruht. Wenn dieses Ungleichgewicht vorhanden ist, erzeugt es psychologischen und manchmal sogar physischen Lärm, der irritierend ist. Dies ist ein Zeichen dafür, dass eine Handlung nicht dem Frieden entspringt. Handlungen, die ihre Wurzel im kosmischen Entfalten haben, Handlungen, die spontan dem Herzen des Seins entspringen, bringen keinen Lärm mit sich. Es sind einfach nur Handlungen, Aktivitäten, Bewegungen, aber nicht Lärm. Ein solcher Seinszustand ist der perfekte Nährboden, aus dem intelligente und harmonische Existenz keimen, sprießen und gedeihen kann. Wenn das Fundament selbst gesegnet ist, werden die Früchte – Frieden, Liebe und Harmonie – im Überfluss sein.

Frage: Handlungen, die, wie du sagst, ihren Ursprung im kosmischen Entfalten haben, scheinen viele Formen anzunehmen. Ist es kein Widerspruch, dass sie sich in so vielen verschiedenen entgegengesetzten Weisen ausdrücken können – von einem Heiligen, der völlig isoliert im Wald bleibt, bis zu jemandem wie Gandhi, der auf gewaltlose Weise sehr aktiv ist, und anderen wie Aurobindo, der aktiven Widerstand gegen Böses ermutigte, oder Arjuna, der zu den Waffen griff? Was ist hier die richtige Praxis, die richtige Philosophie?

Sri Mooji: Friede hat nichts mit Philosophie zu tun. Er hat noch nicht einmal etwas mit Praxis zu tun. Praxis kann nur dazu dienen, Störungen zu vermeiden, aber sie kann nicht wirklich Frieden verursachen. Friede ist nichts, das du erlangen oder ausüben kannst, du kannst ihn nur erkennen. Er ist hinter der Fassade menschlichen Denkens und Bemühens bereits vorhanden. Er ist die Realität, dem alle Erscheinungen zugrunde liegen. Wir sind von Frieden umgeben. Friede ist in der Tat unsere Natur, aber er scheint überschattet zu sein von unserer Faszination mit dem psychologischen Verstand, der erreichen, erwerben, manipulieren will usw. Aber wahrer Friede ist von alledem wirklich weit entfernt.

Wenn wir von Wesen wie Sri Mahatma Gandhi hören – sein Wirken in der Welt ist ein Ausdruck des Göttlichen, und berührt Menschen sogar heute noch, denn wenn etwas dem Göttlichen entspringt, hört seine Wirkung niemals wirklich auf, sondern seine Güte manifestiert sich weiterhin auf unzählige Art und Weise, die der weltliche Verstand schließlich nicht mehr nachvollziehen kann. So weitreichend sind die Ausdrucksweisen des Höchsten. Etwas in Gandhi bewog ihn zum Ausdruck aktiver Gewaltlosigkeit, aber in seinem Herzen kann es keinen unabhängig Handelnden gegeben haben, denn Harmonie ist ein Feld des Seins, und nicht Ausdruck einer autonom wirkenden Kraft.

Es gibt auch Beispiele von erwachten Wesen, die in Höhlen oder auf Gipfeln sitzen und wenig Reaktion auf die Außenwelt zeigen. Sie scheinen noch nicht einmal menschliche Gesellschaft zu genießen. Aber solche Wesen geben ‚spirituellen Sauerstoff' zugunsten aller ab in gleicher Weise wie es die Bäume tun. Ein Baum sagt nicht: „Ich gebe dir Sauerstoff, weil ich dich mag." Er gibt allen. Gleichermaßen scheint die Sonne nicht nur auf nette Menschen und läßt gemeine Leute aus - sie scheint auf alle. Und so verhält es sich auch mit erwachten Wesen. Es gibt nichts in ihnen, das eine aktive Entscheidung getroffen hätte, Frieden und Liebe für alle auszustrahlen. Das Licht entspringt einfach auf natürliche Weise dem Herzen des Seins, und ist deshalb auch mühelos in seiner Fülle und stimmt mit Gottes Willen überein. Es ist wunderschön und jenseits menschlichen Fassungsvermögens. Es liegt allem zugrunde und strahlt im Herzen eines jeden Lebewesens.

Es gibt auch Wesen wie Arjuna, der gleich nach dem Satsang mit seinem Guru Lord Krishna in den Kampf zog. Vom Verstand her betrachtet stehen Arjunas gewalttätige Handlungen im Gegensatz zu Frieden, aber wir müssen reif genug sein, um zu erkennen, dass es auch Spielraum für solche Ausdrucksweisen im Tanz des Bewusstseins gibt - da aus diesem Satsang auf dem Schlachtfeld die Bhagavad Gita entstand, eines der größten spirituellen Geschenke der Welt. Wir müssen uns davon befreien, Frieden als einen äußeren Zustand anzusehen, und uns auf ein tieferes Vertrauen einlassen in die unergründbare Natur des Göttlichen.

All die jeweiligen Möglichkeiten mit der Welt in Verbindung zu treten, entsprechen der Ausdrucksvielfalt des Bewusstseins. Kein einziger Ausdruck definiert Frieden auf umfassende Weise. Niemand hat das Monopol auf den Frieden. Alle Wesen, ungeachtet der Vielfalt in ihrem Ausdruck, kommen aus der einen Quelle. Jeder mag den Raum des Friedens in sich selbst entdeckt und von dort aus gehandelt haben, aber wir können keine Vergleiche anstellen und sagen, dass die Handlungen von jemandem höher oder wahrhaftiger waren als die eines anderen. Ein bestimmter Ausdruck des Bewusstseins macht einen anderen Ausdruck nicht weniger gültig.

Niemand hat es geschafft, einen universellen philosophischen Rahmen für Frieden zu definieren. So etwas kann es nicht geben. Friede hat keine Philosophie. Friede hat keinen Rahmen. Es gibt kein System, das Frieden garantieren kann. Ein Licht geht von demjenigen aus, der sich nicht als Friedenswächter identifiziert, sondern stattdessen mit dem Frieden, unserer innewohnenden Natur, verschmolzen ist. Friede ist rein und zeitlos. Er manifestiert sich in der Welt als wohlwollende Handlung - dem direkten Ausdruck göttlicher Gnade. Ich sage häufig: „Wenn du tust, was sich in deinem Herzen richtig anfühlt, kann es sich nicht als falsch für andere erweisen." Wahrheit ergreift keine Partei. Wenn deine Handlungen aus einem Herzen des Friedens fließen, hegt und nährt es die ganze Welt.

Frage: Wenn wir uns erlauben im Sinne von Fehlern zu sprechen, könnte man dann sagen, dass der Fehler darin liegt, den Ausdruck zu beurteilen, anstatt nach der Quelle des Ausdrucks zu suchen?

Sri Mooji: Ja, die Weisen handeln immer von der Quelle aus. Weisheit steigt aus der Quelle auf und bringt dich immer zur Quelle zurück. Wenn du in den Ästen verweilst, bleibst du in der Zeit. Du musst zur Wurzel gehen. Diejenigen also, die nicht nur über diese Dinge philosophieren, sondern in die direkte Erfahrung eintauchen, sprechen und handeln aus der Quelle und als die Quelle selbst.

Frage: Und wie manifestiert sich das in der Welt?

Sri Mooji: Das bestimmen nicht sie. Sie sind in der Tat nicht getrennt von der Quelle. Diejenigen, die ihre Einheit mit der Quelle erkannt haben, sehen sich nicht mehr als getrennte Wesen wirkend. Sie sind eins mit ihr. Sie selbst sind der Schoß des Ausdrucks. Und obgleich dieser Ausdruck in der Zeit sein kann, ist die Quelle zeitlos und stets vollkommen. Was dies in vollem Ausmaß bedeutet, können die meisten nur schwer begreifen.

Frage: Es gibt da einen ganz bestimmten Punkt, der für viele Menschen verwirrend scheint. Es handelt sich dabei um die innere Einstellung zur Hingabe, die Dinge sein zu lassen, sie so zu akzeptieren, wie sie sind. Viele scheinen dies als Faulheit zu empfinden, als ob sie sich nicht genug kümmern würden. Was sagst du darüber?

Sri Mooji: Handlungen von jemandem, der zur inneren Wahrheit erwacht ist, stehen in vollständiger Harmonie mit dem universellen oder kosmischen Entfalten. Es ist nicht so, dass man faul wird und nichts tun möchte. Dies kann kurzfristig eine Phase sein, aber wenn es so weitergeht, ist das mit Sicherheit auf ein Missverständnis zurückzuführen. Deine Art dich zu geben kann niemals konstant bleiben, weil die Natur der phänomenalen Manifestation darin liegt, dass sie sich immer ändert. Wenn jemand versucht, in seinem äußeren Ausdruck immer der Gleiche zu sein, zeigt das, dass er in einem großen Missverständnis, starker Unterdrückung und als Folge, großem Unglücklichsein lebt.

Bis du die Wahrheit tatsächlich erkennst, kannst du nicht anders, als über diese Dinge zu spekulieren. Menschen sind allgemein der Auffassung, dass jemand, der in die Tiefe, in die innere Realität eingetaucht ist, wohlmöglich nichts mehr in der Welt tun möchte. In der Tat kann einem am Anfang so zu Mute sein, wenn sich einem zunächst die Weite des inneren Reiches, des reinen Selbsts offenbart. Es wird durch Aktivität nicht gebunden, aber es ist auch nicht gegen Aktivität. Es drückt sich durch Aktivität aus, und doch ist es selbst regungslos. Manchmal sagen wir, dass es das Regungslose ist innerhalb der Regung, das Unsichtbare innerhalb des Sichtbaren. Aber nur derjenige, der sich in der direkten Erfahrung davon befindet, kann die Tiefe derartiger Einsichten intuitiv erfassen.

Sobald du in dein innerstes Wesen loslässt, entdeckst du, dass du nur das ignorante und arrogante Gefühl der individuellen Autonomie verlierst. Und dieser Schritt wird erst dann gewagt, wenn einem aufgeht, dass es eine Ordnung, eine Macht im Universum gibt, die sich darum kümmert. Es ist nicht so, dass du faul wirst. Im Gegenteil, du wirst wirklich lebendig. Und diese Lebendigkeit dient der Existenz mehr, als jemand, der nur aus seinen eigenen Projektionen, seiner persönlichen Mythologie oder Philosophie handelt.

Frage: Was würdest du sagen, wenn jemand ein starkes Bestreben hat, zum Weltfrieden beizutragen? Kann er diesem Gefühl nachgeben, oder würdest du dem abraten und darauf bestehen, dass er zuerst seinen eigenen inneren Frieden suchen soll?

Sri Mooji: Wenn ich zu jemandem sage: „Du musst zuerst innehalten und nach innen schauen", wenn es in ihm einen stärkeren Drang gibt, unmittelbar nach seinen eigenen Impulsen zu handeln, am Weltfrieden zu arbeiten, würden meine Worte als erdrückend empfunden werden. Ich würde ihm so etwas nicht sagen, weil er meinen Rat nicht hören könnte. Solche Impulse entstehen aus dem jeweiligen Grad an Verständnis und Reife eines jeden, und müssen manchmal als Teil eines notwendigen und unausweichlichen Pulses der Existenz Ausdruck verliehen werden. Im Nachhinein stellen wir fest, dass selbst dies unerwartete Früchte mit sich bringt.

Wenn ich das Gefühl habe, dass es Spielraum gibt, um weiter zu schauen, und ich mich in Gesellschaft von jemandem befinde, der offen ist und nach dem tiefsten oder reinsten Verständnis sucht, dann führt das Gespräch vielleicht zu einem tieferen Grad an Einsicht – zu einem Erkennen von dem, was allem Streben nach Weltfrieden zugrunde liegt. Aber wenn ich bei jemandem sehe, dass der Drang nach seinen eigenen Projektionen zu handeln, ziemlich stark ausgeprägt ist, kann ich nur sagen: „Meine besten Wünsche und gehe mit vollem Segen."

Frage: Und was würdest du zu denjenigen sagen, die tatsächlich der Überzeugung sind zum Weltfrieden beitragen zu können, indem sie inneren Frieden finden? Und wie würde das Finden dieses inneren Friedens ausgedrückt?

Sri Mooji: Indem du inneren Frieden findest, trägst du auf jeden Fall zum Weltfrieden bei, jedoch nicht absichtlich oder mit Vorbedacht. Schon deine Gegenwart allein erinnert an den Frieden und ruft Frieden in deiner Umgebung hervor. Ich bin mir nicht sicher, ob wir wirklich begreifen können, wie ungeheuer das ist. Es ist wirksamer als die bedeutsamsten Redner oder Prediger oder Politiker, die mit all ihrer Macht Frieden deklarieren. Wirklich jemanden zu treffen, dessen Leben das Zeugnis der Wahrheit ist, dessen Wesen Frieden selbst ausstrahlt, kann dich auf so tiefgreifende Weise berühren, dass es deine Wahrnehmung von dir selbst, dem Leben und der Welt komplett umwandelt - es ist nicht leicht, dies einfach zu erklären.

Mein Rat wäre, jemanden zu finden, der friedvoll ist, und in seiner Gesellschaft zu sitzen. Und wenn du jemanden triffst, der wirklich friedvoll ist, glaube ich, dass du noch nicht einmal Fragen über den Frieden stellen wolltest. Du würdest einfach in seinem Frieden, in dem Duft seines Seins baden wollen. In der Welt sprechen wir häufig über Frieden, aber du musst diesen Frieden suchen, entdecken und dieser Friede sein — nicht aus einem Entschluss. Als Folge deines eigenen intuitiven Verständnisses und deiner Einsicht wirst du zu der Sache, die du suchst.

Wenn du inneren Frieden findest, befindest du dich spontan im Reich des Göttlichen. Wenn du danach suchst, wie dieser Frieden angewendet werden sollte, wirst du in die Welt des Menschlichen und des Verstandes zurückgeworfen. Derjenige, der sich als Frieden selbst erkennt, wird zu einem leeren Gefäß, durch welches sich das Göttliche auf herrliche Weise ausdrückt. Und wir haben nicht viele Beispiele dafür gesehen. Deshalb erwähnen wir einen Buddha, einen Gandhi, einen Aurobindo, einen Ramana Maharshi oder einen Christus — Wesen, die vor langer Zeit auf dieser Erde gewandelt sind. Und jetzt, da wir beinahe 8 Milliarden Menschen auf dem Planten sind, müssen wir Vorbilder unter ihnen finden.

Frage: Indem man also seine Wahrheit findet, kann es sein, dass man eine äußere Rolle in der Welt beim Schaffen von Weltfrieden spielt oder auch nicht?

Sri Mooji: Man kann eine Rolle haben, die nach außen auf diese Weise wahrgenommen und geschätzt wird, oder auch nicht. Dennoch wird die eigene Gegenwart nicht nur von Frieden, sondern auch Weisheit, Liebe, Freude, Gelassenheit und Furchtlosigkeit durchdrungen sein. Diese Beispiele zeigen wahrhaftig welches Potential im menschlichen Geiste schlummert.

Diese Sache mit dem Weltfrieden beruht größtenteils auf spiritueller Romantik. Es hat niemals Weltfrieden gegeben. Es hat viele friedvolle Wesen gegeben, die die Welt gestärkt und inspiriert haben. Sie haben die Tür des Verständnisses und der Einsicht geöffnet, indem sie gesagt haben: „Dies ist für dich möglich. Du brauchst mich nicht zu verehren. Verehre das, woher ich komme, und was in deinem eigenen Herzen ist." Das ist wahrer Friede und dieser Friede ist zeitlos. Er hat keine Feinde. Selbst jetzt hat er keine Feinde, weil es ihn schon in deinem Herzen gibt. Dein Herz hat weder Feinde noch Freunde.

Es ist der Verstand, der durch das gestört wird, was nicht friedvoll ist. Es ist der Verstand, der nach Frieden sucht, und er wird ihn nicht durch anstrengende Praxis und schöne Philosophien finden, sondern indem er nach innen taucht, um seine eigene wahre Natur und Quelle zu entdecken. Versuche jedoch nicht, diesen Frieden zu benutzen. Versuche noch nicht einmal, dich von diesem Frieden benutzen zu lassen. Entdecke ihn einfach nur. Und wenn du offen genug bist, dass du das entdeckst, was größer ist als alles was du dir jemals hättest vorstellen können, wirst du dich spontan zu Füßen Dessen verneigen und Darin vollständig aufgehen.

Ich weiß, dass es für viele eine sehr, sehr verlockende Idee ist, Frieden zu schaffen, um die Welt zu einem besseren Ort zu machen – aber finde zuerst inneren Frieden. Und schaue dann, was der Friede will, nicht was ‚du' willst. Du bist nicht friedvoll; deshalb suchst du nach Frieden. Wenn du friedvoll wärst, würdest du nicht nach Frieden suchen. Komme zumindest ohne Strategie zum Frieden. Wende dich nicht dem Frieden zu, um etwas zu bekommen, um etwas zu tun, um deine Absichten oder Projektionen über den Frieden zu erfüllen. Finde zuerst Frieden. Und indem du dann durch die Augen des Friedens blickst, kannst du zu Recht beurteilen, was in der Welt fehlt.

Frage: Wie hat dein eigenes Erwachen die Art und Weise beeinflusst, mit der du dich auf die Welt einlässt?

Sri Mooji: Es hat mir gezeigt, dass ich mich vorher nicht wirklich auf die Welt eingelassen hatte. Ich war vielleicht von der Welt besessen, ich jagte vielleicht einem Aspekt von ihr nach, aber ich habe erkannt, dass ich mich nicht auf wahre Weise mit ihr auseinandergesetzt hatte. Ich war größtenteils einfach eine Kreatur der Konditionierung.

Die Entdeckung, dass es hier eine Macht gibt, die größer als die Macht ist, für die ich mich selbst gehalten hatte, warf mich vollkommen um. Nichts, was ich hatte, schien mehr Wert zu haben. Auf diese Weise berührt oder von innen geküsst zu werden, war so mächtig. Ich hatte dem nichts anzubieten.

Aber dennoch bot ich mich selbst an. Und ich musste nicht einmal darüber nachdenken – es geschah so unmittelbar. Es gab keine Zeit und keinen Drang, auf intellektuelle Weise nachzudenken: „Ist das gut für mich?" Ich wusste es einfach sofort. Ich wollte und wählte einfach, alles dafür aufzugeben. Und mein ganzes Leben hat sich seither in dieser Haltung der Hingabe und Erkenntnis dieser Macht entfaltet, die ich Gott nenne, was für mich ein Synonym ist für Reines Gewahrsein, Sein und Absolute Realität.

Diese direkte Erfahrung befreite meinen Verstand auch von viel Gewalt. Ich hätte mich nicht als einen gewalttätigen Menschen betrachtet, aber ich glaube, dass jedes Lebewesen Gewalt in sich trägt, Gewalt vielleicht, von der es nichts weiß. Und so befriedete sie mein Herz vollständig, vereinte mein Sein und öffnete meine Augen für panoramaartige Proportionen. Ich entdeckte eine Achtung für das Leben und die Lebewesen, für jede Person, weil ich erkannte, dass das, was ich in meinem Herzen gefunden hatte, im Herzen jedes empfindungsfähigen Wesens gegenwärtig und lebendig ist. Wenn du dies erkennst, ist es unmöglich, jemanden absichtlich verletzen zu wollen.

Das bedeutet nicht, dass du Ungerechtigkeit nicht in Frage stellst oder konfrontierst. Eine Macht im Innern wirkt mit einem größeren Gefühl von Gerechtigkeit, Ordnung und Wahrhaftigkeit. Es ist keine rachsüchtige Macht, sondern stattdessen bietet sie Korrekturmöglichkeiten, um in Bewusstsein und intelligenter Existenz zu expandieren. Und es ist alles in Liebe eingebunden, nicht notwendigerweise eine sehr zärtliche und romanhafte Liebe - sie ist viel größer als das. Ich meine Liebe in ihrem Ausdruck als die Einheit des Seins. Eine Liebe, die sich um alles sorgt.

Es ist unergründlich, wie sie das Leben in jeder Hinsicht beeinflusst. Dein Leben wird in jeder Weise bereichert. Nicht nur dein Leben, sondern das Leben vieler anderer Menschen wird in jeder Hinsicht durch deine Erkenntnis deiner wahren Natur bereichert. Sogar die Bäume, das Wasser und alle Elemente sind irgendwie durch die Freude, die du findest, glücklicher.

Der Friede, nach dem du suchst, ist bereits in deinem Herzen. Du musst dir dessen nur bewusst werden. Er kann nicht erschaffen werden. Friede ist niemals erschaffen worden. Er ist das Parfüm des lebendigen Gottes, der Wahrheit. Friede ist unser natürlicher Duft. Genau wie man den Duft einer Rose nicht von der Blume selbst trennen kann, sind Liebe, Freude, Weisheit, perfektes Verständnis und Harmonie gleichermaßen eins mit uns. Sie sind der Duft unseres Herzens. Wir müssen uns ihrer jedoch bewusst sein, um ihre Kraft freizusetzen. Unsere Natur ist es, glücklich zu sein - nicht vorzutäuschen, glücklich zu sein, nicht glücklich zu tun, sondern Freude selbst zu sein. Aber wir eignen uns durch schlechte Konditionierung und falsche Identität eine leidvolle Haltung an - emotional, mental und psychisch - und wir leben wie Wesen, die ihren Weg verloren haben.

Wenn es hier Arbeit zu tun gibt, ist es einfach die Arbeit unseres Seins, diese Irrtümer zu korrigieren und den Verstand zu seiner Quelle zurück zu führen, damit er wieder glücklich ist. Glückliche Wesen stiften keine Unruhe.

Zahllose Leben werden von jemandem verwandelt, der wirklich glücklich ist, jemand, der unter allen Umständen glücklich und friedlich ist. Er ist nicht glücklich über ..., er ist glücklich trotz ... Und ich sage nicht, dass so jemand nicht die Fähigkeit besitzt, Leid zu fühlen, insbesondere mitfühlendes Leid, in dem er sich zu Wesen hingezogen fühlt, deren Leben durch ein größeres Verständnis verbessert werden kann.

Allein die Gegenwart von jemand, der den Frieden entdeckt hat, der sein eigenes Selbst ist, erhöht den Grad des kollektiven Bewusstseins. Dies sollte das wahre Ziel sein, wenn wir über Frieden sprechen. Wenn wir nur über einen phänomenalen Frieden sprechen, über ein Land, das im Frieden ist, gibt es eine innewohnende Instabilität. Es hat viele Beispiele von Ländern gegeben, die sehr im Frieden etabliert schienen, in denen plötzlich Krieg ausbrach, und niemand hat eine gute Erklärung dafür.

Wenn es in deinem Herzen liegt, kannst du weiter für den Weltfrieden arbeiten. Es ist in sich selbst ein Ausdruck mitfühlenden Bewusstseins. Aber daneben musst du auch nach wahrem Frieden in dir suchen. Im Äußeren lässt sich kein wahres Glück und kein wahrer Friede finden. Wenn wahrer Friede in dir gefunden wird, rückt er viele Dinge ohne Anstrengung, Manipulation oder Raffinesse zurecht. Glück und Frieden brauchen keine Politik. Sie brauchen keine Religion. Friede ist ohne Bedürfnis. Wenn du ohne Bedürfnis bist, findest du Frieden.

Ich frage mich manchmal, ob meine Antworten den Menschen gefallen werden. Diese Worte sind nicht hier, um zu gefallen, sondern eher, um zu erleuchten, um Licht und Klarheit einem Thema zuzuführen, das ein globales Anliegen ist. Aber dies kann nur geschehen, wenn du offen bist. Wenn du fixe Ideen in deinem Verstand hast, kann nicht einmal Gott direkt zu dir sprechen.

Stattdessen muss er über Schläge und Tritte mit dir kommunizieren. Bemühe dich zumindest, offener zu sein und nicht mit geballter Faust und engstirnig zu reagieren.

Ich sage häufig: „Mache aus keinem Konzept eine Tätowierung." Schaue, wohin meine Konzepte weisen – reflektiere, betrachte, meditiere, aber halte nicht daran fest, als ob sie in sich selbst Wahrheiten wären. Sie können nur den Weg weisen, weil die Wahrheit wirklich jenseits von Konzepten liegt – sie ist der wahre Geist, unveränderlich. Es scheint, dass der Verstand, den wir so verehren, die Wahrheit verloren hat, die unser Selbst ist. Aber dies kann korrigiert werden. In jedem Zeitalter gibt es immer Wesen auf Erden, die hier sind, um zu helfen, zu ermutigen und die Welt zu inspirieren, wieder zu wirklichem und dauerhaftem Glück und Frieden zurückzukehren. Aber solches Glück und so ein Friede können nicht auf bloßer Phänomenalität beruhen, sie müssen in der Wahrheit begründet sein. Wir müssen diesen Frieden finden, der zeitlos und grundlos ist.

Frage: Ich danke dir sehr.

Sri Mooji: [Lacht] Danke, danke. Ich freue mich sehr über diese Fragen, und ich segne alle, damit ihr Verstand sich mehr und mehr ihrem Herzen zuwendet und die Wahrheit erkennt, während ihr Körper noch warm ist. So lange wir in der Zeit leben, lasst uns das Zeitlose entdecken.

Möge jedes Wesen, das ernsthaft nach der Wahrheit sucht, möge dein Verstand offen bleiben, damit du die Wahrheit in dir selbst, in ihrer Vollkommenheit findest. Mögest du erkennen, dass das größte Wunder der Existenz darin besteht, deine wahre Natur zu entdecken, die in deinem eigenen Selbst, in deinem Herzen liegt – und sie in einem solchen Ausmaß zu entdecken, dass diejenigen, die dich auf dem Weg treffen, so tief von dem berührt werden, was von dir ausstrahlt, deinem Frieden und deiner Freude und deiner Offenheit, deiner Stille und deinem Raum, deiner Gnade und deinem Mitgefühl, dass sie wiederum diese Sehnsucht, diese innere Regung finden, die sie zu ihrer Ewigkeit heimführt.

So sei es. Amen.

www.mannaz-Dasein-erleben.de

Heiko Kroy

Gelebte Liebe, der Weg zum inneren Frieden

Mein Erwachen und die damit verbundene einjährige Erfahrung eines andauernden Satori-Zustands aus dem ich unsanft wieder zurück in die Dualität gefallen bin, weckten in mir die Sehnsucht einen Weg zurück in das All-eins-Sein zu finden.

Die Satori-Erfahrung über einen Zeitraum von einem Jahr aufrecht zu halten war mir möglich, da die Zeit von meinem Zivildienst geprägt war von Stille, Einsamkeit, Einfachheit und Freiheit von allen menschlichen Pflichten und Aufgaben. Ein Alltag fast wie in einem Schweigekloster.

Die intensive Konfrontation mit Menschen nach einem Jahr riss mich aus meinem meditativen Zustand und ließ mich erst rückblickend erkennen, dass ich das letzte Jahr in einem Ausnahmezustand verbracht hatte. Die Erinnerung daran ließ mich nicht mehr los. Ich erkannte im Nachgang die Illusion meiner Ängste, Gedanken, Sorgen und all meiner Emotionen, die Illusion meines Ichs, die Qualität von Bewusstsein, die Realität der Realisation von Gedanken in Materie, die allumfassende Liebe und die Erfahrung des All-eins-seins - und ich konnte klar empfinden, dass ich davon wieder getrennt war. Was blieb war eine Sehnsucht, die nun viel konkreter war, als die wohl den meisten Menschen bekannte Sehnsucht „nach Hause zu kommen", nach dem göttlichen Zustand, dem inneren Frieden oder nach Erlösung.

Von nun an suchte ich einen Weg zurück zu meinem inneren Frieden und nach Erleuchtung. Nach und nach bemerkte ich in Momenten des absichtslosen Begegnens mit anderen Menschen, dass ich für kurze Augenblicke Zeit und Raum zu transzendieren schien und wieder einen Zustand des All-eins-Seins realisierte. Diese Form der Begegnung bezeichne ich als Begegnung in der „Haltung der Liebe" und sie wurde zur Grundlage meines Lebens und Arbeitens.

Immer wieder traf ich auf Menschen, die sich auf eine ähnliche Suche gemacht hatten wie ich selbst und immer wieder wurde mir die Fragen gestellt, wie sie einen Weg zu sich finden und zu einem inneren Frieden finden könnten und wie sie sich diesen Frieden in der Interaktion mit der Umwelt und im Alltag bewahren könnten. Das brachte mich dazu einen Weg aufzuzeigen, der in jeder Begegnung, in jedem Moment und in jeder Alltagssituation geübt, gelebt und erlebt werden kann.

Im Folgenden werden drei Kernschritte auf diesem Weg zum inneren und äußeren Frieden kurz umrissen und dargestellt, wie sich innerer Frieden in unserem Verhalten niederschlägt.

Schritt 1

Wenn wir unsere (kindlichen) Traumatisierungen heilen, lösen sich unsere Emotionswellen auf und wir bekommen wieder Zugang zu unseren Gefühlen. Als erstes geht es darum Emotion und Gefühl zu unterscheiden. Emotionen sind angestaute Gefühle aus unserer Kindheit, die keinen angemessenen Ausdruck gefunden haben und bei denen wir nicht in der Lage waren, die durch das Gefühl angezeigten Bedürfnisse wirksam zu stillen oder andere zu bewegen unsere Bedürfnisse zu befriedigen. Eine Emotion ist also immer eine Reaktion auf ein Erlebnis in der Vergangenheit und steht nur bedingt in Bezug zur aktuellen Situation. Sie ist ein Ausdruck unserer schmerzlichen Sehnsüchte, die aus innerem Mangel und Not in der Kindheit entstanden sind und in unserem Körper gespeichert sind. Sie zeigen wie stark unsere ständige Suche ist, sind Ursprung unserer inneren Unruhe, die uns veranlasst Verhaltensweisen zu leben, um damit andere Menschen zu einem bestimmten Handeln uns gegenüber zu bewegen. Emotionen sind verbunden mit Schuldzuweisungen, Unverbundenheit, Erschöpfung, Ohnmacht, Opferhaltung und Einsamkeit.

Über den Zugang zu unseren Sehnsüchten können wir uns die dahinterliegende Verletzung oder Traumatisierung erschließen und durch körperlichen

Ausdruck und Blockadenarbeit die gestauten Emotionen abbauen. Die Emotions-Wellen klingen langsam ab und unsere Sehnsüchte werden stiller und stiller. Wir bekommen wieder Zugang zu unseren Gefühlen – die eine Reaktion auf gegenwärtige Situationen sind. Gefühle sind unemotional. Gefühle machen uns lebendig und bringen uns in unseren Körper. Sie sind gekennzeichnet von Verbundenheit und Selbstverantwortung und schaffen Nähe. Unwohle Gefühle sind Hinweise, dass wir nicht gut für uns gesorgt haben und angenehme Gefühle sind Hinweise, dass wir gut für unsere Bedürfnisse gesorgt haben.

Schritt 2

Inneren Frieden erreichen wir, wenn wir in der Lage sind unsere wahren Bedürfnisse zu erkennen und uns wirksam darin erleben sie zu befriedigen. Der Zugang zu Gefühlen macht es nun (im Gegensatz zu Emotionen) möglich unsere wahren Bedürfnisse zu erkennen. Meine Erfahrung zeigt mir, dass wir nur relativ wenige grundlegende Bedürfnisse haben. Sie fallen in meinen Augen in die Kategorien:

- Frieden/Harmonie/Stille/Dasein erleben/Ruhe/Autonomie
- Nähe/Verbundenheit/Geborgenheit/Zugehörigkeit
- Freiheit/Lebendigkeit/Ausdruck/Spiel/Kreativität
- Schöpferisch sein/Gestalten/Erschaffen/Wirksamkeit/Lernen

Identifizieren wir über ein unwohles Gefühl ein Defizit in der Befriedigung eines unserer Bedürfnisse, sind wir nun in der Lage dieses Bedürfnis auf verschiedenen Wegen zu befrieden. Dabei macht es für uns keinen Unterschied, ob wir uns innerlich selbst unseren Bedürfnissen zuwenden und sie stillen oder ob wir dafür in Begegnung mit anderen Menschen gehen und unsere Bedürfnisse im Austausch mit anderen befriedigen.

Da wir nun nicht mehr aus der inneren Not unserer ungestillten Sehnsüchte handeln, verlieren unsere Handlungen den Druck und die damit verbundene Gewalt uns selbst und anderen Menschen gegenüber. Unsere Gefühle stellen ja im Gegensatz zu unseren Emotionen keine Bedrohung mehr dar. Sie sind nicht mehr mit unseren existentiellen Ängsten verbunden, wie wir es einst erlebt hatten, als unsere Bedürfnisse als Kinder nicht gesehen oder angemessen beantwortet wurden. Unser Handeln ist dann getragen von einer inneren Ruhe und einer Gelassenheit im Außen. Die Frage unserer Wirksamkeit im Außen ist nicht mehr kriegsentscheidend für unser inneres Gleichgewicht. Wir müssen nichts mehr durchsetzen, bestimmen, unbedingt erreichen, erkämpfen, bezwingen.

Wir haben auch nichts mehr zu verteidigen, weil Verletzungen durch andere nicht mehr unsere Hilflosigkeit oder innere Not auslösen. Eher sehen wir die Not und Ohnmacht der Menschen, die uns zu verletzen suchen. Es gibt nichts mehr zu verteidigen oder abzuwehren, da die Verletzungen der anderen auf keine Identität mehr treffen.

Wir erkennen nun auch wieder unsere tiefen Impulse, die aus unserer Bestimmung kommen und können diesen schöpferischen Impulsen Ausdruck verleihen und sie auf unterschiedlichste Weise realisieren. Wir haben die Wahl, sie in unserem schlichten Dasein wirken zu lassen oder ihnen einen Ausdruck durch Worte und Taten zu geben.

Wie handelt nun ein Mensch im inneren Frieden

Für die meisten Bedürfnisse in den oben genannten vier Kategorien brauchen wir nicht viel Materielles. Aber Materielles kann die Befriedigung unserer Bedürfnisse auch ermöglichen. Ich bin schlicht weg nicht mehr darauf angewiesen, ob ich etwas habe oder nicht. Es obliegt meiner freien Wahl, ob ich in einem bestimmten Moment mein Bedürfnis durch inneres Handeln oder äußeres Handeln befriedige. Einmal wähle ich dann die Stille und die innere Zuwendung zu mir, ein anderes Mal werde ich schöpferisch und erreiche durch meine Taten das innere Gleichgewicht. Ein Mensch in seiner Mitte wird beides zur gleichen Zeit realisieren können und kann frei wählen. Er kennt kein „Ich muss" mehr sondern ein „ich kann" oder „ich bin". Durch seine innere Balance oder Harmonie und seinen inneren Frieden und die Liebe wird er nicht gegen Ungleichgewicht und Disharmonie oder gegen Krieg und Gleichgültigkeit angehen, sondern er wird einen Raum schaffen, in dem seine inneren Qualitäten Gestalt annehmen. Dieser Raum kann auch andere einladen, kann aber auch nur für ihn alleine da sein.

Schritt 3

Wenn wir lernen bedingungslos zu lieben, können wir urteilsfrei auf uns und unsere Umwelt blicken.

Wir lernen bedingungslos zu lieben, wenn wir die erlösten Schattenanteile wieder in unsere Persönlichkeit integriert haben. Dafür ist es notwendig, dass wir im ersten Schritt unsere Identifizierungen mit unseren Persönlichkeitsmustern bewusst wahrnehmen, deren Schutz- und Abwehrfunktion begreifen. So erkennen wir unsere Projektionen und Übertragungen auf unsere Mitmenschen und bekommen Zugang zu unserer Hilflosigkeit und Wut, und zu unserer Angst und Trauer. Wir erkennen in unseren Urteilen über andere Menschen unsere eigenen abgelehnten Anteile. Gelingt uns deren Annahme in uns, löst sich die Identifikation mit unseren Mustern auf.

Im zweiten Schritt erkennen wir dann auch noch unsere Schattenanteile, also die Muster unserer Persönlichkeit mit denen wir uns des-identifizieren. Die wir leugnen und von uns weisen und die uns zu großem Teil vollkommen unbewusst sind. Gerade diese Persönlichkeitsanteile sind der Schlüssel für unsere Heilung im Sinne von Ganz-Werdung bzw. All-eins-Werdung. Wir werden in der Tiefe unsere Ängste unserem Schatten begegnen.

Bringen wir ihn ans Licht, lösen sich unsere Urteile von selbst auf. Wir erfahren Verbundenheit und Versöhnung. Gelingt es uns die Qualitäten unseres Schattens in erlöster Form zu integrieren, entfaltet gerade unser Schatten unser wahres Potential und wir sind nur noch Licht – wir sind erleuchtet.

Die Aufgabe besteht nun darin, die abgespaltenen Anteile in ihrer erlösten Form zu integrieren. Aus der unbewussten Verachtung und Verdammnis wachsen die Fähigkeiten zu Abgrenzung und Autonomie. Aus unbewusster Übergriffigkeit und Selbstbetrug werden Verbundenheit und Vertrauen. Aus unbewusster Macht und Egoismus entstehen Selbstwirksamkeit und Selbstverantwortung. Aus unbewusstem Ausgeliefert sein und Abhängigkeit entwickeln sich die Fähigkeiten zu Hingabe und Geborgenheit.

Auswirkungen auf unser Verhalten

Wenn wir alle abgespaltenen Persönlichkeitsanteile integrieren können, wird unser Handeln frei von Manipulation und Zweck. Wir handeln bedingungslos und haben keinen Erwartungsdruck in unserem Handeln.

Unser Handeln erlaubt uns nun ein sowohl als auch in unserem Sein: z.B. Hingabe und Verbundenheit bei gleichzeitiger Abgrenzung und Selbstverantwortung. Ein Mensch der so handeln kann, hat die inneren Widersprüche überwunden und erkennt, dass gerade erst durch die Integration der scheinbaren Gegensätze ein authentisches und freies Handeln möglich ist.

Wenn wir es schaffen mit uns selbst in vollkommener Liebe zu sein, dann sind unser Denken und Handeln Gleichnis der Liebe und des Friedens.

In allem was wir tun, werden wir dann unseren inneren Frieden bestärken und in unsere Umwelt Frieden bringen. Egal ob wir feiern, arbeiten, in Stille sind, ruhen oder gar für etwas kämpfen - unser Dasein und Handeln wird friedvoll sein.

Wollen wir in der Haltung der Liebe leben,
beginnt eine spannende Reise zu uns selbst
und zu den anderen Menschen.

In jeder Begegnung liegt die Chance
besser zu verstehen,
was wir in uns nicht achten und es
deshalb im Anderen verurteilen.

Die Liebe bringt alles ans Licht
was wir zu vergessen und verdrängen suchten.

Die Haltung der Liebe konfrontiert uns
und die Menschen, denen wir begegnen

Wie wahrhaftig können wir begegnen?
Wie mutig sind wir, Verantwortung zu tragen
statt Schuld auf uns zu nehmen
oder andere zu beschuldigen?

Wie viel Vertrauen schenken wir,
um uns der Lebenslust
in jeder Begegnung zu öffnen?

Lieber Heiko, ich mag Deinen drei Schritten in der Grundstruktur von Herzen zustimmen. Ja, die Unterscheidung zwischen Emotion und Gefühl halte ich für zentral.

Dabei würde ich in Emotionsgefühle unterscheiden, die in bestimmten Situationen von Emotionen ausgelöst werden, und in Empfindungen, auf die ich nicht näher eingehe. Für mich ist noch eine Einsicht wesentlich: Gefühle sind „bewusst", da wir diese wahrnehmen können.

Ganz spannend finde ich Deine Aussage: „Eine Emotion ist also immer eine Reaktion auf ein Erlebnis in der Vergangenheit und steht nur bedingt im Bezug zur aktuellen Situation."

Ich stimme dem zu, nur gebe ich der Aussage eine andere innere Bedeutung und zeitliche Reihenfolge. Am Anfang steht die Bewertung der aktuellen Situation. Hierfür und vor allem danach sind die Emotionen als Reaktion maßgeblich beteiligt. Wenn die Situation als gefährlich bewertet wird, macht uns die Angst danach achtsam, damit wir die Situation meistern. Manchmal wird ein Zuviel an Angst, die Panik oder Starre, oder ein Zuwenig, der Leichtsinn, aktiviert.

Bestimmte Erlebnisse in der Vergangenheit führten zur Bildung von neurologischen Handlungsmustern (Actioncodes = AC), in diese die damals vorherrschenden Emotionen eingebettet wurden. Damit würde ich sagen, die Vergangenheit ist in den ACs abgebildet, weniger als Erlebnis, sondern mehr als Umgang mit der Situation. Die kodierten Emotionen in den ACs bewegen oder beeinflussen unsere Handlung. So macht uns der Ärger kraftvoll, damit wir Einfluss nehmen können.

Das unangenehme Gefühl wird produziert, wenn der AC als Reaktion auf eine aktuelle Situation nicht in der Bewegung seine Lösung findet. Damit wird das Kognitionssystem aktiviert, damit es dann die Handlung noch bewusst sozial oder friedlich beeinflussen kann. Unglücklicherweise wird das unangenehme Gefühl häufig als „negativ" bezeichnet und auch so empfunden. Es ist jedoch wichtig, dass es sich unangenehm anfühlt, sonst könnten wir nicht bewusst darauf reagieren.

Wenig funktionale ACs, die in gewisser Weise nicht geglückte Erlebnisse repräsentieren, verstellen uns den wahren Blick. Wenn sich diese verfestigen und dysfunktional sind, werden sie zum Trauma. Diese gilt es im ersten Schritt zu lösen, da stimme ich zu. Obwohl der AC meist der dominierende Anteil der Reaktion auf die aktuelle Situation ist, stimme ich Deiner Aussage „nur bedingt im Bezug zur aktuellen Situation" trotzdem zu. Es geschieht alles im Hier und Jetzt, der AC wurde jedoch in der Vergangenheit gebildet und führt jetzt zur Bewegung.

Betrachten wir ACs mit den eingebetteten Emotionen und ausgelösten Emotionsgefühlen auf diese Weise, brauchen wir keine Abwertung der Emotionsgefühle mehr. Wir können beginnen diese zu wertschätzen, weil sie uns den Hinweis für friedliches Handeln geben. Die Emotionen bekommen die überlebenssichernde Bedeutung, die sie haben. Mit Anerkennung und Wertschätzung finden wir eher den inneren Frieden und können den äußeren Frieden in der Handlung leben. Das Emotionsgefühl wird so als unangenehmer, nicht negativer, aber wertvoller Hinweis erkennbar, das die Kognition zum Eingreifen aktiviert. Die wenig funktionalen ACs werden erkennbar. Die Lösung dieser ACs sollte unsere innere Friedensarbeit sein und diese beginnt mit der Demut, das Unangenehme bereits als geschehen hinzunehmen und als wertvoll in Bewegung zu transformieren.

Erleben wir die Liebe als Basis-Emotion, die immer ist, geschieht der Transformationsprozess mit innerem Frieden, leicht und gezielt.

Herzlichst, Richard

***

Heiko Kroy beschreibt die Arbeit mit sich selbst und die Entwicklung der Liebesfähigkeit. Das ist ein wichtiger Teil des Weges, den wir zu gehen haben, um zum Frieden zu kommen.

Ein anderer Teil ist der Aufbau von Gemeinschaft, denn der innere Frieden, den ich als Einzelperson erreiche, wird um so mehr Dauer, Tiefe und Realitätskraft bekommen, je mehr ich anderen darin begegne, sie unterstütze und ihre Unterstützung annehme, je mehr ich mich auch spiegele, von anderen annehmen lerne.

Ich sehe ergänzend die Notwendigkeit, die Arbeit an uns selbst zu verbinden mit der Arbeit an den sozialen Strukturen in denen wir leben. Wer sich selbst verändert, wird schließlich die gesamte Kultur und Gesellschaft verändern wollen. Niemand kann auf Dauer seine Bedürfnisse nach Austausch, Liebe, Kontakt befriedigen in einem System, das auf Zerstörung, Krieg und Ausbeutung gerichtet ist.

Denn wie sollen wir in innerem Frieden sein, wenn wir die Notrufe so vieler Menschen verdrängen müssen, die jetzt in diesem Moment hungern, auf der

Flucht sind, unter Bombenangriffen sterben? Eine andere Welt ist möglich. Die Arbeit an uns selbst ist Teil einer Revolution, eines Systemwechsels für diese andere Welt.

Mein Partner Dieter Duhm schreibt in seinem neuen Buch Terra Nova dazu: „Wir brauchen eine Revolution, die den Armen hilft, den Ausgebeuteten und Unterdrückten, den Kindern, den Tieren und allen Wesen, die heute so dringend unsere Hilfe brauchen. Damit helfen wir auch uns selbst."

Sabine Lichtenfels

www.doloresrichter.com

Dolores Richter

Vom inneren Wachstum zum Wirken in der Welt

Pfingstvortrag 2001

Ich baue auf, auf den Vortrag von Bill Nickl über den Zustand der Welt und die Frage: Was können wir tun, um mitzuweben am Netz einer globalen Friedensbewegung?

Wir haben sehr viel darüber gehört, was wir ganz konkret dafür tun können. Ich möchte heute auf die innere Seite schauen. Aus meiner Sicht der Dinge braucht es immer eine gleichzeitige Schau von innen und außen. Zu unserer politischen Handlung, zu unserer Analyse der Zeitsituation brauchen wir im Innern ein wachsendes Wissen darüber, wer wir sind und warum die Welt so ist wie sie ist - weil alles miteinander zusammen hängt.

Der Zusammenhang zwischen der Wirkung unserer Arbeit und unserer inneren Wirklichkeit stellt sich zum Beispiel an der Frage: wenn ich mir Frieden wünsche in der Welt: Kann ich mir eigentlich Frieden vorstellen? Und: kann ich es fühlen? Da kommen wir an die Stelle, wo es um unser eigenes Inneres geht, darum, was wir eigentlich mit dem Feind im eigenen Inneren tun, mit der eigenen Feindseligkeit, mit dem ganzen Krieg, der Tag für Tag in unserem Hirn und Herzen stattfindet.

Kann ich mir Frieden vorstellen auch in einer ganz aktuellen Situation des Konflikts mit Freunden, mit Liebespartnern. Weiß ich, welche Rolle ich spiele? Welche Kriegspartei bin ich selbst? Je mehr wir eindringen in unsere innere Wirklichkeit, umso mehr dringen wir immer tiefer vor in die Schattenseiten unserer eigenen Seele. Und je mehr wir diese kennen, umso fähiger sind wir, den äußeren Feinden gegenüberzutreten.

Es gibt einen phantastischen Aufsatz von José Monteagudo, der heißt: „Auch ich trage den jugoslawischen Krieg in mir". Dieser Mann hat sich während des Krieges auf dem Balkan auf 30 Seiten darüber auseinandergesetzt: was habe ich mit diesem Krieg zu tun. Könnte es sein, daß meine Art zu leben und die Entscheidungen, die ich tagtäglich treffe, etwas dazu beitragen, diese Kriege aufrechtzuerhalten?

Und dann beginnt er eine sehr ehrliche Reise. Er beginnt, sich die verschiedenen Parteien in diesem Krieg vorzustellen, beginnt, wie wir es alle machen würden, mit den Opfern. Er versetzt sich in die Opfer, denkt es durch, fühlt es durch, dann geht er zu den Soldaten, dann zur Nato und es wird immer schwieriger. Die nächsten, wo er es sich schon fast nicht mehr vorstellen kann, sind die Paramilitärs, und dann geht er weiter zu Milosevic. Da sagt er: ich steige aus. Das finde ich so schlimm, das kann ich mir nicht mehr vorstellen, damit habe ich nichts zu tun. Und er geht trotzdem weiter, bis er sich Stück für Stück hineindenken kann: er schaut sich Fotos von ihm an, Fernsehinterviews, studiert das Gesicht, stellt sich vor, wie dieser Mensch aufgewachsen ist, wie er wahrscheinlich argumentieren würde, wenn man ihn einmal vertraulich fragt, warum er das tut, was er tut.

Er dokumentiert dann, was er denkt, was Milosevic so gefragt sagen würde und merkt, daß er sich auch in ihn hineindenken kann: „Gut, ich höre zu, wie er denkt. Ich lasse ihn erzählen...bis er zum Schluß sagt: ich bin kein Verbrecher. Ich bin nicht verrückter als die Bürger, die mich gewählt haben. Die große Mehrheit von ihnen würde an meiner Stelle genau das Gleiche tun ... - Ich hatte einen Tyrann gesucht und habe den rechtmäßigen Repräsentanten eines Volkes getroffen.. Ich weiß, daß dieser Mann sich betrügt, weil ich mich selber kenne, und weiß, wie ich mich tagtäglich betrüge. Ich lasse auch zu, daß bestimmte Ungerechtigkeiten geschehen, ... Ich befehle meiner inneren Polizei, Greueltaten in Form von Worten und harten Blicken zu begehen, aber vor allen Dingen in Form von giftigen Gedanken, die ich heimlich nähre und vor meinem heiligen Bewußtsein verstecke. Und ich tue es im Namen von Verletzungen aus der Vergangenheit, realen oder eingebildeten, die ich leid bin zu pflegen, und die mir langsam die Seele vergiften.

Der Tyrann, den ich in mir habe, bestraft mich selber äußerst hart. Er wertet mich ständig, behandelt mich geringschätzig und zieht sich an jedem Irrtum, den ich begehe, hoch. Er gibt mir das Gefühl, ein Sünder zu sein, und genau das verhindert, daß ich meine Fehler ernsthaft erkenne und voller Hoffnung korrigiere. Er nutzt jede Gelegenheit, um mich davon zu überzeugen, daß die Liebe nicht existiert und die Klarheit in meinem Geist nur ein Trugbild ist." So beschreibt er den Tyrannen in sich selbst. Und die Erfahrung, die er in diesem fiktiven Gespräch macht, ist eine Erfahrung, die viele Friedensarbeiter machen, Menschen, die mit ethnischen Konflikten arbeiten oder mit Kriminellen zu tun haben: daß die meisten Täter aus ihrer Weltsicht heraus aus einem guten Gewissen handeln.

Monteagudo endet seinen Aufsatz mit der Frage: ist es möglich, daß auch in mir ein Jesus Christus wohnt? Auf jeden Fall, ja. Dieser Christus ist unsere wahre Natur hinter allen anderen Erscheinungen. An dem Tag, an dem wir unsere Christusnatur verwirklichen, werden alle Kriege von der Welt verschwinden - mit jedem Schritt in diese Richtung beginnt die wahre Geschichte der Menschheit, eine Geschichte voll von Liebe, Überraschungen und Abenteuern, eine Geschichte von Begeisterung und Kreativität. Und damit dieser Christus sich verwirklichen kann, muß der Sack umgestülpt werden, und ans Licht purzeln: Milosevic, die Paramilitärs, die Macht aus den dunklen Schatten, die Nato und das Opfer. Nur so öffnen wir der Wahrheit die Türe, der Wahrheit als stärkster Kraftquelle auf dem Weg der Transformation.

Soviel zu der Frage: was ist innere Friedensarbeit. Es lohnt sich, den eigenen Schatten ins Angesicht zu schauen. Ich weiß aus eigener Erfahrung, daß es lange Phasen gab in meinem Leben, wo ich sie nicht sehen wollte und mich auch so verhielt, daß sie mir nicht gespiegelt werden konnten.

Ich habe im Winter im Rahmen meiner Ausbildung in Tamera einmal die Frage an meine Freunde gestellt: welchen Machthaber seht ihr in mir? Ich wußte, diese Frage habe ich lange vermieden, aber jetzt wollte ich es wissen.

Meinen Freunden ist dazu einiges eingefallen, und sie haben mir im Rückblick einiges erzählt, wo sie diese Machthaberin in mir gesehen haben. Und das wesentliche Erlebnis war, daß ich in dem Moment, wo es ausgesprochen war, große Erleichterung verspürte. Ich fragte mich: warum habe ich diese Frage nicht viel früher gestellt? – Denn der Moment, wo es ausgesprochen ist, ist der Beginn der Heilung.

Wenn du einen Menschen auf seine Wahrheit ansprechen kannst, bist du nicht mehr getrennt. Es ist dann auch nicht mehr schlimm, Fehler zu machen. Schlimm — schlimm im Sinne des eigenen Wohlbefindens - ist nur, Fehler zu verbergen und den anderen das Gefühl zu geben, daß sie dich besser nicht darauf ansprechen, weil das die Freundschaft gefährden könnte. Aus dieser Situation ist für mich ein Arbeitssatz entstanden: Überwinde in dir den Gedanken der Trennung. Das ist das Gegenstück zu meiner Sehnsucht nach Intimitiät und Verbundenheit. Und ich habe festgestellt, daß, was meiner Sehnsucht im Weg steht, sind meine trennenden Gedanken. Wenn man damit forscht, erlebt man jeden Tag eine Situation, wo man weiter lernen kann.

Wie arbeiten andere Menschen in der Welt? Wir finden diese Gedanken immer wieder. Eine Basis gewaltfreier Aktion ist zum Beispiel: „Ziel ist, die Wahrheit im Gegner zu entdecken und somit eine gemeinsame Basis zur Konfliktlösung zu schaffen."

Oder Scilla Elworthy, die uns im Sommercamp besuchen wird: Sie arbeitet für Atomwaffenabbau. Sie hat einige Zeit lang demonstriert und Öffentlichkeitsarbeit gemacht und festgestellt, daß es nichts nützt. Weil die Entscheidungsträger über die Atomwaffen gar nie mit dem Gedankenraum der Atomwaffengegner in Berührung kommen.

Sie hat begonnen, Dialoge zwischen Entscheidungsträgern und Gegnern zu organisieren, also Menschengruppen, die normalerweise keinen Kontakt haben und nicht wissen, was die anderen denken. Dabei mußten sie lernen, daß es keine Verständigung geben kann, wenn wir davon ausgehen, daß wir die einzige und alleinige Wahrheit vertreten. Wir müssen bereit sein zu hören, warum der andere, in dem Fall der Waffenproduzent, so denkt, wie er denkt. "Es ist harte Arbeit an sich selbst. Wir mußten das Gefühl der Ohnmacht und Wut verwandeln in Macht. Mit Ego-Macht erreichst du nichts. Nur wenn du deinen Ego-Standpunkt verläßt, dein Gefühl, Recht zu haben, deine heimliche Anklage und Schuldverschiebung usw. kannst du dich wieder verbinden mit deiner positiven Macht (Hara-Macht)".

Ein anderes Beispiel ist der Versöhnungsprozeß in Südafrika. Sein Gedanke heißt: Nicht Vergeltung, sondern Vergebung. Der Wunsch nach Vergeltung führt zu einem unerbittlichen Zyklus von neuerlichen Vergeltungs - und Ge-

genvergeltungsakten. Das einzige, das diesen Zyklus durchbrechen kann, ist das Ermöglichen eines Neuanfangs, ist Vergeben. Ohne Vergeben gibt es keine Zukunft. Ihre Gerichtsprozesse bieten individuelle Amnestie im Austausch für Wahrheit: wenn ein Täter seine Tat zugibt, wird ihm vergeben.

Noch einmal zusammenfassend: Innere Friedensarbeit heißt: Kennenlernen der eigenen Schatten und Kriegspotentiale, nicht mehr erschrecken. Allein sie ans Licht zu holen, ist Heilung für sich selbst und die Welt. Je mehr ich sie in mir kenne, umso weniger werde ich sie im Äußeren bekämpfen und verurteilen. Wenn du im Innern entdeckst, was zu tun ist, wird deine Macht und Wirksamkeit im Äußeren sprunghaft steigen. Durch das Hineinfühlen in die andere Person findet eine Erweiterung der Perspektive statt, eine Weitung deiner Anteilnahme: ein Weg zur eigenen Fähigkeit zu lieben.

Der Bereich der Geschlechterliebe ist ein zentraler Bereich der inneren Friedensarbeit. Die Liebe ist ein Politikum, wenn wir lernen, sie im Kontext zu sehen: die kulturelle Entwicklung des Liebesbildes verstehen und verstehen wie viele Menschen an der Entwicklung meiner Liebe beteiligt sind.

Durch die Spaltung in eine erlaubte und eine verbotene Seite der Sexualität schmort in uns und in der Gesellschaft ein Bodensatz von Verstellung, Gewalt, Lüge und zurückgehaltener Lebensenergie. In kultivierten Zeiten führt dies zu Fehlleitungen wie Konsum, graue Gesichter, arbeitsames Funktionieren ..., in Krisen wie Kriegszeiten führt es zu Exzessen, Vergewaltigungen, Verstümmelungen...

Die geschichtliche Unterdrückung der Sexualität war und ist verbunden mit Gewalt, meist Gewalt gegen Frauen. Damit verbunden ist die Verachtung unserer sexuellen Natur. Ich sage das, damit wir uns bewußt werden, welches Themenspektrum wir vor uns haben, wenn Mann und Frau von Liebe sprechen. Liebe braucht viel Bewußtsein und Raum, um das historische Erbe, das jeder einzelne Liebenwollende in sich trägt, überhaupt sehen zu können. Wer ist dieser Mann oder diese Frau, wo kommt er her, wodurch ist er so geworden, wie denkt er, fühlt er?

Unser Liebesbild ist ein Kulturprodukt. In unser aller Untergrund, in Träumen, Urlaubsabenteuern, Filmen, Werbung, Phantasien läuft eine andere Wirklichkeit. Das Themenspektrum, das zwischen zwei Liebenden steht, kann nicht von zwei Menschen gelöst werden. Wir sollten wissen, daß unser Liebesbild und die Verhäuslichung der Sexualität Konstrukte einer Kultur sind, die einen kleinen Menschen hervorbringen wollte. Unser Liebesbild entspricht nicht der Größe und der Kraft, die der Liebe und dem Sex innewohnen! Liebe und Eros kennen keine Grenzen. Die Liebe beginnt zwischen zwei Menschen. Und sie wird so lange zwischen zwei Menschen wachsen, wie es beide wünschen. Unter gesellschaftlichen Bedingungen, wo die sexuelle Natur bejaht ist, keine Verbote und Ängste herrschen, wird sich die Liebe nach und nach mit dem wachsenden Vertrauen und der wachsenden Herzöffnung von selbst erweitern.

Der wesentliche Fehler in unserem Liebessystem ist, dass es herausgelöst wurde aus einem natürlichen Zusammenhang/Ordnung mit anderen Menschen und Natur/Universum. Es ist ein Fehler, der sehr viel Leiden verursacht, denn die Erwartungen, die wir aufgrund dieser Fehlkonstruktion aneinander haben, kann kein Mensch einem anderen erfüllen. Wir brauchen ein Verständnis und eine Praxis der Liebe, das die Welt einschließt. Einschließt, was los ist auf der Welt und was zu tun ist. Die Liebe braucht ein spirituelles Fundament. Ohne spirituelles Fundament verwechseln wir den Liebespartner mit dem, was wir im Universum und in der Gemeinschaft verloren haben.

An einer Liebe sind immer ganz viele beteiligt. Am Gelingen der Liebe zwischen zwei Menschen ist der ganze Stamm beteiligt, sagen die Dagara. Liebe macht sehend, wenn wir die Augen für alle Beteiligten öffnen! Liebespartner zu werden ist ein spiritueller Weg und das heißt: er braucht Zeit, geistige Bemühung, Geschichtsstudium, und das Gebet bzw. die Verbindung zu einer höheren Instanz und die Gemeinschaft. Statt einem Treueversprechen wird es Entscheidungen geben. Sie könnten zum Beispiel so heißen: Ich bin bereit, herauszufinden wer ich bin; als Mann und als Frau. Ich bin bereit, die Verantwortung für meine Sehnsucht und ihre Erfüllung zu übernehmen. Ich bin bereit, mich auf meine eigenen Füße zu stellen und mir eine Quelle zu schaffen, die mich nährt - außerhalb der Liebe zu einem Menschen. Ich bin bereit, mich in Vertrauen zu üben. Ich werde da, wo ich mißtraue und zweifle, in meinen Tempel zurückkehren und meine Seele reinigen, bevor ich ihm gegenübertrete Ich bin bereit, so zu lieben, daß auch andere, die ihn oder mich lieben, die ich oder er liebt, darin Platz haben. Jede Begegnung, jeder

Wunsch nach einer Begegnung und jede Nichterfüllung ist eine Forschungsreise, an der ich lernen kann, egal wie sie aussieht. Nach einer schönen Begegnung danke ich, und die Energie zwischen uns wird frei. Ich sorge dafür, daß ein Umfeld um mich entsteht, ein Freundeskreis, eine Gemeinschaft, die meine Suche und die Wahrheit in der Liebe unterstützen. Tatsächlich dehnt sich die Liebeskraft immer mehr aus. Wenn ich einmal begonnen habe, sie über den einen hinaus wachsen zu lassen, alle Beteiligten einzubeziehen, mich in den anderen hineinzudenken, seine Perspektive, seine Geschichte zu verstehen, wächst eine tiefere Annahme des Menschen, der hinter der äußeren Erscheinung, der Macke, der Projektion ist.

Ich komme zum Schluß zur Frage der globalen Wirksamkeit. Hat innere Friedensarbeit eine Wirkung über mich hinaus? Es braucht ein tiefes Nachdenken, wo und wie es gehen könnte, Hoffnung zu haben, zu glauben, daß Veränderung möglich ist. Und wenn wir tief darüber nachdenken, kommen wir auch an den Punkt, wo die Veränderung nicht stattfinden kann, wenn sie uns selbst nicht einschließt. Es gehört mit zur Entwicklung der eigenen Friedenskraft, an der eigenen Hoffnung und Vision zu arbeiten. Hoffnung entsteht, wenn wir eine Vision haben, wenn wir etwas gesehen, gefühlt, erlebt haben, wodurch ein inneres Seelenbild abrufbar bereit ist, dem wir folgen. Vision ist ein innerlich gefühltes und empfundenes Bild dessen, wie wir leben wollen, was wir erreichen wollen. Wenn diese Vision in uns ist, trägt sie uns, dann ist unsere Arbeit kein Mühen und Ringen; es gibt einen Sog, der von vorne zieht.

Dieter Duhm hat sich die Frage, gibt es Hoffnung, gibt es globale Heilung, konsequent gestellt und über lange Jahre eine Politische Theorie entwickelt, in der er Erfahrungen und spirituelle und wissenschaftliche Studien zusammenfasst. Es ist ein ganzheitliches Heilungskonzept für die Erde. Sie ist beschrieben in dem Buch "Die heilige Matrix", das in diesem Jahr neu erschienen ist. Sie beschreibt den Plan der Heilungsbiotope. Heilungsbiotope sind Plätze, in denen versucht wird, das Prinzip des Vertrauens im zwischenmenschlichen Bereich, im Bereich von Liebe und Sexualität, in der Kooperation mit Pflanzen und Tieren, in sanfter Technologie und lebensgemäßer Architektur umzusetzen - mit dem Grundgedanken, daß durch mehrere solcher Zentren eine Heilungsinformation in den Informationskörper der Biosphäre eingehen kann, der in der Evolution eine neue Richtung ermöglicht. Es gibt eine wunderbare Broschüre über Tamera, das Heilungsbiotop I, in dem das fast sinnlich erfahrbar dargestellt wird ...

Ich lese zum Abschluß 4 von 15 Kernsätzen zur Friedensarbeit und der Politischen Theorie:

1. Du kannst im Äußeren nur soviel Frieden bewirken, wie du in dir selbst verwirklicht hast.
2. Der innere Friede entsteht durch Geborgenheit und Verbundenheit mit etwas Größerem: Verbundenheit mit dem Leben, mit der Gemeinschaft, mit dem Universum, mit der Divinität.
8. Wenn es gelingt, die globale Kette von Angst und Gewalt auch nur an einer Stelle ganz zu durchbrechen, dann verliert die gesamte Kette ihre Stabilität. Es besteht eine hohe Wahrscheinlichkeit, daß sie auch an anderen Stellen reißt. Dann geschieht es, daß unerwartete Liebe eintritt, wo bisher Feindschaft war.
9. Wenn es dir gelingt, an einer einzigen Stelle deines Lebens die alte Reaktion von Angst oder Haß durch eine Handlung des Friedens zu ersetzen, dann hast du eine exemplarische Drehung vollzogen, die eine Feldwirkung auf andere Menschen hat.
10. Durch jeden Gedanken und jede Handlung wird eine Grundinformation in den Äther geschickt. Wenn sie in Resonanz steht mit der Matrix des Lebens, dann wirkt sie in allen Dingen.
12. Es kommt darauf an, eine umfassende Friedensinformation aufzubauen, die übereinstimmt mit den Grundgesetzen des heiligen Lebens. Sie wirkt, wenn sie deutlich und widerspruchsfrei ist, an allen Punkten der Erde.
13. Um eine solche komplexe, eindeutige und realistische Friedensinformation aufzubauen, brauchen wir eigene soziale und ökologische Räume, wo sie entwickelt werden kann: solche Räume nennen wir Heilungsbiotope. Mehr dazu im Buch.

Ich sehe eine wesentliche Aufgabe unseres Platzes, Erfahrungen zu ermöglichen, die Hoffnung und Vision schaffen. Je mehr Menschen in sich ein Bild von einer menschlichen Kultur tragen, umso leichter wird es, sie an den verschiedensten Orten zu verwirklichen. Möge jeder den Platz finden, wo er seinen Beitrag leisten kann für das Gelingen.

Es ist nicht leicht über innere Vorgänge zu sprechen.

Das Einfühlen in einen vorerst als GegnerIn empfundenen Menschen wirft die Frage auf, wie weit meine Vorstellungen von diesem Menschen überhaupt etwas mit ihm zu tun haben. Was weiß ich beispielsweise schon über die Kriegsparteien, die bei der Zerschlagung Jugoslawiens einander gegenüber standen, abgesehen von der in der Europäischen Union und allgemein im Westen verbreiteten Kriegspropaganda? Ich muss mir darüber klar sein, dass so eine Erforschung, so ein Einfühlen nur mit mir selbst zu tun hat, mit meinen (Vor-) Urteilen, Meinungen, Ansichten, Wahrnehmungen, Irrtümern, Erinnerungen, Vorstellungen, Selbstverständlichkeiten. Und es fragt sich, ob nicht jede Ansicht einen Schleier darstellt vor dem, was ich ohne Ansichten bin, was meine GegnerInnen sind.

Wie weit haben wir überhaupt die Macht (und das gilt auch für die an der Spitze der Hierarchie) zu bestimmen, was wir tun?

„Ich kann zwar tun, was ich will, aber nicht wollen, was ich will", hat Arthur Schopenhauer erkannt. Inwieferne hat eine Person also „Feldwirkung"? Bewirkt nicht eher das Feld die Person? Ja, wer ist denn diese Person überhaupt, wenn man wiederum von Ansichten und Wahrnehmungen absieht? Haben Frieden und Krieg überhaupt noch (die übliche) Bedeutung, wenn eine Person durch den Schleier dringt und sich erforscht?

Subhash

***

Liebe Dolores, was für ein berührender Aufsatz. Ich erlebe beim Lesen Echtheit und Erfahrungstiefe.

Mir fiel bei Deinen Beschreibungen der inneren Schau auf, dass immer wieder Untersuchungs- und Heilungsmöglichkeiten unterschiedlicher Ebenen gewechselt werden. So scheint mir die Reise aus dem mentalen Fokus heraus zu beginnen und mit zunehmender Subtilität in eine seelische oder aber auch in eine Feldperspektive usw. zu gleiten. Nach meiner Erfahrung ist es sehr entscheidend, diese Shifts auch richtig einzuordnen, um eine Ablösung von der Identifikation mit dem Verstand stabil werden lassen zu können. Dann kann sich der Verstand aus einer tieferen Einsicht heraus entspannen und bewusst Heilungs- und Wachstumsprozesse unterstützen. Dieser ist dann nicht mehr seinen eigenen Verrücktheiten ausgeliefert, denen er sonst oft nur durch Disziplin oder euphorische Gegenphantasien zu begegnen weiß.

Entsprechende Achtsamkeit möchte ich dem Leser auch in Hinblick auf Dolores Ausführungen über die Kraft von Visionen ans Herz legen. Es scheint mir von großer Bedeutung, klar zu sehen, dass Visionen auf der Ebene der Seele erscheinen und stets diese Verbindung und Ausrichtung erhalten bleiben sollte, da in unserem Kulturkreis die gewohnheitsmäßige, in der Regel subtile und unbewusste Vereinnahmung durch den Verstand insbesondere in Stresssituationen innerhalb von Bruchteilen von Augenblicken eine Vision in einen Kreuzzug mutieren lassen kann.

Noch einen dritten Punkt möchte ich herausheben: „... (dass) die Verhäuslichung der Sexualität ... einen kleinen Menschen hervorbringen wollte." Bei aller Relevanz unterdrückter Sexualität, die ich sofort als äußerst plausibel skizziert empfinde, möchte ich hinzufügen, dass mit der Verhäuslichung der Sexualität ebenfalls die Spiritualität de facto mitverhäuslicht werden musste. Denn Spiritualität und Sexualität sind gerade in dem Aspekt der Fülle auf das Engste miteinander verwoben. So stehen wir heute aufgrund der Verhäuslichung der Sexualität einer scheinbaren de facto Aufspaltung von Leerheit und Fülle gegenüber, deren asketischen oder hedonistischen Auswüchse großes Spezialistentum, aber letztendlich unterdrückte Potentialentfaltung nach sich ziehen.

Darüber hinaus hat die Verhäuslichung von Sexualität und spiritueller Fülle auch den Aspekt der spirituellen Leerheit verhäuslicht. Wie viele unserer aufgewachten Menschen kultivieren übermäßig ihren Individualismus, haben größte Schwierigkeiten, sich übergeordneten Notwendigkeiten hinzugeben? Mein Eindruck ist, dass erst eine Befreiung der Leerheit aus ihrer Verhäuslichung mittels ausgeprägter sozialer Interaktion, die Identität von Leerheit und Fülle wieder stabiler erfahrbar machen wird.

Liebe Dolores, ich danke Dir für diesen für mich überaus wichtigen Aspekt, der mir ein weiteres wertvolles Puzzleteil ist,

Dein Romen

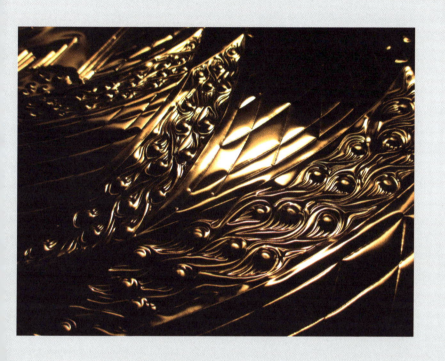

www.sabine-lichtenfels.com
www.tamera.org

Sabine Lichtenfels

Eine Kraft,
die stärker ist als Gewalt

Aus dem Buch:
GRACE - Pilgerschaft
für eine Zukunft ohne Krieg.

Aufgerüttelt vom drohenden Krieg gegen den Iran 2005, mit der Frage, was ein einzelner Mensch tun kann, um kommende Kriege zu verhindern, entschließt sich Sabine Lichtenfels zu einer halbjährigen Pilgerreise von Deutschland in Richtung Israel/Palästina. Sie geht weite Strecken zu Fuß und ohne Geld, besucht Friedensgruppen, hält Vorträge, beteiligt sich an Meditationen und nimmt sich Zeit für die unterschiedlichsten Menschen, die sie unterwegs trifft. Sie entdeckt dabei eine Kraft, auf die sie sich immer mehr verlassen kann: GRACE.

Es ist ein Zustand hoher Energie und Humanität, verbunden mit politischer Handlungskraft. In Israel/Palästina angekommen, leitet sie eine 40-köpfige internationale Pilgergruppe zu Fuß durch den Norden Israels und in die Westbank, durch Flüchtlingslager, Siedlungen, Militärcamps und entlang der Mauer. Die bewegenden Erlebnisse der Gruppe sind Lehrbeispiele für die Wirkungsweise von GRACE. Der folgende Text beschreibt dieses Prinzip.

Die Pilgerreise sollte uns nach Israel-Palästina führen, in das sogenannte heilige Land, eine Region, die seit langer Zeit von Krieg, Konflikten, Kampf und Trennung bestimmt ist. Sollte eine Pilgerreise in diesem Land im Sinne der inneren und äußeren Friedensarbeit erfolgreich sein, brauchten wir eine spirituelle Quelle, die uns auch in schwierigen Situationen richtig und heilend handeln ließ.

Auf der Suche nach einem Namen für die Pilgerschaft stießen wir auf den Namen GRACE.

GRACE hat viele Bedeutungen und umfasst mehr als das Wort Gnade im Deutschen. GRACE: Gnade, Gunst, Anmut, Charme, Bereitwilligkeit, Entgegenkommen, Nachsicht, Grazie. Grace bezeichnet auch den Akt der Gnade selbst. GRACE erinnert mich daran, dass ich im Dienste einer höheren Sache unterwegs bin, im Dienste des Lebens und seiner Gerechtigkeit.

Diejenigen, die im Namen von GRACE unterwegs sind, kommen nicht, um zu richten. Sie kommen nicht, um dem Land oder dem Ort oder den Menschen neue Ideologien überzustülpen, sondern sie kommen im Dienst der Öffnung, der Wahrnehmung und Unterstützung. GRACE bringt eine Verpflichtung mit sich, den Krieg nicht zu schüren, sondern zu beenden, wo immer du bist. Im Namen von GRACE bin ich immer auf der Suche nach einer gewaltfreien Lösung: einer Lösung, die Gerechtigkeit und Heilung schafft und allen Beteiligten dient.

Dazu ist niemals Verurteilung, manchmal aber ein klares Urteil nötig. GRACE sagt: Ich bin gewillt, den Krieg zu beenden und zu verstehen, durch was er beendet werden kann, und ich stelle mich in den Dienst dieser Lösung.

Wie tief du diesen Entschluss schon getroffen hast, kannst du daran prüfen, wie du reagierst, wenn du meinst, dass dich jemand verletzt oder ungerecht behandelt hat. Nur allzu schnell sind wir bereit, unsere Entschlossenheit zum Frieden zu vergessen und in den kleinen oder großen Krieg einzutreten.

Dazu nur ein kleines, humorvoll gemeintes Beispiel: Wenn du zu hören bekommst, dass man den Wagen eines fernen Bekannten gestohlen hat, nimmst du es vermutlich relativ gelassen hin. Wenn du hörst, dass das Auto deines besten Freundes gestohlen wurde, bist du vermutlich schon mehr aus der Ruhe zu bringen, aber vielleicht noch gelassen genug, um ihm ein paar weise Ratschläge zu erteilen. Wenn dein eigenes, heiß geliebtes Auto gestohlen wurde, ist es vermutlich für einige Zeit vorbei mit dem inneren Frieden. Die tiefgreifenden Weichenstellungen spielen sich auf ganz anderen Stockwerken des Bewusstseins ab. Wir können aber mehr über die Zusammenhänge im Großen verstehen, wenn wir im Kleinen gelernt haben, Zeuge unserer selbst zu sein.

GRACE ist nicht vom Menschen gemacht. GRACE verweist immer auf die höhere Ordnungsebene des Lebens selbst.

Nicht ich, das Leben selbst möge richten. Wo auch immer ich bin und hinkomme, ich lege zunächst einmal meine Voreingenommenheiten und Vorurteile zur Seite. Ich komme nicht mit vorgefassten Meinungen, wer der andere ist oder nicht ist, ich mache diese Meinungen nicht zum Maßstab für mein Handeln.

Auf meiner gesamten Pilgerschaft habe ich mich immer wieder darin geübt, in jedem Menschen den Christus zu sehen, egal, wo ich hinkomme: Als erstes suche ich den Menschen auf, der gerade mein Gegenüber ist, und lasse mich von seiner Geschichte berühren. Dazu verankere ich mich so weit wie möglich ganz in diesem Augenblick. Immer wieder stelle ich mir vor, dass der andere, der mir gerade gegenüber sitzt, auch ich sein könnte. Ich könnte eine Siedlerin sein, eine Palästinenserin, eine junge Israelin, die gerade ins Militär eintritt. Ich könnte der Soldat sein, der gerade mit Tränengas auf die palästinensischen Kinder geschossen hat.

Hinter all den Rollen und Masken der Entfremdung suche ich den Menschen in seinem Kern. Diese Art der Gegenwärtigkeit gelingt keineswegs immer. Wie oft war ich empört über die Weltanschauung, die mir da entgegengebracht wurde, z.B. von einem extrem gesinnten Rabbi oder einem fanatischen Moslem. Oder wie oft entdeckte ich in meinem Innern Abwehr und reagierte mit Widerwillen auf die nicht endenden Anklagen und Leidensgeschichten der Palästinenser in der Westbank oder auf die fanatischen Reden eines Siedlers.

GRACE verlangt nach Selbsterkenntnis. Und diese Selbsterkenntnis ist nicht immer leicht. Fehler bei anderen zu entdecken ist um vieles angenehmer und leichter, als sich selbst zu enttarnen. Als ich vor einem jungen Offizier saß, der mit voller Überzeugung die ideologischen Werte seines Staates erklärte, wollte in mir alles aufschreien vor Wut und Empörung. Dann fiel mir plötzlich ein: Er könnte dein Sohn sein. Und sofort sah ich den Menschen. Das ist der erste Schritt, der Öffnung schafft. Jetzt kommt es darauf an, ob ich in der Lage bin, ihm angstfrei die Wahrheit zu sagen, die ich sehe. Hier geschieht GRACE.

Ich lasse mich berühren und versuche zu berühren. Wenn immer es mir möglich ist, betrete ich jeden Ort mit geöffnetem Herzen. Das ging mir bei den

Soldaten oder Offizieren genauso, wie es mir bei palästinensischen Bauern oder Farmern erging oder bei den Siedlern. GRACE kommt aus der Kraft und der Verbundenheit mit der Quelle des Lebens.

Man darf dies nicht verwechseln mit einer ängstlichen Haltung, in der man sich nicht getraut zu sagen, was man sieht und die Ungerechtigkeiten beim Namen zu nennen. Im Zustand von GRACE verurteile ich nicht, aber ich habe den Mut, die Wahrheit zu sagen. Ich möchte die Wahrheit so sagen, dass sie den anderen erreicht und verändert, und nicht, um Recht zu haben und damit den Krieg weiter zu schüren.

In unserer alltäglichen Wirklichkeit schotten wir uns gegen beide Seiten ab, sowohl gegen die Wahrheit des Opfers, als auch gegen die Seite des Täters, und stülpen sofort unsere Weltanschauung darüber. Hauptsache, unser Weltbild stimmt. Das ist unser Schutz vor wirklicher Berührung. Nur weil wir schon so verschlossen sind, können wir überhaupt noch die Nachrichten ertragen. Wir sind erleichtert, wenn wir die Guten und die Bösen unterscheiden können.

Dann leben wir unser gepflegtes Alltagsleben, und wenn wir irgendwo einen sozialen Aspekt in unserem Leben eingebaut haben, halten wir uns für gute Menschen. Auf diese Weise entsteht der schleichende Faschismus unserer Zeit: die Gleichgültigkeit. Die Menschen verschließen ihre gut bürgerlichen Haustüren vor der Realität. Sie tun es, bis auch sie plötzlich erfasst werden von der Welle des wahren Lebens, das sie immer unterdrückten und das sich durch die Unterdrückungen jetzt von seiner grausamsten und gewalttätigsten Seite zeigt.

Nicht das Leben selbst ist grausam, aber das unterdrückte Leben erscheint grausam und gewalttätig. Es zeigt sich in den Ehekrisen, in Krankheit, steigender Selbstmordrate, psychischen Erkrankungen, Alkoholismus oder sonstigen Erscheinungsformen. Bis wir erwachen.

GRACE erinnert uns daran, dass hinter dieser schrecklichen Dimension unserer Kultur, die bald keine Auswege mehr zu bieten scheint, eine andere Wahrheit und Wirklichkeit waltet. Es ist eine sehr einfache Wahrheit, die überall dieselbe ist.

Wir vergessen bei unserer Meinungsbildung fast immer, dass wir uns auf einer Deutungsebene befinden. Die Wahrheit liegt jenseits aller Meinungen. Die Wahrheit unterscheidet sich von Ideologien dadurch, dass sie schlicht und einfach wahr ist.

Es war erschütternd für mich zu sehen, dass der Konflikt in den meisten Fällen immer neues Feuer erhielt durch die Weltanschauungen und Überzeugungen, die man sich um die Ohren ballerte.

Aus unserer Angst vor der Wahrheit des Lebens erklären wir unsere Meinungen und Ansichten zur Wahrheit, für die wir bis zum Letzten kämpfen; so entsteht der psychologische Krieg, der schließlich im realen Krieg mündet. Wir halten für wahr, was mit Wahrheit nichts zu tun hat. Es sind die Geschichten unserer Sozialisation, mit denen wir uns identifizieren.

Du schaust auf einmal in den verzerrten Spiegel einer Menschheit, die sich von ihren Wurzeln getrennt hat. Überall schaust du in dasselbe Grundmuster von Angst, von Wut, von Ohnmacht und Verletztheit und dem daraus resultierenden Krieg mit seinen zerstörerischen Racheakten. Es ist das unterdrückte Leben selbst, das, um überleben zu können, die Rache wählt.

Hier nutzen keine moralischen Appelle. Du musst dir nur einmal vorstellen, dein Kind würde vor deinen eigenen Augen getötet. Ist nicht dein erster und stärkster Impuls die Rache?

Du siehst es überall in mehr oder weniger schlimmen Formen, aber das Grundmuster ist überall dasselbe. Es offenbart sich hinter allen Ideologien, hinter allen Religionen, hinter allen Weltanschauungen; wir sind alle gleichermaßen Opfer der imperialistischen Kultur geworden.

Und hinter dieser rollenden Lawine, die hinweg-rast über die Krisengebiete dieser Erde und die die Erfahrung des Schmerzes in die Geschichte von Opfern und Tätern schreibt, hinter all diesem triffst du überall auf denselben Hunger. Hunger nach Leben, Hunger nach Liebe, Hunger nach Vertrauen und Heimat, Hunger nach Anerkennung, Hunger danach, gesehen und verstanden zu werden. Dieser Hunger ist unabhängig von jeder Kultur. Er ist einfach da. In jedem Menschen, so wahr er noch Mensch geblieben ist.

Wenn ich im Namen von GRACE unterwegs bin, versuche ich in erster Linie, den Menschen zu treffen und mich von ihm berühren zu lassen und nicht von der Weltanschauung, die er vertritt. Wenn unsere Treffen mit Weltanschauungsdebatten begannen, war alles verloren. Niemand hörte mehr zu, stattdessen begann ein emotionales Tohuwabohu. Die Begegnungen verliefen vollkommen anders, wenn die menschliche Berührung stattgefunden hatte. GRACE erinnert dich immer daran.

GRACE ist wie eine bewusst gewählte Naivität, die dir hilft, dich nicht in dem Meer von Weltanschauungen zu verirren und hinter allem die elementare und einfache Wahrheit zu sehen und zu hüten. Du schaffst Öffnungen für den Schrei nach Leben.

Du siehst den kollektiven Schmerzkörper vor dir, der den Juden ihr fürchterliches Schicksal bescherte. Du siehst den Kollektivwahn der Deutschen darin, die bis heute als Volk nicht in der Lage waren, ihre Vergangenheit wirklich zu sehen und zu heilen. Du siehst die Folgen einer falsch gelaufenen patriarchalen Religion und Kultur, zu der die Kriege gehören wie das Naturspektakel eines fantastischen Gewitterhimmels zum Wettergeschehen, und das seit Tausenden von Jahren.

Die Geschichte von Opfern und Tätern und die Identifizierung mit ihnen müssen beendet werden. Hier wartet die Weltgeschichte auf die große Transformation, das große Erwachen.

GRACE erinnert dich immer daran, dass diese Wandlung nicht aus eigener Kraft geschehen kann. GRACE erinnert dich an die Heiligkeit des Lebens selbst in jedem Augenblick. GRACE erinnert dich daran, dass es einen Ausweg aus der Sackgasse nur geben kann, wenn es menschheitlich gelingt, zurückzukehren zu den wahren Grundlagen des Lebens und der Liebe, des Vertrauens und der Wahrheit. GRACE ist die Kraft des langen Atems, der durchhalten kann, weil er am Horizont der Geschichte eine neue Morgenröte sieht, eine paradiesische Kultur der Liebe und der Nächstenliebe, eine Kultur, die Unterschiede achtet und doch ihre einheitlichen Werte des Lebens anerkennt. GRACE ist wie die Nabelschnur, die uns mit dieser Vision verbindet und uns schon jetzt aus ihrem Geist, aus ihrer Neuheit, Fülle und Schönheit handeln lässt.

„Embodiment and awareness are the twin sisters of grace", so heisst mein liebster Satz in Peter Levines Buch „In an unspoken voice". Und ich glaube, dass es sich lohnt, darüber einen Moment nachzudenken...

Persönlich begann ich erst, Grace zu verstehen, als ich mich mit Gurdjieff's Verständnis von Gnade - etwas, was direkt von oben, von Gott kommt - vertraut gemacht habe. Grace ist ein unglaublich komplexer Begriff, wohl oft unterschiedlich verstanden. Mir gefällt es, dass Sabine Lichtenfels Ihr Projekt GRACE genannt hat. Ich verstehe sie so, dass sie gleichsam durch die Menschen, ihr Conditioning, hindurchschaut auf den göttlichen Funken, der uns allen innewohnt.

Gerade hatte ich das grosse Geschenk, ein Wochenende mit Shai Hoffmann zusammen arbeiten zu dürfen. Der in Berlin lebende Jude wird demnächst in einem Film einen Muslim spielen und muss sich dafür nun erst einmal in diese Religion und Kultur einfühlen. In den sozialen Medien hat er um Hilfe gebeten für den Non-Budget-Movie, und in kurzer Zeit erhielt er ganz viele Angebote. Gerade noch bevor wir uns verabschiedeten, erzählte er mir, dass ihn eben ein Palästinenser angerufen hat, um eine tolle Drehlocation kostenlos anzubieten. So ist das wirk-liche Leben!

Damit komme ich zu meinem Konzept der Relevanz. Wahrheit kann sich in jedem Moment nur über Relevanz ausdrücken, relativ zur Situation, zum Moment, zu den Beteiligten. Gerne benutze ich zur Illustration das Beispiel, dass ich einen Führerschein habe. Das ist ein Fakt, also wahr, aber nicht in jeder Situation relevant. Während ich diese Zeilen schreibe, habe ich einen Führerschein, er ist sogar mit mir, aber dieser Fakt ist nicht relevant.

Mit der Intention der Pilgerreise nach Israel/Palästina schafft Sabine ganz konkrete Relevanz. Die Reise selbst ist das Ziel, die Intention, „in erster Linie den Menschen zu treffen und mich von ihm berühren zu lassen" schafft ein Feld grosser Klarheit - und Relevanz.

Mögen wir uns inspirieren lassen von Sabine Lichtenfels, in unseren Unternehmungen, im Alltag, immer wieder zurück zu finden zu solcher Klarheit in der Intention. Diese schafft die idealen Anfangsbedingungen für Erfolg und Relevanz. So einfach kann das sein!

Andre Jacomet

support@planet-tachyon.com
www.planet-tachyon.com

David Wagner

Die Rückkehr nach Hause
Der Weg zu individuellen
und globalen Frieden und Harmonie

Wir wurden in ein vertikales Energiesystem geboren - als ein natürliches, spirituelles, erleuchtetes Wesen, mit der angeborenen Fähigkeit, sich in das Eins-sein auszudehnen, in Harmonie mir all dem, was diese Welt zu bieten hat. Aber wenn wir heranwachsen, führt uns unsere menschliche Umgebung dazu, ein horizontales Energiesystem zu werden - ein unnatürlicher, getrennter, fragmentierter, unerleuchteter Lebensstil, der nicht in Harmonie mit den natürlichen Gesetzen ist. Es wird wohl keine Überraschung sein für jeden der diesen Artikel liest, dass die menschliche Rasse sich in einer schrecklichen Notlage befindet, und dies bereits seit sehr, sehr langer Zeit. Ist es nicht unglaublich, dass in den vergangenen hundert Jahren Menschen über 200 Millionen ihrer eigenen Art abgeschlachtet haben? Diese Zahl ist keine Hyperbel. Stell dir das einmal vor. Wie ist das möglich?

Wir haben den Feind erkannt und er wohnt in uns

Nur Menschen vernichten sich gegenseitig. Würdest du nicht meinen, nachdem wir uns so auf so wundervoller Weise entwickelt haben, dass wir gelernt hätten, wie wir in Frieden und Harmonie miteinander leben könnten? Wir haben es aber nicht. Es sind heute mehr schwarze Menschen im Gefängnis als es Schwarze während all der Jahre der Sklaverei in Amerika waren. Über 250 Millionen heute lebende Frauen wurden verheiratet bevor sie fünfzehn Jahre alt waren. Vom Westen geführte Kriege haben Millionen Todesopfer im Mittleren Osten zur Folge gehabt. Der Antisemitismus zeigt immer noch sein verabscheuungswürdiges Gesicht in der ganzen Welt. Stämme kämpfen gegen Stämme. Die Gier waltet zügellos. Millionen leben in bitterer Armut.

Nur zehn Prozent der Weltbevölkerung haben Zugang zu Toiletten, und ein Prozent der Weltbevölkerung kontrollieren 90 % des Weltreichtums. Rassismus, Genozid, Enthauptungen, Mutilationen, Unterdrückung, Umweltverschmutzung verdunkeln immer noch den Planeten. Wir zerstören nicht nur uns selbst, wir zerstören diese wunderbare Erde. Sind wir verrückt? Es sieht ganz sicher so aus. Was ist die Ursache unseres Wahnsinns? Wurden wir verrückt geboren? Gibt es in uns eine genetische Veranlagung zur Selbstzerstörung?

Von der horizontalen zur vertikalen Wirklichkeit wechseln

Können wir uns vor uns selbst retten und zugleich den Planeten retten? Ich liebe die Erde, du nicht auch? Ich liebe die Menschen, trotz ihres Wahnsinns. Du nicht auch? Ich liebe meine Kinder und alle Kinder des Planeten und ich möchte sie aufwachsen sehen auf einem Planeten, der von Menschen bevölkert ist, die erwacht sind und frei, die in Frieden und Harmonie miteinander leben. Du nicht auch?

Es gibt auch eine helle Seite. In den vergangenen dreißig Jahren habe ich weltweit Hinweise erkannt, die mir zeigen, dass die Menschheit bereit ist für eine Transformation. Eine Transformation zu was? Zu einem höheren Bewusstsein, zu einem inneren Wechsel in unserer Psyche, zur Befreiung. Ich nenne es einen Wechsel von der horizontalen zur vertikalen Wirklichkeit. Damit dieser Wechsel stattfinden kann — und er muss stattfinden, sonst werden die Einwohner des Planeten nicht überleben — müssen wir als erstes verstehen, warum wir in dem Zustand sind, in dem wir sind, und dann muss jeder individuell handeln, um sich von der horizontalen Wirklichkeit zu befreien.

Wir sind Sklaven, und wir wissen es nicht

Mit nur wenigen Ausnahmen sind wir kollektiv versklavt und tyrannisiert von einer Macht in uns, die unkontrollierbar geworden ist. Was als eine Hilfe gemeint war, ein Bote zu unseren Diensten, ist zu einer dominanten und dominierenden Kraft geworden, die uns gefesselt hält durch schlaue, diabolische Tricks und Strategien, die von Generation zu Generation weitegegeben werden. Was ist diese Kraft, diese destruktive Energie? Es wird sicherlich kaum jemanden überraschen, dass es unser Ego ist, auch unser „mind" genannt, das, was ich unsere horizontale Wirklichkeit nenne, die die Ursache für unseren Wahnsinn ist.

Das Ego hält uns gefangen in unseren eigenen Persönlichkeiten. Und wir wissen es nicht. Wir wissen es nicht, weil das Ego ein brillanter Stratege ist, so schlau und hinterhältig, dass es sich selbst täuscht und glauben macht, dass es lebt. Es hat die Verantwortung für unsere Zeit, unsere Handlungen und unser Leben übernommen. Auf diese Weise hat es eine falsche Identität erschaffen in Bezug auf Wer und Was wir sind.

Das Ego glaubt, es sei wirklich, aber es kann nur von einer Diät aus vergangenen Erinnerungen und künftigen Plänen existieren. Tatsache ist, das Ego kann nicht in der Gegenwart existieren, im vertikalen Moment. Dies ist der Schlüssel zum Verständnis und zum Transzendieren der Pläne und Illusionen des Egos.

Um dies zu tun, müssen wir zuerst den Kimono des Egos öffnen, um es so zu offenbaren als das, was es ist. Und dann müssen wir es umtrainieren und zurückentwickeln von seiner jetzigen Rolle als Herr über das, was wir glauben zu sein, zum Diener dessen, was wir wirklich sind. Weil das Ego im vertikalen Moment nicht existiert, ist der, wer wir wirklich sind, meistens versteckt vor unserem Bewusstsein und der Welt.

Du bist ein spirituelles Wesen, das im vertikalen Moment existiert, genau zwischen der Vergangenheit, die du kennst, und der Zukunft die gedacht wird. Dieses spirituelle „Wesen", von dem ich spreche, ist das, was du wirklich bist. Dein „Wesen" ist bereit, deine Lebenserfahrungen zu leiten, zurück in das Erleben einer vertikalen Integration mit allem, was ist.

Ob du es weißt oder nicht, du bist in jedem Moment deines Lebens in dauerhaftem Kontakt mit all den sichtbaren und unsichtbaren Kräften des Universums. Es ist diese Göttliche-Lebenskraft Energie, von der wir getrennt sind. Wir sind von unserem körperlichen, emotionalen und mentalen Energiesystem getrennt – von der vertikalen Wirklichkeit. Die Göttliche-Lebenskraft Energie, auch bekannt als die Quelle, die Matrix, der Spirit, die kosmische Energie, das Göttliche, Alles Was Ist, sowie mit vielen, in anderen Kulturen gegebenen Namen, die auf der Erde erfahren wurden – ist ein vertikales Energiesystem.

Die Energiesysteme erwachsener Menschen sind, mit der Ausnahme solcher, die erleuchtet sind, horizontale Energiesysteme. Als Ergebnis, funktionieren wir in der Illusion, dass wir von unserem „Wesen" getrennt sind, von der Quelle, und dies schon seit sehr langer Zeit.

Über einen langen Zeitraum dachte ich, es sei nicht notwendig genau zu wissen wie unsere Trennung von der vertikalen Wirklichkeit geschehen ist. Jetzt weiß ich, dass es lebenswichtig ist, dies zu wissen, weil dieses Wissen der Schlüssel zur Zukunft der menschlichen Rasse ist. Um uns zu verändern, zu transformieren, müssen wir wissen, von was wir uns transformieren und zu was wir werden.

Der Verlust der Gnade

Schauen wir uns an, wie unsere Trennung von unserem „Wesen-sein", unserer Göttlichkeit, unserer vertikalen Wirklichkeit, jeden Bereich unseres Lebens beeinflusst hat. In der Natur hat alles seine selbst-enthaltene energetische Struktur. Diese nenne ich vertikale Energie. Diese vertikale Struktur verbindet sich mit allen anderen vertikalen Strukturen auf der Erde, die der Menschen eingeschlossen. Wir werden vertikal geboren. Wir kommen hier her in einem vertikalen Zustand, verbunden mit Allem Was Ist. Leider dauert es nicht lange, bis wir diesen vertikalen Zustand verlieren – unsere Kommunion mit dem Göttlichen, mit dem natürlichen, geordneten Fluss der Lebenskraft-Energie. In allen Religionen und spirituellen Schulen gibt eine etablierte Doktrin oder eine mündliche Tradition, die eine Trennung von dem Göttlichen beschreibt. Im Christentum wird sie „der Verlust der Gnade" genannt.

Ich bin mir sicher dass, was immer deine Glaubensvorstellungen sind, sie eine Art von Trennung beinhalten. Das Ergebnis, ungeachtet welcher Tradition, wird immer als etwas beschrieben, auf das ich mich als Wechsel von einem vertikalen Energiesystem zu einem horizontalen Energiesystem beziehe. Die Symptome eines horizontalen Energiesystems sind die Wirkungen auf unsere wichtigsten Energiezentren, üblicherweise als Chakren bekannt. Die Chakren werden fragmentiert in horizontale Energie-Wirbel.

In einem Energiesystem kommt Energie rein und es geht Energie hinaus. Eins rein, eins raus. Das horizontale Energiesystem verbindet sich nicht auf natürliche und mühelose Weise mit dem Energiefluss der Natur und unserem integrierten Teil des Planeten und mit allem auf ihm. Das horizontale System verringert beträchtlich die Menge der Energie, die in unseren und durch unsere Körper fließt. Diese Energieminderung ist der Samen, aus dem das Ego sprießt. Da das Ego im vertikalen Moment nicht existiert, kann es den vertikalen Moment nicht als die Quelle aller benötigten Energie annehmen, weil dies seinen eigenen Untergang suggerieren würde. Also hat es gelernt die Energie von äußeren Kräften zu beziehen. Einige Wege, über die es Energie nimmt, sind gesund, wie bei der Einnahme der grundlegenden Energien durch die Ernährung unseres Körpers mit gesunden Nahrungsmitteln, reinem Wasser, Sonnenlicht. Aber das ist nicht genug um zu gedeihen. Das Ego ist schlau und hat unzählige Wege gefunden, um sich mit Energie aufzuladen. Einige kannst du schnell erkennen: Aufladung durch Meditation, durch Zusammenschluss mit gleichgesinnten Menschen, durch das Teilen in Kommunen und durch die gegenseitige Fürsorge in Liebe und Mitgefühl.

Zweifellos wirst du die ungesunden Wege erkennen, durch die das Ego seine Energie aufbessert. Der Üblichste ist, sie unbewusst zu stehlen – sie von anderen zu entwenden. Destruktive und ungesunde Konkurrenz ist ein anderer Weg, durch den wir Energie stehlen. Dieses destruktive Spiel wird überall auf der Welt gespielt. Es ist ein Tauziehen, das ohne Ende weiterläuft. Es ist ein Nullsummen-Spiel. Und wie in allen Nullsummen-Spielen, muss es Gewinner und Verlierer geben. Die Gewinner, da sie dem Verlierer die Energie gestohlen haben, sind energiebeladen. Die Verlierer sind energetisch entleert. Daraus ergibt sich, dass der Verlierer irgendwo Energie finden muss, also sucht er sofort Energie, die er stehlen kann um seine eigene aufzufüllen. Das alles wird im Namen des eigenen Überlebens getan. Und so wird dieses Spiel schon über tausende Jahre gespielt.

Es ist das Beziehen von äußerer Energie, das der Grund ist für all unsere Kriege, Gräueltaten, Rassismus, Unterdrückung anderer, gebrochene und zerstörte Beziehungen, globale und individuelle Dysfunktionen und Pathologien, und warum wir voneinander entfremdet sind. Das Bedürfnis zu dominieren, sich überlegen zu fühlen, sich von anderen zu unterscheiden, zu urteilen und zu verurteilen, existiert auf einer globalen Skala und auf einer individuellen. Wir sind vom natürlichen, vertikalen Fluss entfremdet. Der horizontale Energiefluss ist so fragmentiert, dass das Ego jetzt in dem horizontalen Energie-Überlebensspiel gefangen ist; es stiehlt Energie, nur um am Leben zu bleiben. Das Ergebnis steht in den Geschichtsbüchern und in den Nachrichten jeden Tag.

Aber es gibt in jedem von uns einen Weg zurück zu unserem natürlichen, energiegeladenen Zustand der Vertikalität - eine individuelle und planetweite Transformation. Es ist wahr, dass es keine einfache Wende ist. Aber es ist doch mehr als nur eine Möglichkeit, für jeden von uns individuell gesehen und für die gesamte menschliche Rasse, von diesem destruktiven, stehlenden horizontalen Energiesystem wegzukommen. Ein System, das außerhalb des in der Natur natürlichen integrierten und reichen Energieflusses der Quelle funktioniert.

In meinen Vertikale-Wirklichkeit-Workshops habe ich Zehntausenden bei ihrem Wechsel unterstützt. Ich weiß, dass wir vertikal geboren werden, das Kronenchakra und das Wurzelchakra sind immer noch vertikal, und ich weiß, dass unser „Wesen" immer bereit ist, unseren Wechsel zur Vertikalität zu vollziehen. Aus der Sicht der energetischen Perspektive, ist Vertikalität eine Voraussetzung für die Erleuchtung.

Alle erleuchteten Wesen sind vertikal. Unsere vertikal orientierten Energiesysteme sind natürliche Leitungen, die unsere Welt tragen und verbunden sind mit dem unendlichen Fluss der göttlichen Quelle von Allem Was Ist.

Dies ist keine neue Information. So wird zum Beispiel im Hinduismus gesagt, dass die Kundalini, wenn sie aufsteigt, alle Chakren durchbricht. Sie kann ein Chakra nur durchdringen, wenn dieses im Energiesystem des Suchenden von der horizontalen zur vertikalen Ausrichtung gewechselt ist. Und wenn sie zurück nach unten fällt, erschafft sie einen natürlichen Energiefluss. Man dachte bisher, dass dieser Wechsel zwanzig Jahre oder mehr hingebungsvoller Arbeit erfordern würde, um erreicht zu werden. Tatsache ist jedoch, dass wir nicht zwanzig Jahre warten können. Für viele Seelen, die in die moderne Welt zurückkommen sind, wird das in der Falle steckende Ego wieder vorherrschend und entfacht zum Handeln, das vertikale System zurück verzerrend in die horizontale Funktionsweise - der für das Ego einzige bekannte Weg, zu existieren.

Es ist trotzdem wichtig zu wissen, dass das Ego in ein mehr spirituelles Ego entwickelt werden kann. Ein freundlicheres, mehr mitfühlendes, friedlicheres Ego. Wenn wir jedoch weiter außerhalb des vertikalen Moments existieren, zwischen der Vergangenheit und der gedachten Zukunft, ist es eigentlich egal wie entwickelt, liebend, freundlich und spirituell unser Ego zu sein geschult wurde. Solange wir in der horizontalen Wirklichkeit versklavt sind, wird sogar die erhabenste Absicht dem horizontalen Energiesystem Energie zuführen. Ein einfaches Beispiel: In unserer heutigen Welt gibt es Religionen, die von sich selbst glauben, sie seien wahr und gerecht, liebend und mitfühlend, verbunden und in Kommunion mit dem Göttlichen. Die Mitglieder ernähren energetisch diesen Glauben, blind für die horizontale Wirklichkeit, die da drinnen waltet. Meistens stehlen diese selbstgerechten Gruppen die Energie von all denen, die nicht ihren Glauben teilen. Stehlen und töten, um Macht und Energie zu gewinnen. Dies ist die horizontale Wirklichkeit, die die Menschheit bisher geplagt hat.

Wir sind alle zusammen in dieser Situation

Die Geschichte zeigt uns, dass wir immer wieder graduell unsere Deutungen aller Dinge transformiert haben. Gott ist dabei keine Ausnahme. Das Alte Testament erzählt die Geschichte von Hiob und seine Beziehung zu Gott. In diesen veränderungsreichen Zeiten erleuchteter Wesen, wird Gott meistens einfach als Alles Was Ist verstanden - die ewige Quelle des göttlichen Energieflusses. Eins zu werden mit Allem Was Ist, ist wo wir uns heute befinden.

Der Wechsel von dem horizontalen zum vertikalen Fluss ist sehr beeindruckend. Ich bin damit gesegnet worden, mehr als zehntausend Leben geholfen zu haben, zurück in den vertikalen Fluss zu wechseln. Durch Unterricht und Leitung, Benutzung fortgeschrittener Methoden und Techniken, und mit der immer gegenwärtigen Macht des „Wesens" des Suchenden, wird das Zurückfallen in den natürlichen vertikalen Fluss innerhalb von Tagen erreicht, nicht Wochen oder Monaten. Nicht in Jahren. In dem vertikalen Zustand wirst du ständig und fortlaufend mit einem Fluss göttlicher Energie versehen, die deine emotionalen, mentalen, physischen und spirituellen Körper nährt.

Im vertikalen Fluss zu leben kann wieder unsere natürliche Art zu sein werden. Wir haben dies verloren und jetzt verfügen wir über klare, schnelle Schritte, um es zurück zu bekommen, jeder Einzelne. Wenn du diesen Artikel liest, gehörst du zu einem Teil der allgemeinen Bevölkerung mit einem hohen Bewusstseinsniveau. Es liegt in deinen Händen, und in meinen, und in den Händen all derer die ein tieferes Verständnis und eine tiefere Verbindung mit der Quelle erreicht haben, zum vertikalen Fluss zurückzukehren — zurückzufallen in den vertikalen Fluss, und nach Hause zurückzukommen, wo wir hingehören.

Ich habe in den vergangenen dreißig Jahren die Ergebnisse beobachten können, die sich aus dem Wechsel zur und leben in der vertikalen Wirklichkeit ergeben. Das Teilen und der Erfahrungsaustausch über die vertikale Wirklichkeit auf globaler Ebene, wie ich sie praktiziert habe und immer noch tue, erlauben mir aus erster Hand zu erkennen, wie Individuen und ihre Welten von der horizontalen zur vertikalen Wirklichkeit wechseln. Ich habe erkennen können, wie das Leben der Menschen sich entwickelt und in eine bessere Welt integriert wird. Die Welt ist reif und bereit für einen Wechsel zur Vertikalität. Wie auch immer sie gelehrt wird, wer auch immer der Lehrer ist, das entscheidende für dein Wohlbefinden und für die Menschheit als Ganzes ist, in das vertikale Energiesystem zu wechseln. Wenn du gewechselt hast, wirst du einen unwiderstehlichen Einfluss auf andere haben. Du wirst nicht weiter Energie von außenstehenden Quellen benötigen. Lies diese Aussage und verinnerliche wirklich, was sie bedeutet.

Der vertikale Fluss beherbergt die unvergängliche Verbindung mit dem Planeten, mit der Natur und mit allem, was ist. Wenn du dich einmal in dem vertikalen Fluss befindest, wirst du auf natürliche Weise Teil von Allem Was Ist. Wenn man integriert ist mit allem was ist, kann man nicht Krieg oder Schmerz erschaffen. Wenn man Teil ist von Allem Was Ist, wird die Selbstzerstörung durch Tun undenkbar. Stell dir vor, das Ego könnte transformiert und befreit werden von seiner Stellung als „der Chef". Stell dir vor, es könnte geführt und zurückentwickelt werden zu seiner Funktion als Diener und Bote des befreiten „Wesens", und uns einfach die Informationen aus der Vergangenheit, die wir brauchen, liefern, und die Zukunft planen, so wie es das wirkliche du, das immer gegenwärtige Licht-„Wesen", das innerhalb des vertikalen Moments existiert, benötigt. Moment zu Momenten zusammen verbindend. Und in Befreiung lebend.

Die, die in Kontakt kommen mit befreiten Wesen, werden wünschen, sie nachzuahmen. In ihrer Nähe zu sein, mit ihnen zu kommunizieren. Ein lebendes vertikales Wesen ist eine Quelle von einem Überfluss an Energie. Stelle dir vor, was von einem liebenden Licht-„Wesen" angezogen und was aus ihm erwachsen würde, oder von einem inspirierenden Licht-„Wesen", oder einem friedlichen Licht-„Wesen". Die Welt würde sicher anfangen sich zu verändern, oder? Es sind diese Individuen, die zusammen die Welt erschaffen, die für uns vorgesehen war, damit wir in ihr lebten, überströmt mit Freude, Harmonie, Frieden und Freiheit.

Der Weg nach Hause

Es gibt viele Wege, um in das Jetzt einzutreten, um Eins zu werden mit dem Moment. Ich nenne es, in den gegenwärtigen Moment zu fallen. Wenn du in den gegenwärtigen Moment fällst, existiert das Ego nicht. Was uns aus dem Moment heraus nimmt, ist das Ego, das nicht in dem vertikalen Moment existieren kann. Also ist der reale Schlüssel, um in der vertikalen Wirklichkeit zu leben, das Ego zurück zu entwickeln in einen fröhlichen Boten, das ist Befreiung. Dreißig Jahre lang habe ich systematisch diesen Prozess gelehrt, in Workshops auf der ganzen Welt. Ich bin jetzt dabei, mein Buch über die vertikale Wirklichkeit fertig zu stellen, in dem die notwendigen Werkzeuge dargestellt werden, damit wir zu meistern lernen, wie wir das Ego zurück entwickeln können zu seiner Boten-Form, und lernen, in der vertikalen Wirklichkeit zu leben.

Wie das aussehen könnte

Wenn du in den vertikalen Fluss fällst, fängst du an, in einem kooperativen und partnerschaftlichen Modus zu handeln und dich entsprechend zu verhalten. Du bereicherst die Energie aller. Du eliminierst das Bedürfnis zu Lasten anderer zu gewinnen. Im vertikalen Fluss bist du der natürlichen Ordnung angeschlossen, und so ermöglichst du das Hervortreten von ausbalancierten Lösungen und von Antworten, die funktionieren. In der Vertikalität bist du immer gegenwärtig, fair, mitfühlend, liebend, respektvoll, und du balancierst das Geben und Nehmen aus. Du brauchst dann nicht die Energie oder Situation einer anderen Person zu entleeren. Du wirst zu einer Quelle von harmonisierender Energie. Du heilst und balancierst die Welt aus, nur durch dein Sein. Durch die Wiederherstellung unserer vertikalen Verbindung kann das Ego befreit und zu deinem persönlichen Assistenten entwickelt werden. Auf der sozialen Ebene können wir uns aus der dunklen Energie der Dominanz und der Trennung in eine helle, illuminierte, harmonische Welt hinein bewegen, ohne weiter Energie voneinander zu nehmen und uns anstatt dessen gegenseitig Energie geben.

Wenn wir gemeinsam diesen Wechsel durchgeführt haben, werden wir unsere Spezis geheilt und den Planeten gerettet haben. Die unter uns, die die Ernsthaftigkeit des Problems erkannt haben, sind zu einer Brücke zu immer höheren Dimensionen von kosmischer Energie geworden, die die Menschheit verjüngen und die uns zur Vertikalität zurück bringen wird. Vertikalität ist das Geheimnis aller Wunder, das Geheimnis spontaner Heilungen, das Geheimnis für Frieden und Wohlstand.

Du weißt bereits, dass du das Potential hast, dich direkt zu verbinden und dich direkt einzustimmen mit dieser ursprünglichen Alles Was Ist-Energie. Es ist jetzt an der Zeit zu lernen, wie man dies schnell und dauerhaft tun kann. Ich lade dich ein, dich von der horizontalen Energie zu befreien, dich so von den Fesseln des Egos zu befreien, und in dem vertikalen Moment zu leben, als das göttliche Wesen, das du bist.

David has a different way of expressing as do all pointers at the moon. For me I sense a difference between teaching and inviting and so often it is simply use of words that produce seeming differences.

Love, Isaac

www.satsang-mit-torsten.de
www.bodhisat.de

Torsten Brügge

Frieden - innen und außen

Was die Politischen
von den Spirituellen lernen können
und umgekehrt

Intro Die Kluft ist uralt. Schon als Diogenes zum Griechenherrscher Alexander sagte »Geh mir aus der Sonne«, waren die einen mehr innenweltorientiert (so sehr Diogenes auch die Sonne schätzte), die anderen mehr außenweltorientiert. Auch heute noch ist das so, und der Respekt voreinander ist meist sehr gering. Unsere heutige prekäre Weltlage verlangt jedoch, dass die beiden Seiten einander nicht mehr verachten. Die Meditierer können von den Aktivisten lernen und die politisch Engagierten von den Meditierern. I-Ende

Ex Unreife politische Einstellungen spiegeln sich in fundamentalistischer Geisteshaltung wider. Hier werden die eigenen Grundsätze als die einzig wahren verstanden

Ex Auch in der Spiritualität gibt es Unreife. Da herrschen Wunscherfüllungsfantasien und magisches Denken vor, und man glaubt, das Ersehnte kraft der eigenen Gedanken herbeizaubern zu können

Ex Es wäre verfrüht, schon jetzt einen neuen Homo spiripolitens auszurufen, doch es gibt immer mehr politisch engagierte Menschen mit einer spirituellen Grundhaltung

Ex Nach Ken Wilber sollten wir bei Betrachtungen der Wirklichkeit immer beide Perspektiven – die äußere und die innere – gleichberechtigt würdigen

Leute, die sich für das Wohl der Menschheit engagieren, könnte man – so scheint es mir manchmal – in zwei Lager aufteilen: »die Politischen« und »die Spirituellen«. In beiden Gruppen sollte man zunächst zwischen weniger hoch und höher entwickelten Formen des Engagements unterscheiden.

Unreife politische Einstellungen spiegeln sich in fundamentalistischer Geisteshaltung wider. Hier werden die eigenen Grundsätze als die einzig wahren verstanden. Man hält an vorgegebenen Regeln und Ideologien fest oder fordert eine Rückbesinnung auf diese ein. Wer das akzeptiert, verhält sich gesellschaftskonform und genießt Unterstützung. Die Gesinnung zu hinterfragen ist unerwünscht. Fremde Überzeugungen lässt man nicht gelten. Andersdenkende werden ausgeschlossen. Im Extremfall kämpfen Fundamentalisten mit radikalen und gewalttätigen Mitteln um gesellschaftliche Vormacht.

Reife Politik

Menschen mit einer reifen politischen Einstellung verfügen über eine offene Grundhaltung. Sie hinterfragen bestehende Denkmuster und lassen Kritik an eigenen Wertvorstellungen zu. Sie interessieren sich für die Sichtweisen anderer. Sie wollen sie nachvollziehen, um ihren eigenen Horizont zu erweitern. Dadurch entwickeln sie Toleranz auch für abweichende Meinungen. Reife politische Entscheidungsfindung erwächst aus argumentativem Austausch. Man schaut über den Tellerrand der eigenen Gruppeninteressen hinaus und bezieht das Wirken komplexer Systemzusammenhänge ein. Widersprüche zwischen Thesen und Antithesen lösen sich in umfassenderen Synthesen auf. Geschieht dies nicht, bleibt die Möglichkeit zu demokratischer Mehrheitsbildung.

Befreiende Spiritualität

Auch im Feld der Spiritualität gibt es unreife und reife Ausformungen. Erstere sind von egozentrischen Wunscherfüllungsfantasien durchzogen. Hier herrscht magisches Denken vor. Man glaubt, alles Ersehnte – quasi per Knopfdruck – kraft der eigenen Gedanken herbeizaubern zu können. Oder solche Allmachtsfantasien werden nach draußen projiziert, dann sollen Götter oder gottgleiche Gurus einen erlösen. Dazu muss man ihnen gefallen und sich unterwerfen. Zu dieser Art von Spiritualität gehört die Faszination für Symbole und Rituale. Religiöse Schriften werden wortwörtlich interpretiert. Wer daran glaubt, wird selig. Alle anderen werden als ungläubige Zweifler verbannt. Extreme Verzerrungen unreifer Spiritualität führen zu Heiligem Krieg und Terror im Namen der eigenen Gottesbilder.

Das Integrale Modell nach Ken Wilber bezeichnet diese Art der Spiritualität als prärational (prä = vor, ratio = Vernunft). Manchmal wird sie mit reifer, transrationaler (trans = über/hinaus) Spiritualität verwechselt, weil beide Formen einen nicht-rationalen Charakter haben. Doch beide unterscheiden sich wie Tag und Nacht. Reife spirituelle Erkenntnis achtet den Wert der Vernunft, entlarvt aber auch ihre Begrenztheit. Sie gewinnt einen befreienden Abstand zu Denkprozessen. Die Ratio wird vom Herrscher im Kopf zum Diener einer höheren Intelligenz. Dabei wandeln sich Entweder-oder-Standpunkte zu - manchmal paradox erscheinenden - Sowohl-als-auch-Sichtweisen. Weitsicht und Intuition blühen auf. Schließlich erfährt Bewusstsein sich selbst jenseits von gedanklichen Reflexionen. Im Aufleuchten stillen Gewahrseins kommen sämtliche trennenden Vorstellungen zur Ruhe. Sogar unser sonst fragloses Ich-Gefühl, eine von der Welt und anderen getrennte Person zu sein, wird als Illusion erkannt. Der Glaube an seine Realität löst sich im Erleben eines alles verbindenden Einsseins auf. Daraus erwächst umfassendes Mitgefühl. Der persönliche Wille gibt sich dem größeren Gefüge des göttlichen Plans hin. Sowohl wiederauftauchende Selbst- und Weltbilder als auch persönliche Bedürfnisse werden jetzt in der Weiträumigkeit innerer Freiheit und natürlicher Erfüllung erfahren.

Egozentrische Weicheier

Eigentlich sollte man meinen, dass Menschen mit einem reifen politischen bzw. spirituellen Engagement viel gemeinsam hätten. Doch noch in jüngster Vergangenheit konnten sich beide Lager häufig nicht riechen. Klischees führten zu gegenseitiger Abwertung (wenn hier im Folgenden von »den Spirituellen« und »den Politischen« die Rede ist, sind damit die unreifen Formen von Engagement gemeint): Die Politischen sahen die Spirituellen als eine Art egozentrischer Weicheier. Sie warfen ihnen vor, auf Yogamatte und Meditationskissen ihre Bestellungen beim Universum bloß für ihr eigenes Wellness-Glück zu tätigen. Bedürfnis nach innerer Versenkung mit einem Buddhalächeln auf den Lippen? Das sind doch bloß Sehnsüchte nach der Rückkehr in die Gebärmutter. Gewaltfrei kommunizieren? Das ist feige Vermeidung echter Konfrontation. Mit Schattenarbeit die eigenen Gefühle annehmen? Nichts als unnütze Nabelschau. Im Urlaub zum Schweige-Retreat ins Kloster? Ist verantwortungslose Weltflucht. In der Arbeitspause die TAZ liegen lassen und auf den Atem achten? Noch so ein bequem eigennütziger Spinner. Auf einen Satz wie »Der Yogi im Himalaya trägt genauso zum Weltfrieden bei wie der Friedensaktivist bei Amnesty International« erntete der Spirituelle ein verächtliches Kontra: »Noch alle Tassen im Schrank? Wer wirklich Eier in der Hose hat – oder einen gesunden Eierstock im Rock –, geht auf Demos, besetzt Häuser oder setzt sich sonstwie konkret für Gerechtigkeit und Freiheit ein!«

Zwangsaktivisten mit Helfersyndrom

Auch die Spirituellen konnten gut über die Politischen lästern: Das sind doch alles Zwangsaktivisten mit Helfersyndrom. Gegen das Leid in der Welt ankämpfen? Wie unbewusst. Hehre politische Motive sind allein auf unverarbeitete, seelische Schattenanteile zurückzuführen. Der Spiri ist sich sicher: Politische Aktivisten bekämpfen im Außen (der Spiri-Jargon spricht gerne von »dem Außen«), was sie im Inneren nicht integrieren können. Gelassenheit und Glück unabhängig von äußeren Bedingungen in sich selbst finden? Ist bei diesen Getriebenen doch Fehlanzeige. Stehen ihnen Frust und Unzufriedenheit nicht ins Gesicht geschrieben? Voller Groll und Ängste ziehen sie in die Schlacht für Frieden und Freiheit in der Welt – wie soll das denn gelingen? Das ruft doch nur das hervor, was sie da einbringen: noch mehr Groll und Ängste, weitere Feindbilder, neuen Hass und neue Kriege. Eine Partei gründen und sich für Unterdrückte einsetzen? Ach ja, das Helfersyndrom. Oberflächenkosmetik für die eigene Hilflosigkeit und Abwehr des eigenen Schmerzes. Der Einladung der Aktivisten: »Komm doch auch mal zur Friedensmahnwache oder poste was politisch Aufgeklärtes im Web« entgegnete der Spirituelle mild lächelnd: »Wahre Freiheit ist nur in Selbsterkenntnis und Selbsterfahrung zu finden. Schau nach innen! Erst wenn du mit dir selbst in Frieden bist, kannst du Frieden in der Welt bewirken!«

Homo spiripolitens?

Auch heute finden sich noch Spuren dieser Lagerkämpfe. Zugleich hat sich die spirituell-politische Landschaft verändert. Es wäre verfrüht, schon jetzt einen neuen Homo spiripolitens oder Homo polispiritens auszurufen. Doch es gibt immer mehr politisch engagierte Menschen, die auch eine spirituelle Grundhaltung an den Tag legen. Und die spirituell Engagierten fühlen sich zunehmend zu politischen Betrachtungen und Handlungen hingezogen.

Um besser zu verstehen, wie politisches und spirituelles Denken und Handeln zusammenhängen, liefert uns die buddhistische Philosophie wertvolle Hinweise. Die »vier edlen Wahrheiten« sind die ersten Erörterungen des Buddhas kurz nach seinem Erwachen. Sie werden als wesentliche Zusammenfassung von Buddhas Lehre gesehen. Kurz lauten sie:

1. Das (unerwachte) Leben im Daseinskreislauf ist letztlich leidvoll.
2. Ursachen des Leidens sind Gier, Hass und Verblendung.
3. Erlöschen die Ursachen, erlischt das Leiden.
4. Zum Erlöschen des Leidens führt der Edle Achtfache Pfad.

Besonders die zweite der vier edlen Wahrheiten über die Ursache des Leidens kann uns die Augen öffnen. Wir brauchen nämlich Gier, Hass und Verblendung nur aus zwei unterschiedlichen Perspektiven zu betrachten, um klar zu sehen, was die Spirituellen und die Politischen verbindet und unterscheidet.

Eine Wirklichkeit – zwei Welten

Was sind diese zwei Perspektiven, die das Puzzle vervollständigen? Die Antwort ist nahezu banal: innen und außen. Der Unterschied ist einfach. Nehmen wir an, wir schließen die Augen und spüren in uns hinein. Was entdecken wir da? Haben wir gerade warme Hände oder frösteln sie? Drehen sich unsere Gedanken darum, wie dieser Text weitergeht, oder um den letzten Streit mit nahen Menschen? Ist unsere Stimmung eher heiter, getrübt oder ganz unauffällig? Wir spüren Empfindungen unserer Sinne. Wir beobachten unsere Gedanken und inneren Bilderwelten. Wir fühlen Stimmungen. Wir spüren die schlichte Tatsache, bewusst zu sein. Das ist die Innenwelt.

Öffnen wir die Augen, sehen wir die Außenwelt. Wir schauen wieder auf die Buchstaben dieses Textes, in der Zeitschrift oder auf dem Bildschirm. Wir hören Geräusche. Wir riechen die Luft. Säßen wir gerade in einem Café, würden wir beobachten, was Menschen um uns herum tun. Stellen wir uns vor, wir würden aus unserem Stuhl heraus in die Luft schweben, immer weiter nach oben. Erst sehen wir die nahe Umgebung, unsere Stadt oder unser Dorf. Wir steigen weiter empor. Wir sehen auf unser Heimatland hinab. Dann auch auf Nachbarländer und ganze Kontinente. Jetzt beobachten wir das politische Weltgeschehen. Wir gucken auf wohlhabende Länder, in denen Frieden herrscht. Dort geht es vielen Menschen gut. Wir sehen auch arme Gegenden mit chaotischen Verhältnissen. Hier werden Menschen unterdrückt. Sie leiden Mangel. Sie hungern, sie verhungern. Es gibt auch Kriegsgebiete. Wir sehen Panzer rollen und Bomben explodieren. Häuser werden zerstört, Körper zerfetzt, Leichen verfaulen. Beim Betrachten der Welt fällt unser Blick auf entsetzlich viel Leid.

Die zwei Grunddimensionen von innen und außen sind für den amerikanischen Philosophen Ken Wilber wichtige Elemente seines »Integralen Modells des Bewusstseins«. Nach Wilber sollten wir bei Betrachtungen der Wirklichkeit immer beide Perspektiven – die äußere und die innere – gleichberechtigt würdigen. Sie besitzen beide Gültigkeit. Denn beide untersuchen die Wirklichkeit. Beide wollen Klarheit. Und beide wollen Freiheit vom Leiden! Nur eine der zwei Perspektiven als »die einzig wahre Wahrheit« zu verklären, führt zu verengter und irreführender Erkenntnis.

Gier, Hass und Verblendung lösen

Jetzt brauchen wir nur noch die Dimensionen von innen und außen mit der zweiten edlen Wahrheit des Buddhas von den Ursachen des Leidens zu verknüpfen. Schon wird uns klar, was es mit den Spirituellen und den Politischen auf sich hat. Beide Lager haben vieles gemein: Sie sind beide feinfühlig für das Leiden des Menschen. Sie erkennen beide Gier, Hass und Verblendung als wesentliche Ursachen dieses Leidens. Sie streben beide die Freiheit von Gier, Hass und Verblendung und damit das Erlöschen des Leidens an.

Doch die Weise, wie sie das tun, unterscheidet sich: Die Spirituellen betonen die Innenperspektive.
Sie wollen über den gewöhnlichen inneren Kummer und die menschliche Unzufriedenheit hinausgehen. Sie plädieren für eine aufrichtige Auseinandersetzung mit den eigenen inneren Dynamiken von Gier, Hass und Verblendung. Sie erkennen, dass das ständige Verlangen nach mehr und mehr nur zu mehr und mehr Leiden führt. Sie lösen sich vom Zwang, stets haben und verändern zu wollen. Sie lassen auch die ewigen Selbst- und Weltverbesserungsprogramme zur Ruhe kommen.

Und, oh Wunder: Sie entdecken eine innere Erfüllung, die sich selbst genug ist. Sie spüren ein Glück, das keine äußeren Ursachen braucht.

Die Spirituellen erforschen auch ihren Hass. Sie erkennen, wie Widerstand, Abwehr und Ablehnung innerliche Enge erzeugen. Sie lernen loszulassen, sich zu öffnen, anzunehmen. Selbst den heftigsten Schmerz umfangen sie mit Einverständnis und Liebe. Dadurch schmilzt Zorn hinweg. Darunter kommt allumfassender Frieden zum Vorschein. Die Spirituellen erhellen mutig die dunkelsten Ecken ihrer Psyche. Sie durchschauen die Verblendung durch zunächst weitgehend unbewusste Glaubenssätze des Mangels, Misstrauens und Kampfes. Sie lösen sich von der Identifikation mit einer begrenzten und von anderen getrennten Form. Das mündet in der mystischen Erfahrung unbegrenzter Weite und des Einsseins aller Wesen.

Empörung und Entsetzen nutzen

Auch die Politischen sind feinfühlig gegenüber Gier, Hass und Verblendung. Sie erkennen diese schädlichen Gifte und ihre Auswirkungen in der Außenwelt. Sie empören sich darüber, wie Habsucht in der Welt zu Ungerechtigkeit führt. Sie sind entsetzt darüber, dass Menschen unter Willkür und Brutalität leiden müssen. Sie hören die Lügen und Propaganda der Mächtigen und sind erschüttert. Das alles zu Recht! Es gibt verdammt viel herzzerreißendes Leid in der Welt. Dafür empfinden die Politischen Mitgefühl. Sie wollen helfen. Ihre Lösungsversuche sind — gemäß ihrer Wahrnehmungsausrichtung — auf die Außenwelt bezogen. Sie treten für bessere Gesetze und gerechtere Machtverhältnisse ein. Sie wollen eine ausgeglichene Verteilungspolitik, ein faires Wirtschaftssystem, friedliche Formen der Konfliktlösung. Sie fordern Transparenz für politische und wirtschaftliche Abläufe. Ihnen sind Nachhaltigkeit und Umweltschutz wichtig. Die Politischen wollen, dass alle Menschen in Fülle, äußerem Frieden und mit freiem Zugang zu Informationen leben. Das sind achtenswerte Ziele. Für einen kleinen Teil der Menschheit — vor allem im westlichen Kulturkreis — gilt das heute schon in einem erfreulichen Ausmaß. Dafür dürfen wir den politisch engagierten Vorreitern und ihrem oft selbstlosen Einsatz dankbar sein.

Das Gift der Einseitigkeit

Die Politischen und die Spirituellen haben beide gute Absichten. Beide laufen aber Gefahr, in die Falle der Einseitigkeit zu geraten. Vor allem dann, wenn eine Seite glaubt, sie hätte einen Alleinvertretungsanspruch auf die Wahrheit gepachtet. Das Motto der Spirituellen »Erst innerer Frieden, dann Engagement für die Welt« führt im Extrem zu egozentrischer Nabelschau. Dann geht es nur noch um das persönliche Glück. »Das Leiden der Welt ist doch bloß Illusion. Hauptsache, ich habe meinen Frieden in mir.« Das ist die traurige Losung einer halbgebackenen und damit giftigen Spiritualität.

Die Politischen neigen zum anderen Extrem: »Erst wenn der Weltfrieden hergestellt ist, können wir auch innere Erfüllung erleben.« Das ist ein Aufschieben von Glück im Namen einer falsch verstandenen Selbstlosigkeit. Es verleitet dazu, das Innenleben außer Acht zu lassen. Eigene Schattenanteile von Wut, Angst und Hilflosigkeit werden unerkannt nach außen projiziert. Leben die Politischen Empörung, Entsetzen und Erschütterung ohne innere Weisheit aus, fördert dies neue Feindbilder und den Krieg von gegensätzlichen Standpunkten. Die Folge sind zerstörerische Lösungsversuche. »Einige böse Menschen sind immer noch für die Todesstrafe. Das regt mich echt auf. Wir sollten diese Schweine umbringen!« Solche oder auch schon harmlosere ähnliche Gedanken sind der Anfang von abermaligem Faschismus. Statt Frieden zu säen, streuen die Politischen wieder mal den Samen der Gewalt und wundern sich über die Ernte. Der buddhistische Weise Nagarjuna sagte im zweiten Jahrhundert: »Es gibt nur eine falsche Sicht: die Überzeugung, meine Sicht ist die einzig richtige.«

Sowohl als auch

Werden wir uns der schädlichen Auswirkungen der Extreme bewusst, verlassen wir die Irrpfade wieder. Wir entdecken eine heilsame Weitsicht: Anstelle des Entweder-oder zwischen Spiritualität und Politik eröffnet sich uns ein kraftvolles Sowohl-als-auch. Beide Seiten können voneinander lernen. Die Politischen brauchen ein höheres Maß an klärender Innenschau. Ein bewusster Umgang mit Wut, Angst und Hilflosigkeit kann ihre Handlungsweisen von zerstörerischen Impulsen bereinigen. Ein Verständnis für das Innenleben des Menschen fördert gegenseitiges politisches Einfühlen von Konfliktpartnern. Das erleichtert friedvolle Kommunikation und wirksame Lösungsentwicklung. Nicht zuletzt dürfen auch die Menschen, die sich stark politisch engagieren, sich erlauben, in der schon jetzt zugänglichen Erfüllung unseres spirituellen Wesenskernes zu ruhen. Was nützt es ihnen und ihren Zielen, wenn sie, getrieben von guten Motiven, sich für politische Ziele verausgaben und dabei unzufrieden sind und ausbrennen? Außerdem sind sie weniger glaubhaft, wenn sie frustriert sind und auch so wirken. Politisch engagierten Menschen, die mit der spirituellen Quelle in sich verbunden sind, steht viel mehr Kraft zur Verfügung. Sie strahlen Freude aus, so dass man Lust bekommt mitzumachen und sie zu unterstützen, was ihre Wirkung verstärkt. Aber auch die Spirituellen können von den Politischen lernen: Die feinfühlige und genaue Innenschau des geübten Meditierers kann sich auch auf die Wahrnehmung der Außenwelt richten. Erwachen und Bewusstwerdung heißt auch, eine weite, vorurteilslose Sicht auf das regionale, nationale und globale Weltgeschehen zu entwickeln. Bei Themen wie Informationsvielfalt, Meinungsfreiheit, Verteilungsgerechtigkeit, demokratischer Mitbestimmung, Konfliktbewältigung, Umweltschutz und vielen mehr ist auch praktisches Handeln angesagt. Dazu können die Politischen anregen und mit ihrem Fachwissen unterstützen. Der Spirituelle darf auf seinem Meditationskissen gerne ein bewusstseinserweiterndes »Ooooom« hauchen und in die Tiefen reinen Seins abtauchen, aber wenn er zugleich sein Geld zum Zwecke maximaler Rendite bei einem Mensch und Umwelt rücksichtslos ausbeutenden Unternehmen »arbeiten lässt«, ist er halbseitig blind: Die Außenwelt ist die andere Hälfte des zu Betrachtenden. Ein hohes Maß an Unbewusstheit in Bezug auf die Außenwelt stellt auch die Tiefe der besten Innenschau in Frage. Hier muss der Spirituelle sich vom Politischen aufklären und Taten folgen lassen.

Raus aus dem Hinterstübchen

Je mehr spirituelle Weisheit und politisches Verständnis zusammenfließen, desto echter und wirksamer entfalten sich innerer und äußerer Frieden. Vereinzelt gab es schon immer Persönlichkeiten mit dieser potenten Mischung: Mahatma Gandhi, Martin Luther King, Nelson Mandela, Aung San Suu Kyi und der Dalai Lama bewirkten und bewirken Großes – vermutlich gerade durch ihre spirituelle Tiefe. Heute scheint die Zeit reif dafür, dass mehr und mehr Menschen den Mut haben, spirituelle und politische Sichtweisen zu verbinden, und das nicht nur im Hinterstübchen eines intimen Freundeskreises. Das kann eine Herausforderung sein. Der politisch aktive Künstler Konstantin Wecker schrieb 2014 auf seiner Online-Plattform: »In der linken Szene ist es teilweise Ehrensache, in Sachen Spiritualität rationalistisch drüber oder wenigstens gleichgültig danebenzustehen. Auch in diesem Webmagazin hatten wir teilweise mit Gegenwind zu kämpfen, wenn wir es wagten, den Bereich des Geistigen oder Göttlichen nicht ausschließlich in den Kategorien einer Verschwörung zwischen Kapital und Vertröstungstheologie zu betrachten.« Das ist auch der Grund für sein neues Buch »Mönch und Krieger«, wo Wecker ganz offen die These aufstellt, dass »Spiritualität in der politischen

Arbeit nicht nur erlaubt ist (quasi als verschämtes Gebet zwischen zwei Demos), sondern diese sogar befeuern kann.« (http://hinter-den-schlagzeilen.de/2014/06/20/konstantin-wecker-politik-braucht-spiritualitaet-22/). Seit August 2014 arbeitet Konstantin in der Redaktion von Connection Spirit mit. Auch das werte ich als ein Zeichen, dass diese beiden Seiten endlich zusammenwachsen. Es ist höchste Zeit dafür!

Für alle Wesen

Die Wirklichkeit, die da zu sich selbst erwacht, hat zwei Gesichter: ein inneres und ein äußeres. Es ist ein einziges, unauflösbar miteinander zusammenhängendes Sein, das sein selbst erschaffenes Drama des Leidens in menschlicher Form zu durchschauen beginnt und transzendieren will. Mein Lehrer Sri Poonjaji begann seine Veranstaltungen mit spirituellen Suchern meist mit dem tiefen Brummen eines langgezogenen Oms. Er beendete die Treffen mit den Worten »Mögen alle Wesen in Frieden und Harmonie leben. Mögen alle Wesen ihre wahre Natur erkennen.
Om Shanti.« (Shanti ist das Sanskrit-Wort für Frieden.) Dieses kleine Gebet floss ganz natürlich aus seiner tiefen Erkenntnis bedingungsloser Erfüllung und Liebe. Es deutet die Ahnung an, dass Frieden - innerer und äußerer Frieden – nicht nur für einige wenige Auserwählte möglich ist, sondern sich auf alle Wesen erweitern kann. Möge es so sein.

Danke Torsten für dieses kraftvolle Plädoyer für das Sowohl-als-auch. Ich staune immer wieder, wie wenig die Grundprinzipien des Lebens in unserem Alltag präsent sind. Alles, was lebt, ist dem Polaritäts-Prinzip unterworfen und es ist die Bewegung selbst zwischen den Polen, in der Leben seinen Ausdruck findet. Jeder einseitige Pol ist tot, jede einseitige Ausrichtung zum Sterben verurteilt.

So auch mit den Polen der Wahrnehmung Innen / Aussen. Wir Menschen sind pulsierende Systeme, auf allen Ebenen, jede Zelle schwingt, atmet, als Ganzes atmen wir, pulsieren... So auch mit dem Innen und Aussen. Wahrnehmung ist eine kontinuierliche Pulsation zwischen Innen und Aussen, ein fortwährendes Atmen zwischen Expansion und Kontraktion. Wenn diese Pulsation nicht in ausreichendem Maße stattfinden kann, sprechen wir z.B. von Asperger oder Autismus (zuwenig nach aussen) oder ADS und Helfersyndrom (zuviel nach aussen). Tatsächlich haben weit mehr Menschen den Zugang zur natürlichen Pulsation der Aufmerksamkeit zwischen Innen und Aussen verloren, nicht nur solche mit einer ‚Diagnose'.

Dafür zahlen wir einen sehr hohen Preis. Ein Aspekt davon ist die generelle Tendenz zur Überorientierung im Aussen, einher gehend mit der Informationsflut, die unsere Aufmerksamkeit nach aussen zieht. Dieser Sog zieht uns weg vom Innen, unserem Selbst, weg von der Quelle. Der Verlust des Selbstkontaktes wird allerdings vom Einzelnen nicht wahrgenommen (weil dabei ein Teil unseres Nervensystems aktiv ist, der uns nicht spüren und fühlen lässt - ein Schutzmechanismus für lebensbedrohende Situationen). Unter dieser Lähmung aber steckt enorme Energie, riesige Ladungen, die nur darauf warten, endlich ein Ventil zu finden, um Druck abzulassen. Zur Zeit scheint die grösste virale Verbreitung ein Ventil namens ‚Empörungsbereitschaft' zu finden, welche kollektiv fantastisch hoch ist und Tür und Tor öffnet für alle Art der Manipulation.

Diese kollektive Tendenz zum legitimierten Ausrasten und die eigene unterdrückte Energie in ausagierendem Aktivismus zu entladen ist einerseits vollkommen neurotisch (also ohne Aussicht darauf, je einen wirk-lichen Ausweg zu finden) und anderseits per se polarisierend, also spaltend. Und damit das Gegenteil von verbindend. Die kollektive Empörungsbereitschaft schafft Chaos und Spaltung statt Kohärenz.

Dabei wäre es doch ganz einfach: finden wir zurück zur freien Pulsation der Aufmerksamkeit zwischen Innen und Aussen. Räumen wir aus dem Weg, was dem entgegen steht. Unterrichten wir unsere Kinder in der Schule über die tatsächlich wichtigen Prinzipien. Helfen wir einander in der Familie, als Freunde, diese ganz natürliche Pulsation zu etablieren, in unseren Alltag vollkommen zu integrieren. Es ist ganz einfach: so wie vorne/hinten, oben/unten und links/rechts drei Achsen im Raum sind, ist innen/aussen die vierte Achse für die menschliche Existenz.

Durch dieses Prinzip wird Politik spirituell und Spiritualität politisch. Und wir Menschen finden zurück zu einer Würde, von der wir noch nicht einmal bemerkten, dass wir sie verloren haben.

Andre Jacomet

***

Lieber Torsten, ich schätze Deinen Text, besonders, da Du sehr deutlich die scheinbar fundamental unterschiedenen Welten des Innen und Außen differenzierst und beleuchtest. Ich möchte gerne sozusagen ein wenig Deinen Text weiterführend auf folgende Punkte hinweisen.

So erscheint mir der gesamte Text sowohl von seiner Argumentation her, wie auch von seiner Form her auf kognitives Verständnis hin ausgerichtet zu sein. Das ist eine völlig legitime Entscheidung, die man treffen kann, die aber mehr auf Schlüssigkeit (und damit ein Verstehen des Lesers) setzt, als dass das Potential der Sprache, Pointer zum Zwecke eines Bewusstseinshifts (heraus aus der kognitiven Ebene) beim Leser zu setzen, genutzt wird.

Damit verbleibt der Leser genau in der von Dir angeführten Trennung von Innen und Außen, zumal Du in Deinem Text an kaum einer Stelle einen Zusammenhang zwischen Innen und Außen herstellst, außer in Deinen Hinweisen auf magisches Denken, sowie der Verwechslung von prä- und transrationaler Spiritualität. Wie gesagt, eine völlig legitime Entscheidung, der sich der Leser aber bewusst sein sollte.

Aus meiner Erfahrung existiert nicht nur ein energetischer Zusammenhang zwischen den Innenwelten, die wir erleben und den Außenwelten, in der wir als soziale Wesen handeln, im Sinne von Resonanzphänomenen. Allein dieser Aspekt wird von etlichen Schamanistischen Traditionen zum Zwecke der Heilung und des Materialisierens genutzt. Nach meiner Einschätzung fällt dies nicht in die Kategorie undifferenzierten Irrglaubens, den Wilber magische Phase nennt.

Mein Erleben geht hier jedoch deutlich weiter. Nicht nur die Trennung zwischen Innen- und Außenwelt limitiert unsere Wirklichkeit ohne Not, da sie unsere Verstandesperspektive zementiert. Selbst im vorhergehenden Absatz genannter Zusammenhang zwischen beiden Welten, wie beispielsweise die oft gebrauchte Spiegelmetapher (Das Außen sei der Spiegel des Innen) greifen zu kurz. Solche Vorstellungen halten uns von der entscheidenden Einsicht ab, die Identität von Innen und Außen zu erkennen.

Und damit meine ich nicht, dass irgendwie alles Eins ist. Wichtig scheint mir, zu erkennen, dass wir aus der Verstandesperspektive bestenfalls alle miteinander verbunden sind. Aus der seelischen Perspektive sind wir individuell verschieden, aber Eins in Gott - und aus der Perspektive des spirituellen Herzens sind wir ohne Individualität, vollkommen unpersönlich, identisch mit reiner Bewusstheit jenseits aller Form und gleichzeitig individuell, identisch mit aller Form in Gott hilflos und schöpferisch unsere Wirklichkeit wirkend.

Alle diese (und noch mehr) Perspektiven stehen uns Menschen potentiell zur Verfügung und stehen in einem hierarchischen Verhältnis zu einander. Unsere Aufgabe ist es diese Hierarchie anzuerkennen, funktional zu etablieren, ohne uns auf einer der Ebenen zu identifizieren. Damit schöpfen wir unser Potential aus und entwickeln dieses sogar kreativ weiter. Ich ahne, das ist die Möglichkeit und der Grund, weshalb wir in dieser Welt, gerade mit diesen scheinbaren Limitierungen der Inkarnation in diese Körper, existieren.

Ich glaube, es ist lohnenswert, lieber Torsten, Deinen Text vor diesem Hintergrund noch einmal zu lesen.

Ich danke Dir für diesen guten Beitrag, Dein Romen

***

Lieber Romen, tatsächlich ist mein Text eher die Reflektion auf einer kognitiven Meta-Ebene und vielleicht weniger durch direkte „Pointer zum Zwecke eines Bewusstseinsshift" gekennzeichnet. Letzteres ist auch nicht meine primäre Absicht gewesen. Der Text richtete sich in seiner ursprünglichen Entstehung an einen größeren Kreis von Lesern, denen allzu spirituelle Sprache oft verdächtig vorkommt. Er diente somit als öffnende Vermittlung zwischen den „Lagern". Das direkte „non-duale Hinweisen" biete ich eher in den direkten Begegnungen mit mir oder in anderen Texten von mir an.

Zugleich habe ich die Erfahrung gemacht, dass Texte auf unterschiedliche Leser sehr unterschiedlich wirken. Für den einen ist eine Sprache mit deutlichen „spirituellen Pointern" öffnend und erhellend. Andere Leser empfinden gerade eine solche Sprache manchmal als abstrakt oder gekünstelt. Dann kann tieferes Verständnis und Einsicht eher durch eine schlichte - ja vielleicht sogar „bloß kognitive" - Ausdrucksweise angeregt werden.

Dass Du zu wissen meinst, dass der Leser bei meinem Text „in der Trennung von Innen und Außen verbleibt", empfinde ich als gewagte Deutung. Meine Erfahrung ist eher: Wir können nie wissen, wie etwas auf jemand Anderen wirkt. Am ehesten zeigt sich das noch, wenn wir im lebendigen Dialog mit der Person sind.

„Außen" und „Innen" sind in meiner Erfahrung - und im Verständnis des integralen Modells - nur verschiedene Perspektiven auf einer begrifflich-reflektierenden Meta-Ebene. Das eigentliche EINSSEIN, über das nachgedacht wird, kennt in der unmittelbaren Erfahrung die Trennung von „Außen" und „Innen" überhaupt nicht. Um es vielleicht mit einem Pointer zu sagen: Für DAS sind „außen" und „innen" weniger als null und nichtig!

Noch einmal: Die unmittelbare, nicht-begriffliche Erfahrung ist letztlich unaussprechlich. Die sprachliche Reflektion auf einer begrifflichen Meta-Ebene kann manchmal nützlich sein. Da können wir dann vom „Innen", und „Außen" sprechen, von „Verstandes-Perspektive" und „seelischer Perspektive". Von einer „Perspektive des spirituellen Herzens" und von „Hierarchien". Doch letztlich sind all das nur Konzepte mit denen der Verstand versucht, begrifflich zu begreifen, was ewig unfassbar bleibt. Ein schönes Spiel - wenn wir wissen, dass wir eigentlich nichts wissen können.

Manchmal werden begriffliche Meta-Ebene und unmittelbare Erfahrung verwechselt. Als Leser - so meine Erfahrung - kann man oft spüren, ob friedvolle Stille oder angestrengter Kopf hinter den Worten steckt. Oder anders gesagt: Ob einen die Worte zu friedvoller Stille einladen oder in mühevolles Grübeln treiben. Aber ich finde, das dürfen wir jedem Leser selbst überlassen.

Torsten

Michael Friedrich Vogt

Frieden 3.0 = Ami Go Home

Was wir heute benötigen ist ein weltweiter Weckruf, denn Frieden und Friedenserhaltung sind 70 Jahre nach dem Ende des 2. Weltkriegs plötzlich wieder zu einem Thema und einer Aufgabe geworden:

Frieden beginnt im Inneren und bei jedem selbst. Damit kann jeder einen Beitrag zur Stärkung und Besetzung des morphischen Feldes des Friedens leisten, was erfolgreich schon internationale Kriege verhinderte.

Die Gefahr für den Frieden geht seit Jahrzehnten stets vom Westen aus. „Die NATO hat bereits (allein in jüngerer Zeit) drei Angriffskriege geführt (Jugoslawien, Afghanistan, Libyen). Angriffskriege sind nicht nur Verletzungen des allgemeinen Völkerrechts und der UN-Charta, sondern auch eigenständige kriminelle Straftatbestände gemäß internationalem Strafrecht. Angriffskrieg ist neben Völkermord, das schlimmste Verbrechen gegen die Menschlichkeit. In dieser Hinsicht muß die NATO als eine kriminelle Vereinigung bezeichnet werden." (Elias Davidson, jüdischer Friedensaktivist)

Den Frieden bedroht das Parteiensystem der kapitalistischen Einheitsparteien in der BRD ebenso, wie die faschistoide EU-Finanzdiktatur. BRD-Politikdarsteller und gleichgeschaltete Systemmedien (mit us-gesteuerten Schlüssel"journalisten") betreiben NATO- und Kriegspropaganda. Das Greifen zu den Waffen soll wieder hoffähig werden (Kriegstreiber Gauck, von der Leyen und Konsorten).

Frieden bedeutet, wirklich Demokratie zu wagen und zu leben, und es erfordert wirkliche Volksvertreter und keine Parteimarionetten.

Der erste Schritt zum Frieden ist ein Raus aus der NATO: Die USA haben Al Kaida aufgebaut, die NATO organisierte im Kalten Krieg terroristische Vereinigungen in Europa (Gladio), unterstützte die UÇK auf dem Balkan (Kosovo) und unterstützt den sogenannten „islamistischen Terror" in Syrien und Irak. Auch der IS ist ein Kind des US-Imperialismus'. USA und NATO können als Sponsoren und Spiritus Rector des internationalen Terrorismus' bezeichnet werden. „Völkerrechtlich haben sich die USA zu einem Schurkenstaat entwickelt, der den Weltfrieden nicht nur bedroht, sondern (immer wieder) in gröbster Weise durch Angriffskriege, Kriegsverbrechen und Verbrechen gegen die Menschlichkeit verletzt hat. Diese Organisation kann nur durch den Austritt ihrer Mitglieder lahmgelegt werden." (Davidson)

Unser wunderbarer Planet ist multipolar, bunt und multiethnisch. Die Welt braucht weder Weltleid(t)-Währung, noch einen Weltsheriff, noch einen Welteinheitsbrei einer New World Order.

Wir sollten uns nicht nur nicht gegen unseren großen Nachbarn Rußland aufhetzen lassen, sondern vielmehr durch ein aktives Bündnis in allen Bereichen mit Rußland den Frieden sichern.

Die politische Ursache der Kriegsgefahr liegt im kapitalistischen Wirtschaftssystem in seiner Endstufe des „Imperialismus' als höchster Stufe des Kapitalismus'" (Lenin) und seiner Ausrichtung auf einen ungezügelten Wachstumswahn aufgrund des Drucks des Zinssystems und der daraus resultierenden Zinsknechtschaft. Wer ständig neue Märkte „erobern" muß, erobert eben und ist strukturell aggressiv. Und exponentielles Wachstum funktioniert in der Wirklichkeit nicht.

Die menschliche Ursache der Kriegsgefahr liegt im fehlenden Ausgleich von männlichem und weiblichem Prinzip und zugleich der fehlenden Positionierung als Mann und Frau. Hier schließt sich der Kreis, denn jeder muß bei sich mit der Balancierung seiner weiblichen und männlichen Anteile beginnen.

g.kever@gmx.de

Gerard Kever

Über pazifistisches Gedankengut in der zeitgenössischen Spiritualität

Naturgemäß gibt es eine innere und eine äußere Bemerkung zu diesem Thema zu machen. Erstere betrifft die einzig wahre Definition von Frieden. Sie basiert auf einer simplen Selbst-Erfahrung und ist identisch mit dem, was man allgemein unter dem Begriff „Erleuchtung" oder „Erwachen" versteht. In ihr ist die Erkenntnis, das alles gut ist wie es ist - und das emotionale Begreifen vom Wesen des Friedens - vollständig und zweifelsfrei vorhanden.

Unter einer spirituellen Perspektive ist dieses innere Wissen so real wie nichts anderes. Doch darüber reden, ist etwas ganz anderes; hier fängt nicht Frieden an, sondern Friedensarbeit! Reflexionen des inneren Friedens sind zwar Möglich, vermittelt aber nie das subjektive Erleben des wahren Friedens selber.

Insofern ist es besser, man redet bewusst über die „äußeren" Faktoren des Friedens. Ansonsten besteht die Gefahr, das sich die Grenzen zwischen erwachter Selbstdarstellung (Darshan) und Friedensarbeit verwischen. Das würde sich dann vermutlich dahin gehend äußern, das unter dem „Deckmäntelchen" von „Satsang" eine Friedensarbeit anfängt, die ideologisch fundiert ist und von der man schlecht wissen kann, wo das „Zusammensein-in-Wahrheit" aufhört und die andere Interessen (z.B.: ökonomische) anfangen.

Frieden von seinen rein veräußerlichten - also politischen - Aspekte her angehen, ist wiederum ein weites Feld und würde der Schirmherrschaft (forum erleuchtung) auch kaum gerecht werden. Die systemischen Kräfte, die sich um Krieg und Frieden bemühen sind extrem ausgereift und nur noch von Fachleuten zu durchschauen. Und auf der Meinungsebene dürfte die politische Großwetterlage kaum ein Konsens bieten, der mehr als ein pazifistisches Klischee bedienen würde.

Angesichts dieser Vor-Sortierung würde der Sinn von spirituellen Friedensgesprächen in der Reflexion über die gängigen Pazifismus-Vorstellungen bestehen. Und wer könnte behaupten, das es in den Religionen nicht einen reichhaltigen Fundus über Friedens-Themen geben würde. Politischer und spiritueller Pazifismus haben sich über Jahrtausende gegenseitig inspiriert.

Aber um das Thema sinnvoll einzugrenzen empfiehlt sich natürlich ein Blick auf die aktuell kursierenden Denkmuster in der spirituellen Subkultur selber. Hier ist Friedensarbeit diejenige Aufklärung, die Klischeevorstellungen aufzeigt. Erwachtes Sozialverhalten selber - in stabilisierter und geläuterter Form - folgt keinem Klischee. Aber in den Tiefen einer durch die Angst vor Gewalt und Tod versteckten Rest-Identifikation, finden sich auch bei erwachten Menschen durchweg gängige Glaubensmuster über Krieg und Frieden.

Die Angelegenheit von ihrer stereotypischen Seite aus betrachtet, ist leicht als ein Komplex zu verstehen, der auf Ablehnung basiert. Gewalt und Krieg in einer transzendenten Form zu bejahen, dürfte auch die schwierigste Übung im pazifistischen Trainingsraum darstellen. Nicht zufällig ist sie so schwer, das sie in unserem Kulturkreis von einer singulären Person völlig stellvertretend für das westliche Kollektiv vorweggenommen wurde. Und zwar über einen Zeitraum von 2000 Jahren!

Natürlich braucht sich heutzutage niemand mehr an ein Kreuz nageln zu lassen, um als „erleuchtet" Geltender Anerkennung zu finden. Und gottlob leben wir in Zeiten, die, wenn man Globalisierung unter dem Aspekt der „Verdichtung" begreift, als weitgehend friedlich bezeichnet werden müssen. Nationalstaatliche Waffengänge - also diejenige Erscheinung, die man reflexartig dem Begriff „Frieden" gegenüber zu stellen sucht, - gehören zumindest ihrer Tendenz nach der Vergangenheit an. Doch selbst wenn man eine solche Zeitdiagnostik mit noch so vielen Zahlen belegen würde, - die Tatsache der Kriegsverringerung und der Gewalteindämmung führt über den Umweg der Medialisierung zum genau gegenteiligen Verständnis: Krieg scheint so allgegenwärtig wie noch nie und Gewaltverurteilung ist so on vogue, wie noch nie!

Und das nicht nur im spirituellen Umfeld. Doch nirgendwo verdichtet sich pazifistisches Klischeedenken so sehr, wie unter den zwei „Anti"-Tendenzen des NewAge: Anti-Intellektualismus und Anti-Modernismus. Beides wohlgepflegte Haltungen, die im Angesicht einer real existierenden Erleuchtungswelle zur Vollendung ihrer Implikationen tendieren. Haben sich erst einmal genug Protagonisten, für eine „No-Mind"-Philosophie gesammelt, dann lassen sich alle Ressentiments gegen die Widrigkeiten des modernen Lebens ideologisch scharf machen.

Vor dem Hintergrund der katastrophalen ersten Hälfte des 20. Jahrhunderts, verständigt man sich lieber auf ein hippiemäßiges „make peace not war", als der eigenen Werde-Kultur jemals noch einmal mehr Tribut zu zollen, also den asiatischen Seins-Impulsen. So kommt es, dass „Satsang" und „Darshan"-Importe ganz automatisch vor den Karren einer Generation landen, die vor lauter Selbstgerechtigkeit glaubt, keinen zweiten Gedanken mehr an die wahre Dimension eines missbrauchten und überzogenen Pazifismusbegriffs zu verschwenden.

Dabei ist es keine Schande, vor den monströsen Weltverhältnissen der Moderne Zuflucht bei adäquaten spirituellen Adressen zu suchen. Im Gegenteil! Aber man unterschätzt die Kräfte grollender Vorbehalte, wenn man sie dort von Menschen bestätigt bekommt, die Advaita oder Dzogchen als Freibrief zum Abdanken aus den eigenen Kulturzusammenhängen verstehen. Noch befindet sich der Importartikel „Erleuchtung" auf fremdem Boden. Die Integration dieser Kraft muss notgedrungen durch die Phase einer subkulturellen Assimilation. Und diese beruht nun mal in großen Teilen auf der Ablehnung der Herkunftsidentität.

Dass die Satten dieser Welt am wenigsten Notwendigkeit aufbringen, um durch das Nadelöhr der spirituellen Neu-Justierung zu gelangen - ist eine altbekannte Tatsache. Doch in der globalisierten Postmoderne steht ein Klientel vor dieser Aufgabenbewältigung, das sich grundlegend von allen historisch bekannten Szenarien unterscheidet: diesmal sind es die Meditierer selber, die mit die reichste und bestinformierteste Randgruppe der Welt sind!

Beides führt zu einer gnadenlosen Bigotterie: der allgegenwärtige Reichtum wird im Dienste einer umfassenden Kritik an genau denjenigen Grundlagen ausgeblendet, die diesen Wohlstand erst möglich machen. Man ergötzt sich geradezu an einer Zivilisationskritik, die alle Problemfelder unserer überkomplexen Gegenwart bereitwillig zitiert, um im nächsten Moment einen asketischen Guru favorisieren zu können.

Auf der Strecke bleibt dabei genau das Friedens-Ansinnen, dem sich das natürliche Mitgefühl einer Erwachenserfahrung nahe fühlt: die frohe Botschaft über die wahre Identität des Menschen immer-während und auf breiter Front zu enthüllen.

Zu den Abbildungen der Sri Yantra:

Bernhard Wimmer

Das Sri Yantra

ein kosmischer Energie-Generator
ein Großes Werkzeug
ein „Maha Yantra"

In Indien erfährt dieses „heilige" Symbol nicht nur eine tiefe Verehrung, sondern mit Ihm wird intensiv „gearbeitet".

Hingebungsvolle Puja-Rituale und Meditationen vor diesem „Bild" oder in seiner Gegenwart ermöglichen eine tiefe Versenkung und im Laufe der Zeit eine allgemeine Steigerung der Vitalität und eine erkennbare Fokussiertheit und Konzentrationsfähigkeit im persönlichen Leben.

In Indien heißt es, „... was der Körper für die Seele ist,
... ist das SRI YANTRA für die Gottheiten."

Das SRI YANTRA ist also ein „Ort", der ein Feld erzeugt aus durchfließenden Energien und Informationen ...,
und das geschieht in einer Form von Goldenen-Schnitt-Wirbeln, die wir mit unseren eigenen Energiefeldern (Aura) aufnehmen können.

Seit einigen Jahren habe ich einen beachtlichen Teil meines Lebens der Erforschung dieses „Bildes" gewidmet, um nicht nur zu „erfahren", sondern auch zu „verstehen", wie und warum dieses Werkzeug wirkt.

Es ist eine gezeichnete oder aus diversen Materialien hergestellte „Maschine", die über Ihre geometrische Struktur erstaunlich wirksame Energie-RaumWirbel erzeugt. Diese Wirbel haben bestimmte Formen, und bestimmte Rhythmen, die unserem menschlichen Energiefeld sehr ähnlich sind, ... auch wenn sie „technisch" erzeugt werden über die Geometrie.

Es sind vor allem Goldene-Schnitt-Wirbel wirksam, die überall in der Natur verwendet werden, um Energien zu bündeln und zu fokussieren.

Der Rhythmus dieser Wirbel ist unter anderem vorgegeben durch die Anzahl der Lotusblätter (8 im inneren Ring und 16 im äußeren Ring), der auf diese Weise über eine 32-er Teilung (... und eine dahinterliegende „64"-er Teilung) der geometrischen Raumstruktur im Universum und ebenso der des subatomaren Raumes entspricht.

Die "9" Dreiecke, die geometrisch so ineinander konstruiert sind, daß sie eine mathematische und geometrische Punkte- und Linienfamilie bilden, erzeugen ganz bestimmte harmonische Frequenzen, die ebenfalls über die Grundkonstruktion des Goldenen Schnittes miteinander in Beziehung stehen.

Der Bindu-Punkt heißt in Indien...der „Sitz der Göttlichen Mutter" ... und dieses bedeutet: ... "das Universum".

Der Bindu-Punkt ist also ... um es kurz und spektakulär „auf den Punkt zu bringen" der Fußpunkt eines entstehenden Raumwirbels, der mit seinem Gegenwirbel ein - astronomisch gesprochen - sogenanntes Mini-„Wurmloch" erzeugen kann, das einen dimensionsübergreifenden Energie- und Informationsfluß ermöglicht.

Das SRI YANTRA ist demnach eine uralte „spirituelle Hochtechnologie"

Den damaligen Menschen wurde es gegeben, um als Energiewerkzeug (Yantra) eine Hilfe zu sein in Ihrem individuellen Leben.

Das SRI YANTRA wirkt als ein Manifestationswerkzeug, weil es wie eine „Sammellinse" einen „Brennpunkt" für unsere Aufmerksamkeit erzeugt und unser Energiefeld reinigen umd klären hilft.

Das Sri Yantra ist ebenfalls zu verwenden als eine „psycho-kosmische Landkarte", weil es uns ein Bild schenkt, das unser persönliches Innen-Erleben mit unseren individuellen Reaktionsmustern in Beziehung setzt zum Universum, ...unserer „kosmischen Mutter"

Auf diese Weise ist es ein Erkenntnis-Werkzeug für unseren Geist und unser Bewusstsein.

Und ganz praktisch ist es ... und das ist meine aktuelle Haupt-(Forschungs-)Arbeit: ... ein „Generator" für elektromagnetische & biomagnetische Wirbel und Ätherwirbel, die über dieser „heiligen" Struktur entstehen und eingebettet sind in ein darüberliegendes sphärisches Torusfeld, dessen Ausdehnung das Vielfache!!! ... des SRI YANTRA „Bildes" ist.

Eine kleine abschließende Bemerkung.

Es ist nicht notwendig, jetzt eine hinduistisch-vedische GlaubensTradition anzunehmen, ... wobei diese Vorstellungsbilder hilfreich zum prinzipiellen Verstehen des kosmischen Eingebunden Seins sind ...

doch die moderne Wahrnehmung unserer Welt, unseres Lebens und des Universums ist schon lange auf dem Weg „zurück in die Zukunft" des vedisch-kosmologischen Verstehens von den wirkenden kosmologischen Prinzipien eines sich selbst wiederholenden und selbstähnlichen kosmischen "Seins" in jeder Größenordnung des Skalenraumes.

Und wenn es uns gelingt, dieses „abstrakte" Wissen in einem "Bild" zum Ausdruck zu bringen, haben wir einen ... die Wirklichkeit des Seins spiegelnden ... Fokus, auf den hin sich unsere innere Wahrnehmung und damit unsere Energien ausrichten können.

Namaste

www.bernhardwimmer.com
info@bernhardwimmer.com
oder auch facebook

Zu den Abbildungen der Mandalas:

Giovanni Orlando

Kleiner Text

Als Künstler habe ich einen natürlichen Anspruch:

Die Schönheit des höchsten Meister zu empfangen

und wiederzugeben,

die er in die Formenfülle verschmolzen hat.

Bisher erschien bei silent press

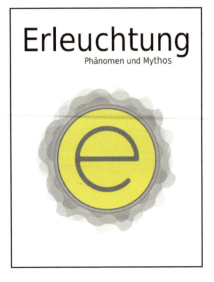

Die Kraft der Wahrheit und Liebe hat unzählig viele Formen des Ausdrucks. Und jede einzelne von ihnen ist in ihrer Schönheit voll.

Davon handelt dieses Buch.

„Je mehr Menschen über das spirituelle Erwachen so authentisch und natürlich berichten können, wie in diesem Buch, desto segensreicher für uns alle."

Christian Salvesen (Autor von „Advaita")

Das Buch „Erleuchtung - Phänomen und Mythos"

35 aufgewachte, erfahrene spirituelle Lehrer berichten sehr individuell und offen von ihren Lebenswegen- und aufgaben, Irrwegen und Erkenntnissen vor und nach dem Erwachen.

Ob man nun als Leser werten mag oder aber es vorzieht, eine jede Beschreibung gleich-gültig nebeneinander stehend zu genießen, ob die Berichte neue Erkenntnisse vermitteln oder bereits Gewusstes durch individuelle Formulierung erneut berührt, uns scheint doch eines sicher:

„Dieses Buch ist wie ein Kristall, transparent und zugleich die Fülle des Daseins reflektierend. Es erzählt vom Ankommen und Vertiefen, vom Loslassen und sich Berühren lassen, von den Fallstricken des Ichs und der Ichlosigkeit und es räumt radikal mit den Mythen rund um das Erwachen auf. Ein grandioses, weil zutiefst beührendes Werk."

Katharina Ceming

ISBN 978-3-00-038749-4

buchbestellung@forum-erleuchtung.de